Lectures on Health Economics

医療経済学講義

橋本英樹／泉田信行——［編］ 補訂版

東京大学出版会

Lectures on Health Economics
(Revised Edition)
Hideki HASHIMOTO and Nobuyuki IZUMIDA, editors
University of Tokyo Press, 2016
ISBN 978-4-13-042142-3

補訂版へのまえがき

　『医療経済学講義』を 2011 年 9 月に発刊してから，早くも 4 年の月日が経過した．この間に，経済学系・医療系の研究者・学徒に分野をまたいで，広く本書に親しんでいただくことができたことは，編者ならびに執筆者一同にとっては，本書刊行の意義とともに，その責任の重さを再確認する機会となった．

　講義やセミナーでご利用いただいた方々から，記載内容・図表などの訂正について大変貴重なご示唆をいただいた．また執筆者としても，言葉が足りなかったところなどを補う機会があればと考えていた．そこで今回，東京大学出版会から増刷について提案をいただいたのをきっかけに，最小限の修正を施した補訂版を出版することとした．ただし，医療費問題や制度論を取り扱う第 14 章と第 15 章については，制度変化などにある程度対応するために必要な加筆を施したうえで，いくつか最近の文献の紹介を加えている．

　この 4 年の間に，医療経済学の研究は国内外でさらに大きく展開してきている．行動経済学・実験経済学の応用，医療保険制度などの大規模社会実験，さらに経済的ショックによる健康・行動への影響評価など，医療経済学の学術的・社会的貢献の可能性は確実に広がりつつある．さらに近年，国内においても，大規模レセプトデータや社会調査パネルデータなど新たなデータソースが入手可能になってきた．医療・介護関連の制度政策にも国内外で大きな動きが見られつつある．これらに対応するには，章構成を含めた全面的な改訂が必要となるが，その作業は今後の課題としたい．

　初版に引き続き，公益財団法人医療科学研究所の五十嵐裕子さんと東京大学出版会の依田浩司さんに大変お世話になった．末筆ながら御礼申し上げる．

　2015 年 12 月

橋本英樹

泉田信行

まえがき

　近年の健康や医療に対する関心の高まりにより，経済学のサブ領域として医療経済学は内外において注目されている．また合理性を越えたさまざまな条件・モデルのもとで経済理論を展開するうえで，医療というテーマは学問的にも挑戦的な応用分野となっている．

　しかし残念ながら国際的水準から見た場合，日本の医療経済学の発展は立ち遅れが目立つ．*Journal of Health Economics* を始めとする国際的な学術誌に，日本人の author による論文も近年少しずつ見られるようにはなってきているが，その数は欧米の研究者のものに比較すれば著しく少ない．いわゆる実証研究の立ち遅れは医療経済学に限らず，日本の経済学全般に言えることかもしれないが，医療というテーマの取り扱いにくさが，さらに敷居を高くしている面が強い．

　こうした敷居を越えやすくするうえで，大学学部から大学院修士レベルの学生が用いる教科書の存在は大きい．率直に認めなくてはならないが，海外の医療経済学の教科書には良書が多い．Folland, Feldstein, Zweifel など枚挙すればいとまがないが，これらの教科書は欧米の制度における医師・病院・患者の行動を前提として，編纂されている．経済学理論は，こうした「文脈の違い」を越えて，普遍的に見られる経済主体の行動を科学するものであるが，制度などの文脈をまったく捨象することはできない．国ごとに医療制度が異なり，医療制度がそれに関わる主体の行動に影響を与える．それぞれの国の事情も考慮した教科書が存在することは，それぞれの国の医療制度を良く理解し実証的に分析していく研究者を育てるためには非常に意義があると考えられる．

　日本においても近年いくつもの「医療経済学」の教科書・著作が見られるようになっているが，1998 年に漆博雄先生により編集された『医療経済学』が代表的な教科書であることは，多くの学徒が意見を一にするところであろう．漆先生の『医療経済学』は，ミクロ経済学の理論的視座を軸に，実証的に日本

の文脈で医療経済学の研究を展開していく方向性を打ち出した，日本における最初の医療経済学の教科書であったからである．しかし極めて残念なことに日本の医療経済学はその後漆博雄先生を失う不幸に見舞われた．その後さらに鴇田忠彦先生，中西悟志先生，山田直志先生などの実証経済学の先達を失ってしまったことは，日本の医療経済学にとって，あまりにも被害甚大な出来事であったといわざるを得ない．そして『医療経済学』は改訂の機会を失った．当時先鋭的であった内容も，その後の内外の理論・実証研究の進展，制度の変化などから取り残されてしまった．

　日本における医療経済学の進展を難しくしたのは，こうした出来事だけではない．実証的分析を進めるためのデータが入手しにくいことなど，物理的な環境の問題もある．加えてより深刻なのは，経済学をバックグラウンドにもつ実証経済学研究と，医療・公衆衛生学などをバックグラウンドにもつ政治経済的・医療サービス研究とが有機的な結合を十分図れていない点もあげられる．

　本書『医療経済学講義』の企画は，そうした困難を乗り越え，日本における医療経済学の発展に向けてこれから研究を始めようとする若い学徒を支えるために，実証研究の進捗を踏まえた教科書が必要であるという，なかば危機的意識からスタートしたものである．無論，本書は漆博雄編『医療経済学』の改訂版ではない．しかし，編纂に集った共著者の間では，その背後にあるスピリットは共有され，深化されている．さらに本書の特徴として，医学系の基礎教育を受けてきた研究者と経済学をはじめとする社会科学系の基礎教育を受けた研究者の双方が，それぞれの視点を相互理解できるように内容を組み立てるように心がけた．第1章はそのような目的で配置されている章である．本書は大学学部上級から大学院修士課程の学生を対象としているが，医療経済学を学ぶための基礎的な経済学のツールを第2章にまとめている．これらが第Ⅰ部『医療経済学へのいざない』である．

　第3章から第7章は第Ⅱ部『医療市場のメカニズム』として基礎的な内容が含まれている．ただし，単に基礎的なことを述べるのではなく，日本で行われてきた実証研究の成果を取り込んで基礎から現在の到達点までがわかるようになっている．

　第Ⅲ部は『経済合理性の枠組みを超えて』として第8章から第13章が置

かれている．本書は全体として経済学の考え方によって医療需要・供給および
それに対する制度の影響を説明するものである．しかしながら，そのツールで
ある経済学自体も古典的な合理的人間観を検証する過程にある．その点も踏ま
えて行動経済学の成果なども含めた，多様な最先端のトピックスが盛り込まれ
ている．

　医療制度は国によって異なるが，その点は第 IV 部『ミクロとマクロの接
合：国際比較を視野に入れて』によって概観される．有益な国際比較を行う際
の極めて基礎的な条件として統計の国際的比較可能性がある．この点が第 14
章において説明される．第 15 章では制度の違いが医療制度の参加者に与える
インセンティブの違い，という観点からの医療制度の国際比較を行っている．

　このように本書の随所に漆博雄編『医療経済学』以降の，日本における医療
経済学の成果がふんだんに含まれている．編者からの要求に対して，第一線の
研究者である各章の著者には，公務多忙の最中，紙幅の制約の下で最大限の内
容を盛り込むという作業を真摯に行っていただいた．その貢献と高い志に，編
者として深い敬意と感謝を表したい．また，本書の作成にあたって，公益財団
法人医療科学研究所の多大なるご支援をいただいた．特に五十嵐裕子さんには
原稿の整理，スケジュールの管理など多大なご協力をいただいた．さらに，橋
本（法坂）千代さん，江成太志さん（東京大学大学院）には，読者の立場から
丁寧な査読を行っていただいた．濱秋純哉氏（内閣府経済社会総合研究所）に
は余暇時間に無償で内容を通読していただくという多大な貢献をいただいた．
併せて深く感謝申し上げたい．最後に本書の出版・編集作業に携わっていただ
いた東京大学出版会編集部の白崎孝造・依田浩司の両氏に厚く御礼申し上げた
い．『医療経済学』以来，お世話になった白崎氏は 2011 年 1 月に他界された．
謹んで御霊前に本書を捧げたい．その後を引き継いで下さった依田氏には記録
的猛暑のなか大変なご尽力をいただいた．本書が日本における実証的医療経済
学の発展に寄与することを祈念しつつ．

　2011 年 8 月

橋本英樹

泉田信行

目　　次

補訂版へのまえがき　i
まえがき　ii

第I部　医療経済学へのいざない

第1章　医療経済的考え方 ·· 3

1.1　経済学で医療をなぜ取り扱うのか　3
1.2　医療の視座と経済学の視座　4
1.3　医療サービスの特徴　8
1.4　医療市場の特徴　15
1.5　まとめ　17

第2章　経済学の準備 ·· 19

2.1　新古典派経済学から見る個人の選択　19
2.2　需要関数をめぐって　27
2.3　効用関数を用いた分析　32
2.4　不確実性下での意思決定　36
Box　リスクと不確実性　39

第II部　医療市場のメカニズム

第3章　医療サービスの需要 ·· 43

3.1　健康資本：異時点間の最適化と家計生産関数　43
3.2　グロスマンモデルによる考察　51
3.3　いくつかの論点　55
3.4　まとめ　58
Box　割引現在価値　58

vi　　　　　　　　　　　目　　次

第 4 章　保険の経済理論 ……………………………………………… 61

　4.1　はじめに　61

　4.2　医療・介護における保険事故　62

　4.3　保険の仕組み　63

　4.4　モラルハザードと逆選択　67

　4.5　長期保険　77

第 5 章　医療需要の実証分析 ………………………………………… 81

　5.1　医療需要の実証分析の意義　81

　5.2　医療需要の実証分析における統計的課題と分析手法　86

　5.3　今後の実証分析のあり方をめぐって　97

第 6 章　医療サービス生産とその計量分析 ………………………… 101

　6.1　はじめに　101

　6.2　生産構造のミクロ経済学的基礎　102

　6.3　規模の経済性と範囲の経済性　107

　6.4　効率性計測の概念　110

　6.5　効率性計測の手法　113

第 7 章　医療スタッフの労働市場 …………………………………… 123

　　　　　：労働経済学の基本的枠組み

　7.1　労働需要（短期）と供給　123

　7.2　医療スタッフ労働の「不足」　132

　7.3　人的資本投資，内部労働市場，効率賃金仮説　137

第 III 部　経済合理性の枠組みを超えて

第 8 章　誘発需要と情報の非対称性 ………………………………… 147

　8.1　情報の非対称性と誘発需要仮説　147

　8.2　McGuire モデル　149

　8.3　誘発需要の実証分析　152

　8.4　誘発需要に関するその他の重要な議論　158

　8.5　まとめ：日本で誘発需要は起こり得るか？　160

目　次　　　vii

第 9 章　医療における価格・計画，競争・規制 …………………… 163

9.1　資源配分を評価する基準　163

9.2　評価基準の相互関係　171

9.3　「望ましい」配分をいかに達成するか　173
　　：政府の役割と限界

9.4　まとめ　178

Box 1　仮説的補償原理　179

Box 2　社会主義計画経済論争　180

第 10 章　生活習慣と行動変容 ………………………………………… 183

10.1　はじめに　183

10.2　合理的アディクション　188

10.3　行動経済学から見た生活習慣とアディクション　192

第 11 章　医療技術の進歩と伝播 ……………………………………… 201

11.1　医療技術とは何か　202

11.2　技術伝播モデル　206

11.3　技術伝播の実証研究　211

11.4　技術伝播の影響　214

11.5　まとめ　215

第 12 章　所得分配と健康 ……………………………………………… 217

12.1　所得と健康　217

12.2　所得分配と健康を結びつけるメカニズム　224

12.3　実証分析の展望と課題　228

第 13 章　年齢による医療・介護リスクとケア ……………………… 233

13.1　はじめに　233

13.2　医療・介護リスク　234

13.3　死亡前医療費　243

13.4　医療・介護の区分　246

13.5　まとめ　248

第IV部　ミクロとマクロの接合：国際比較を視野に入れて

第 14 章　医療費の範囲と「国民医療費」…………………………………… 253

14.1　はじめに　253

14.2　どのようにして医療セクターの経済活動規模をはかるのか　254

14.3　「国民医療費」の範囲　261

14.4　総保健医療支出推計　265

14.5　医療政策に関連する厚生統計とその課題　269

14.6　社会保障費用の国際比較統計　271

14.7　おわりに　273

第 15 章　医療制度の国際比較……………………………………………… 275

15.1　はじめに　275

15.2　医療制度の比較　277

15.3　まとめ　293

参考文献　295

索　　引　325

第I部

医療経済学へのいざない

第 1 章

医療経済的考え方

1.1 経済学で医療をなぜ取り扱うのか

　経済学とは金銭を扱う学問，ではない．経済学とは何か，を明確に定義したのは英国の経済学者であるライオネル・ロビンズ（Lionel Robbins）である．ロビンズによれば経済学とは「"Economics is a science which studies human behavior as a relationship between ends and scarce means which have alternative uses."（他の用途を持つ希少性ある経済資源と目的との間の関係としての人間行動を研究する科学）」である．「経済資源」とは，貨幣はもちろんのこと，貨幣として換算できるものを広く含んでいる．例えば，人々の時間も，労働として貨幣と交換できるので経済資源である．また，「希少性」とは経済資源が有限であることを意味する．無限に利用可能な資源（一昔前であれば水や空気であったかもしれないが），は経済学の分析の対象とはならない．希少であるということは，異なる言い方をすれば，その経済資源を利用することに費用が存在することを意味する．これを「機会費用」という．機会費用とは，ある目的のためにその経済資源を用いることにより断念せざるを得ないものの価値を意味する．経済学が分析の対象とするのは何かを行うことにより何かを失うことになるものである．そして個人ならびに社会は，得るものと失うものを秤にかけて，どの資源をどれだけ投入するか，意思決定する主体であると規定される．経済学とは，与えられた分配（distribution）の下でそうした希少な経済資源をどのように配分（allocate）すれば，個人ならびに社会が最適な状態に到達しうるのか，を議論するための行動科学である．経済学が取り扱う

領域として金融や労働などに加えて，なぜ医療・健康が含まれているかと言えば，それは医療ならびに健康資源も限りのある経済資源だからである.

　医療機関・医療機器などを整備するための資金（資本）や労働力は，他の生産物を生産するために使用することも可能である. また，体の不調を感じ，風邪をひいたと考えている個人は，医療機関を受診することによって得られる便益（症状の緩和）や仕事を休んで得られる便益（体調の回復）と，受診や休むことによって失うコスト（受診に費やした時間，労働時給，自己負担などの機会費用）を秤にかけた上で，風邪をおして働くことを選ぶかもしれない. このように医療・健康資源も，経済学的な分析の対象になるのである.

1.2　医療の視座と経済学の視座

　一方，医療の目的は，疾病を予防ないし治療することで，人々の健康を維持・向上することにある. そうした医療の視座と経済学の視座は時に対立するように見えることがある. そのうちのいくつかは誤解によって生じている（例えば経済学を金の学問だと勘違いし，医療費削減のための方便だといって感情的に批判するなど）. しかし両者の視座の間には，より本質的な違いが横たわっている. それは 1) 視野の範囲，2) 個人の「人間像」，そして 3) 論理構造の違い，に集約される.

1.2.1　視野の範囲

　医療では目の前の 1 人の患者に対して，医師はどう振舞うべきかを判断基準としている. よく「命は地球より重い」などという言葉が使われるが，これは目の前の 1 人の患者を何十億人のうちの 1 人ではなく，唯一無二の固有の命として尊重することを強調した表現である. そうした医療の視座は，医の倫理であるところの，患者に対して善を施すこと（benevolence），害を及ぼすべからざること（non-malefisence）に依拠している（Beauchamp and Childress, 2008）. 1 人の命を救うことを最優先することが，他の患者やこれから治療を必要とするかもしれない消費者にどのような影響を及ぼすかについて，医療従事者は日常の業務の中で思いをはせることはほとんどないし，その必要性を感

じることもない．医療従事者は「病院の中」で完結する結果にしか関心を寄せないことが多い．新しい医の倫理として just（公正性）という視点を持ち，社会的視点に立った判断を医療者も持つべきであると主張する医療倫理学者もいる（Brennan, 1991）．一方，経済学では社会全体での資源配分のあるべき姿を考えている．そして，資源（財）の配分を決める際，誰かが利用しても他に影響を与えない財（非競合財）と，誰かが利用すればその分他が使えなくなる財（競合財）を分けて考える．そして医療資源は競合財である（1人に薬を使えば，その分他の人・他の目的に使えたかもしれない資源は減る）．

1. 2. 2 「個人」とその「人間像」

「医療」が対人サービスを強く意識し経験やノウハウなどを尊ぶのに対して，「医学」は客観的・科学的な立場を強調した概念となっている．ただし，同じ「医学」でも臨床医学は1人の患者（個人）の健康に着目するのに対し，公衆衛生・疫学のような社会医学では，集団としての健康水準に着目する点が大きく異なる．その違いが，例えば同じ禁煙といっても臨床では個人の患者への禁煙指導やニコチン補充薬の処方などが優先されるのに対して，公衆衛生では集団に影響するたばこ税の増税や禁煙ポリシーの導入の必要性を主張する，といったアプローチの違いにも繋がっている．経済学は，臨床医学と同じく個人としての患者や消費者を相手にする点で，むしろ視点は近いものがある．ただし，個人という「人間像」には大きな違いが見られる．

経済学では古典的に「合理的（rational）」な個人を前提としている．合理的であるとは，自らの目的を明確に持ち，それを実現するために，与えられた情報を理解した上で，意思決定をする主体である．経済学では個人の行動目的を限定せず，目的の内容や，目的にそった合理的な選択の「あり方」についてさまざまな仮説（モデル）を立てて分析が行われる．金銭的利益を最大化するということも，そうした目的の1つと考えられるが，それに限る必要はまったくない（健康を最大化することを目的にしたモデルも実際にある）．なお後述するように，近年の行動経済学においては，古典的合理性の条件を緩めた，より「人間くさい」判断主体を取り入れるように発展してきている．

一方，医療では患者という個人について，古典的には受け身の人間像を前提

としてきた．降ってわいた病気という災難に振り回され，医師の判断に身を任せるしかない患者に対して，専門家である医師が治療を「施す」という図式が影響力を持っていた．これに対して近年では患者の自己決定権やインフォームドコンセントといった概念が台頭し，患者は「自らの意思決定の主体」であると認識が広がってきている．また病気の原因についても「生活習慣病」などの概念が導入された結果，患者に対して「不摂生による自己責任」なるものも求められるようになってきた．しかし，そこでは，患者の目的は「健康を維持回復すること」に限定され，合理性の判断基準が「医学的に見て妥当であるかどうか」に設定されていることが暗黙の了解とされている．一方経済学においては，例えば薬物乱用や喫煙についても個人が自ら選択した「合理的行動」として捉えることもできる（Becker and Murphy, 1988）．

1.2.3　論理構造の違い

　医学には基礎医学と臨床医学の2種類がある．細胞生物学や遺伝子解析などに代表される基礎医学はいわゆる自然科学の範疇に含まれるが，数学や理論物理学などと異なり，理論から演繹されるのではなく，「事実」の発見や「経験」の蓄積を通して，論理を帰納的に構築する．臨床医学においては，さらにその性質が強い．医師は患者の訴えや診察・検査結果をもとに患者の「臨床像」をまとめる．そしてそれが，これまでに体系化された医学的診断体系のうち，どのカテゴリーに当てはまるのかを帰納的に分類し，診断を立てる．そして診断された病名に従って，適用となる治療法のリストの中から，治療法を選択・推奨するのである．

　かつては経験だけがものをいい，治療して効果があれば，それが医療行為として認められていた時代もあった．現在は臨床比較試験などによって効能が証明された「科学的根拠」が求められるのが当たり前となったが，それでも医療行為のすべてにおいてそうした効能が証明されているわけではない．たとえ効能が確認されていても，それを実施する患者の性質や，実施する医療者の技術・治療環境の整備状況などによって，同じ治療が同じ効果をもたらすとは限らない．臨床現場では，臨床試験などの「理想的条件下」で証明された科学的情報だけに頼らず，個々の患者の症状・状態・検査結果を，既存の事例報告や

自らの臨床経験と照らしあわせて，その相違から分類＝診断を下し，治療適応について判断を下していくことになる．こうした帰納的論理構成は，医療政策系の研究においても保たれている．まずデータ＝「事実」を明らかにした上で，それを既存の枠組みなどから解釈するという手順が取られる．

一方，経済学では，個人や企業などの行動に関する理論的なモデルをまず構築する．理論的なモデルは合理的な人間像などの仮説によるものである．仮説から構築されるモデルであるから自由自在にモデルを構築することが可能である．それゆえ，経済学の立場からはモデルの斬新さもさることながら，モデルから統計的に検証できる仮説・命題を導き出せるか，が関心となる．検証可能な命題とは統計的な仮説検定により統計的に棄却されるか否かが判断され得るものである．すなわち，経済学者の脳内でさまざまなモデルを発想することは自由であるが，そのモデルから統計的に判定できる仮説を導き出せるか，がモデルの価値を決める要素として重要である．さらに重要であることは，導き出された仮説が統計学における仮説検定において統計的に棄却されないことである．前提から出発して命題を検証していく形であり，演繹的な論理展開になっていると言ってよい．

こうした両者の論理構成の違いは，論文の構成の違いにも繋がっている．医療系の論文は，事実問題の規定，データと分析方法の紹介，結果，そしてその解釈という構成になっている．一方，経済学では，まずモデルの規定をし，それを証明可能な数理モデルに展開した上で，モデルが実証データにあったかあわなかったかを議論する．両者の間に横たわるこうした論理構成の違いは，不毛な議論の食い違いに繋がることがある．医療政策研究者側は経済学的研究を，「事実に基づかない，机上のモデルからスタートしている」といい，経済学研究側は医療政策系研究を「後付け的にデータに解釈を加えていて非論理的である」という具合である．

以上あげた3つの視座構造の違いをどう克服するかについて，いまのところ最適解は見当たらない．しかし医療経済学を学ぶものは，両者の違いを「理解」した上で，自らの立ち位置を明確に意識し，議論に臨むことが求められる．

1.3 医療サービスの特徴

医療を経済学で扱う場合，どのような特徴に配慮が必要であろうか？　パンやバターなどの一般財と何が異なるのであろうか？　家電製品市場と何が異なるのであろうか？　ここでは 1) 貯蔵可能でない無形財 =「サービス」であること，2) 不確実性を伴うこと，3) 消費者と生産者の間に情報の非対称が見られること，そして 4) 外部性を有することなどについて，順次触れていくこととしよう．

1.3.1 「サービス」としての医療

まず，医療サービスはまさに「サービス」であることが重要である．サービスは一般的には「奉仕」と同義語に使われているが，経済学においては，「サービス」という単語は貯蔵可能でなく，生産される時点で消費される財を指すので注意が必要である．この点は医療サービスに限ったことではない．ホテルやレストランでのサービスも同じことである．

貯蔵可能でないために，需要が急激に増えれば待ち時間・供給過少が発生する．また貯蔵できないため，生産と消費は同時に行われ，両者は不可分である．有名なレストランやホテルの高品質のサービスなら，遠くから高額の料金を払ってでもそのサービスを購入しに訪れる消費者も多い．医療サービスでも特別な治療を受けるためにわざわざ遠方から特定の医療機関・医師を受診するものもいる．ただしそうした疾患は「待てる」疾患（例えば悪性腫瘍）である．救急で処置が必要なもの（例えば急性期の脳卒中や心筋梗塞）は地産地消とならざるを得ない．待てる疾患であっても，サービス提供を行う医療機関からの空間的距離がある場合には，移動コストや機会費用がかさみ，サービスに対するアクセスが悪化するかもしれない．

さらに，サービスは，その生産において機械ではなく人の手による部分が大きい．そのため，サービスの提供体制を確保することは「人手」の確保とほぼ同義である．そして医療サービスにおいては，「人手」といっても単純労働と異なり，医師や看護師・薬剤師などの医療専門職が必要である．同じ医師であっても外科・内科・小児科といった専門科によって必要な技能が異なり，その

技能を習得するのに時間・費用がかかっている．一般内科・外科などの基盤的サービスについては，医師免許を持っているものであれば専門によらず，ある程度までの質のサービスを提供することは可能である．しかし，糖尿病専門医が心臓血管外科専門医のサービスを提供することはあり得ない．このことはまた，医療機関の生産関数を考えた場合，専門職の人的労働力は長期的には変動的であるかもしれないが，短期的に見た場合は固定的（患者がいてもいなくても，ある専門科のサービスを標榜していれば，専門医を雇い続けるしかない）であることを示唆している．

　医療サービスのもう 1 つの特徴は，商品ラインが多いことである．商品ラインが多いこと自体はコンビニエンス・ストアなどのサービス産業でも抱えている問題であり，商品や顧客情報の一元管理や中央本部による一括購入・在庫管理などによって対応が図られている．ただしサービス産業においては貯蔵が不可能なサービスの性質上，それぞれのサービス提供拠点で提供するサービスの種類にあわせた資源を確保する必要がある．さらに医療サービスにおいては，専門ごとに必要とされる人的・物的資源が異なる．例えば同じ外科的サービスを提供するといっても，脳外科医と心臓血管外科，消化器外科を兼ねて手術する専門医はまずいない．それぞれのサービスによって，必要とされる機材・人員・手術室の要件，手術前後の治療や検査を行うための設備も異なる．しばしば経済学では医療サービスを一様な 1 つの財として扱うが，実際には疾病やその他の細かな状態によって性質・内容・必要資源は異なる．この点は経済的モデルを立てる際に，その対象とするサービスの性質を鑑みて，必要な要素が何かをその都度考える必要があることを意味している．また 1 つのモデルが適用可能な医療サービスの範囲がどこまでかをわきまえておく必要があることを意味している．医療側の学徒には，何が異なるのかを経済学の学徒に正しく情報提供することが求められる一方，経済学の学徒には既存の臨床・疫学研究などの情報を正しく理解することが求められる．

　貯蔵できない，人的資源への依存が強い，サービスラインが多様である，という特徴に加えて，医療サービスの最後の特徴として，「質の均一化」が図りにくいという点をあげておく．不均質性は，サービス財に特徴であるが，特に医療サービスの場合，同じ重症度の患者に同じ手術や薬物治療を施しても，必

ずしも同じ結果が得られるとは限らない．その要因は「不確実性」の問題とも絡んだ部分があるので次項で改めて取り上げることとしたい．

1.3.2 不確実性

Arrow（1963）の古典的論文で，医療経済の最大の特徴として「不確実性（uncertainty）」を取り扱わなければならないことが論じられている．経済学においてはリスクとは起こる確率が分かっている状態，不確実性とは起こるか起こらないかについての情報が欠如している状態を指す．

例えばあなたが向こう1年の間に重篤な病気にかかり入院する確率はどれくらいであろうか？　医師は，現在のあなたの健康状態や生活習慣，既往歴（あなたがこれまでにかかった病気）や家族歴（血縁家族がこれまでにかかった病気）などの情報をもとに，既存の疫学情報などから，あなたの入院確率を計算することは技術的には不可能ではない．その点ではこれは「リスク」である．一方，このリスクは「あなたと同じような条件を持った人が病気入院する割合」を示すものである．つまり正確に言うとこれは「あなたのリスク」ではなく，「あなたと同様の特徴を持つ集団のリスク」，つまり疫学的なリスクを指している．個人であるあなたにとっては，向こう1年の間に入院するかどうかはまったく予測がつかない以上，これは「不確実性」の範疇に留まる．個人レベルでの不確実性を，集団のレベルではリスク化できる．これが保険の原則であり，医療保険が求められる理由である．

このように消費者・患者にとっては医療サービスの需要が発生するかどうかは不確実である．保険者や医療機関は，サービス提供対象の人口集団を規定することで，どの程度の需要が発生するかをリスク化することができる．一方，医療機関も患者とともに直面しなくてはならない「不確実性」が治療効果の不確実性である．同じ重症度の患者に同じ手術・薬物治療を施したとしても，同じ健康状態に到達できるとは限らない．この不確実性の原因は複数存在する．第1が医療技術・知識そのものの限界である．同じ抗がん剤でも患者によって効果が見られる場合とそうでない場合がある．近年，いくつかの遺伝子が抗がん剤の効果の出現を左右することがわかってきているので，将来医科学の進歩によってこうした不確実性は解消されるかもしれない．しかし常に技術・知識

は不完全なものである．第2の原因は医療サービス提供者側の要因である．治療者の技術レベルや情報理解の程度，さらにそれを提供するための組織体制の整備などによって，得られるべき効果が得られないばかりか，副作用・合併症などの事故につながることもある．すなわちこれは「医療の質」の問題として捉えられる．これも近年，専門医制度の改革，臨床ガイドラインの策定，クリニカルパスなどによる診療プロセスの標準化などの試みがなされており，その効果がどの程度見られるかは重要な医療経済研究のテーマの1つとなる．第3の原因は患者要因である．患者の年齢や併存症（同時に持っている病気や状態）などによって，同じ治療を施しても，期待された結果がでない，または合併症の発生率が高くなることがある．外科の領域では，重症度スコアなどの開発により，術前に患者の状態から，治療効果や合併症の発生率をリスク化することが臨床疫学研究として試みられ，一部は実際の診療に応用されている．

1.3.3　情報と主体

　消費者である患者は，自分が購買する医療サービスの内容・質について，供給者である医療従事者よりも情報を有していないと言われている．これを情報の**非対称性**という．社会学（Friedson, 1970）においても，経済学においても，専門家である医療従事者と非専門家である患者の間の情報非対称は重要な研究テーマの1つとして扱われている．その詳細は関連の章（第8章）に譲ることとして，非対称がどうして，どのように起こるのかをここでは考察しておこう．

　手術や薬物治療など医療サービスの医学的妥当性や，臨床治験などで明らかにされた効果性については，医学書や臨床雑誌など，公となっている情報源から得られるものである．インターネットの普及などにより，今日では医学的情報へのアクセスについては，非専門家である患者・消費者と医療専門家の間の差は劇的に解消されつつある．両者の間に横たわるのは，その情報を読み取り，理解し，サービス受療の可否を意思決定する上で必要とされる技量（情報リテラシー）の差である．医療専門家は医学教育や臨床訓練，さらに専門家間でのコミュニケーションなどを通じて，そうした技量を有していると期待されている（ただし，その能力には専門家内部でばらつきがあり，それを均一化し質保証するための社会的装置の1つとして専門医認定制度が存在する）．一方非専

門家である患者・消費者は，情報そのものにはアクセスできても，それが自分の行うべき意思決定にどのように寄与するのかを判断することが困難なのである．

　患者・消費者が持てていない最大の情報は自分の健康状態に関する医学的情報である．患者は自覚症状や，疾病により生じた機能制限などによって社会生活が妨げられることで「病い」を認識するが，医療専門家は診察や各種検査の結果などから診断基準に基づいて客観的・病理的な「疾病」の存在を定義し認識する（Stewart *et al.*, 2003）．骨折であれば患者にも医者にも，骨折という状態の存在とその意味は共有しやすい．一方，頭痛・めまいなどについては，患者は確かに感じているが，診察の結果「特に何もありませんよ」ということもありうる．その逆に軽度の糖尿病や高脂血症であれば，検査の結果は医学的に明白であっても，患者本人は症状も不便も感じるわけではない．

　今日の医療現場では，患者が意思決定の主体（プリンシパル：principal）であり自らの選好を表明し，医師はそれに医学的・客観的情報を提供することで意思決定をサポートするという「共同意思決定モデル」が一般的に採用されている．しかし，患者が自らの選好を常に明確に有しているとは限らない．実際，重篤な疾病は一生のうちに一度しか経験しないものであり，家族や友人などに同様の疾病経験を持つものがいない場合，患者は初めてのことを前にして戸惑うことが多い．こうした場合に選好がどのように形成されるのかは，経済学ではあまり顧みられていない．患者側が医師から提供される客観的情報や自らの試行錯誤を通じて選好を修正したり，医師側が患者の選好に反しても，医学的に必要と思われる治療オプションを提案し議論を昇華させるよう促す場面もあり得る（Emanuel and Emanuel, 1992）．なかには，自らの選好を明示的に表明することで，期待した結果が得られない場合に「後悔すること」を恐れて，医師の言うままに治療に従うという患者もいる．

　かつての医師・患者関係では，医師は「患者の利益を代表する」ものとして，「患者に最も良い治療選択」を行うことが任務とされていた．上述したように，今日の医療現場では，患者との共同意思決定が中核的モデルに置き換わっているが，実際の現場ではエージェント（agent）としての役割を果たす医師もいる．ただしその場合でも，個人の医師が自分の経験と知識だけに基づいて治療

を選択するというスタイルは次第に放棄されつつある．治療技術が高度・複雑化するに従い，医師も単独で判断するのではなく，同僚とのコミュニケーションや専門医集団としての規範（いわゆるガイドライン），さらには臨床研究結果などの「科学的根拠」などに従うことが要請されるようになってきた．すなわち，医師による診療上の意思決定を左右する要因として，医師個人の経験や知識などの個別技能レベルだけではなく，医師が単独で開業しているか，病院などでチームとして活動しているか，専門家集団による規範や科学的コンセンサスなどの影響を受けやすい立場にあるかどうか（教育病院に勤務しているか，専門医免許を持っているかなど）などの環境が影響を及ぼしうる．このことは特に医療技術の伝播を説明する際に取り上げられることになる（第 11 章参照）．

　最後に経済的意思決定主体としての医師について触れておく必要がある．米国の場合，医師（attending physician）は独立した経済主体であり，病院と契約した上で，病院の機材や人員（研修医や看護師など）のサービスを「仕入れ」て，自分の患者に対して診療サービスを販売している．支払いについても医師への支払い（physician fee）と病院への支払い（hospital fee）は独立した制度で賄われている（例えば米国の公的高齢者医療保険メディケア（Medicare）の場合，前者は Resource-Based Relative Value System による出来高払い，後者は診断群別一件包括先払い制度（Diagnosis-Related Group/Prospective Payment System）による）．米国の attending physician と日本の開業医は似ていて非なるものである．後者はあくまで診療所・医院としての「法人」を指している．

　一方，日本をはじめ多くの欧州国家では，医師は病院の勤務医であり，給与制になっている（能力給か，年齢給かは国によっても病院によっても異なる．ちなみに日本の場合，公的・私的を問わず，多くの病院で年功序列的給与体系が用いられていることが多い）．したがって，医師は独立した経済的意思決定主体ではなく，病院の生産要素の 1 つとしての側面を持っている．実際，日本の保険制度では，保険による支払い償還は法人としての医院・病院に対してなされるものであり，個人の医師に対してなされるものではない．

　米国の場合は，支払い額の変化は医師の供給行動の変化と直結することが単純に想像できる．日本の場合，支払い額の変化は医師給与レベルに直接は影響

しないことが多いので，支払いと供給行動の変化の関連をモデル化する場合，医師を主体とするのか，法人としての病院・医院を主体とするのか，どのようにインセンティブが形成されるのかを理論的に武装しなおす必要がある．

1.3.4 公共性，競合性と排他性，そして外部性

医療サービスは一般のサービスと異なり，「公共性」の高いもの，もしくは基本的人権としてそのアクセスが保たれるべきもの，という主張がある．これらの主張は，さまざまな立場から同じ言葉で議論が立てられるために，議論がかみ合わないか，不毛な議論に終始しやすいため注意が必要である．

経済学でいうところの公共財（public goods）には，競合的（rival）でないことと排他的（excludable）でないことが求められる．競合的であるとは，1人が消費することで他のものが消費する分が減るような財を言う．非競合財の典型例は災害情報システムである．1人の住民のために災害情報システムの整備に資源を費やせば，それは他の社会構成員に対しても同時に便益を与えることにつながる．そして災害情報放送を1人が耳にしたからといって，他のものがその分情報を得られなくなることはない．排他的であるとは，その財を特定ないし社会のすべての人々が消費することを妨げることができることを言う．上述の災害情報システムは非排他的でもある．放送電波を発信すれば，受信機を持ってさえいれば，誰であろうとそれを受け取ることを妨げることはできない．

では医療サービスは経済学的な意味において公共財だろうか？　ある患者が医療サービスを受ければその分他の患者に回る資源（薬や医師など）は減ってしまう．つまり医療サービスは競合的である．医療サービスを受けることを妨げることはできるだろうか？　医療供給者側が保険にはいっていない患者の受診を拒否することもありうる．英国では年齢制限によって慢性腎不全患者であっても透析治療を保険がカバーせず，事実上受けられないことが問題とされた時期があった．つまり医療サービスは排他的でもありうる．すなわち，医療サービスは家電製品やレストランのサービスと同じく，一般的な私的財（private goods）として経済学上は扱われる．

医療サービスが「私的財」であることは，必ずしもそれを通常の市場メカニ

ズムで取り扱うことを正当化するものではない．私的財であっても，その社会的配分において公平性が求められるような場合，市場が必ずしもその役割を果たせるとは限らない．また市場が本来の機能を果たす条件を満たしていない場合，社会全体としての便益を最大化するような効率性にも繋がらないのである．

　一般財であっても家電製品とは異なる特徴を医療サービスはいくつか持っている．その1つが「外部性（externality）」である．ワクチンをある特定の子どもに接種することは，その子どもの疾患罹患を予防し健康を保つだけではなく，その子どもが感染しないことによって，その周辺の子どもを感染から守ることにも繋がる．すなわち，その子どもにワクチンを接種するために要する費用は，その子どもの便益だけでなく，その周辺の子どもの便益も生み出すことになるが，その「副次的効果」については，それに相応する費用が取引されたわけではない．このようにある人の経済行為が，その周辺の福利厚生に影響を与えているにもかかわらず，それに対して費用や報酬が取引されないことを「外部性」という．上述のワクチンの場合は，望ましい効果を波及しているので「正の外部性」という．一方，たばこの副流煙によって，喫煙者の周辺にいる非喫煙者が肺がんになることなどは「負の外部性」の典型例である．外部性は市場機能がうまく働かないようにし，効率的な価格決定を阻害する要因の1つである．その対策としては市場を用いた解決策と，公的規制や税などによる解決策があるが，標準的なミクロ経済学の教科書に詳細は譲る．

1.4　医療市場の特徴

　経済学では市場とは，需要者と供給者の取引を通じて，社会全体として最適な資源配置・価格設定を行うための社会装置を指す．数え切れない需要者と供給者の行動を，規制や監視によってコントロールすることは，費用もかさみ，かつそれに必要な膨大な情報を「管理者」（政府）が入手することも倫理的・物理的に困難である．市場は需要者と供給者の行動を最適化する共通基盤を提供するだけで，管理コストの低い形で「神の見えざる手に導かれながら」社会全体として福利厚生を最大化する重要な役割を持っている．

　ただし市場がこの機能を果たすためには条件が必要である．まず市場は「競

争的（competitive）」でなければならない．経済学では「競争的である」とは，需要者・供給者が多数いて誰1人として価格水準に影響力を持っていないこと（price-taker という），市場への入退出が自由であること，取り扱われる「商品」の性質が均一であること，を指す．また市場が完全であるためには外部性がなく，すべての需要者・供給者が商品に関する完全な情報を有していることも必要である．そして何よりも需要者・供給者ともに合理的な意思決定主体であることが求められている．

すでに触れたように，医療サービスには外部性がある．また需要者と供給者の間には情報の非対称性が存在する．医療市場への入退出は免許制・申請制度によって規制されている．さらに医療サービスは手術や治療に品質のばらつきがあることが近年指摘されるようになっている．すなわち，医療市場は不完全なのである．そのため日本を含む多くの先進国では，医療サービスの価格や提供内容・提供者の要件について，公的規制の下で決定されている．

医療（保険）制度自体が個人の意思決定に影響を与え得るが，日本の制度の特徴はどのようなものであろうか．1つは**国民皆保険**である．日本国内に居住する者は公的医療保険制度に加入することになる．加入は任意ではなく法により強制される強制加入である．公的医療保険制度の加入者となれば，患者はどのような医療機関を選択しても構わない**フリーアクセス**となっている．特に，病院の外来部門に直接受診できることは欧米ではあまり見かけない制度的特徴である．サービスを提供する側に目を転じると，医療機関の開設は原則として自由とされる**自由開業制**となっている．また，医療機関にせよ，医療保険者にせよ，利益の分配が禁じられているという意味で**非営利**が原則となっている．医療機関・医療従事者が提供する医療サービスや薬剤の種類・単価は**公定価格**となっている．それゆえ，医療・介護の分野を産業としてみた場合，他産業と比較して厳しい規制の下にあると言える．

一般的には他産業では価格や新製品開発によって競争が行われる．規制により医療や介護の分野ではこのような競争手段はほとんど利用可能でなくなる．他方で，価格付けをどのようにすべきか，どのような技術を利用可能にすべき

か，という点は政府が権限と責任を持つことになる．

1.5 まとめ

　この章では，なぜ医療を経済学が取り扱うのか，そもそも経済学とは何か，についてまず明らかにすることから始めた．経済学は希少財の最適な配分をめぐる行動科学であること，そして医療もまた希少財であることを指摘した．一方で，医療と経済学の間に横たわる視野や人間像，それに伴う論理構造の違いなどについて紹介した．こうした違いを理解することで，しばしば両者の間に見られる不毛な水掛け論を回避することが期待されるからである．冒頭で医療もまた希少財であり，経済学の適用対象であると述べたが，一方で医療という財に特有の性質があることも事実である．医療はサービス財であること，不確実性を伴うこと，情報の非対称を伴うこと，などについて触れた．さらに医療サービスの「公共性」をめぐってしばしば医療サイドと経済学サイドで混乱した議論が見られることから，経済学上の「公共財」の定義から見れば医療財は「私的財」であること，ただし医療財の「外部性」や医療市場の「失敗」によって，市場に委ねるだけでは効率・公平が保たれないことから，規制が必要な部分があることについて解説した．

　最後に，医療の個別性と普遍性について触れて章を締めくくることとしたい．個々の患者を見れば，病気の性質も，適用される治療も，その効果もさまざまであり，医療サービスは極めて個別性が高い．近年「医療の標準化」の必要性が認識されるようになったが，標準化できる範囲がすべてではない．医療サービスには患者ごとにテーラーメードされる部分が常に含まれている．一方経済学のモデルは，こうした個別性を捨象して普遍的な医療の性質を明らかにすることを目指している．個別性に捉われすぎることで，個々の患者や医療サービスに共通する普遍的原理が見えにくくなっているものを，モデル化によって掘り起こそうとしている．しばしば耳にする「経済学者は医療のことをよく知らない」という批判は，個別性に対する配慮が足りないという意味であれば，経済学が何をしようとしているのかを十分理解した批判であるとは言えないだろう．経済学のモデルが，個々の医師がやっていることをすべて説明することを

目指しているわけではないのだということを医療者サイドには理解してもらえるように，経済学サイドからの説明が必要である．一方，経済学サイドも，医療の個別性をどこまで捨象できうるものなのかを，医療サイドからの情報を積極的に収集し，吟味した上で仮説構築・モデル化を行っていく姿勢が求められるのである．

第 2 章

経済学の準備

2.1 新古典派経済学から見る個人の選択

2.1.1 個人の選好と選択

　第1章で見た通り，経済学では，個人は資源の制約の下で合理的に自己の満足の最大化を目的として行動すると考える．資源の制約とは，個人に与えられる時間や収入・資産が限られていることを指す．経済学で言う個人の合理性とは，個人の好みとそれに基づく選択行動が最低限満たすべき条件を分析のために単純化したものである．現実の世界で実際に個人が合理的に行動するか否かについては行動経済学の領域で研究が進められている．しかしながら，単純化は複雑な現象を理解するための第一歩として有益である．そこでここでは基本的な経済学の考え方を説明する．

　経済学の対象とする場面はトレードオフがある場面である．トレードオフとは予算や資源に限りがあるために，何かを増やしたりするためには何かを減らさないといけない状態を言う．事例から始めよう．ある個人が働くか否かを考えている．説明の便宜上，この個人が選べる働き方は，

　　　　a（週40時間働いて6万円の収入を得る）

　　　　b（週20時間働いて3万円の収入を得る）

　　　　c（週0時間働いて0万円の収入を得る）

のいずれかしか選択できないとする．経済学では2つの選択肢の組み合わせごとにどちらが良いかを考えていき，最終的にどの選択肢にするか，を決める方法で考える．選択肢を2つずつ比較する際の基準は，

「同じくらい好ましいか，それ以上に好ましい」

とする．これは個人の好みを表すために「選好」（preference）と呼ばれ，通常Rという記号を用いて表現される．例えば，

「選択肢aは選択肢bと同じくらい好ましいか，それ以上に好ましい」

という場合には，

aRb

と書かれる．

選好Rに従って，個人は最も望ましい選択肢から最も望ましくない選択肢まで順序付けていく．個人の好みは千差万別であるため，さまざまな順序付けがあり得ることになる．経済学において個人が合理的であるとは，個人の好みが千差万別であったとしても，選好Rがいくつかの条件を満たすことである．その条件の1つは**完備性**（completeness）と呼ばれ，

すべての選択肢a，bについて，aRb または bRa が成り立つ．

という内容である．

もう1つの条件は**推移性**（transitivity）と呼ばれ，

すべての選択肢a，b，cについて，aRb かつ bRc ならば aRc が成り立つ．

という内容である．これは選択肢aが選択肢bと同じかそれ以上に好ましく，選択肢bが選択肢cと同じかそれ以上に好ましい場合には，選択肢aは選択肢cと同じかそれ以上に好ましいとするものである．個人の選好が完備性と推移性を満たすという意味で合理的な個人である場合には，この個人は有限個の選択肢から，自分自身が最も好ましいと考える選択肢を決めることが出来る[1]．

---

1) 選択肢が有限個であるため，選択肢を2個ずつ比較していけば，有限回で比較し終わる．すると，最も好ましい選択肢から最も好ましくない選択肢まですべての選択肢について順序を付けることができる．この時に，最も好ましい選択肢とされたものを選べばよい．

2.1.2 財・サービスの選択と予算制約

前項では，選択肢が3つの場合の労働時間と所得の選択について説明した．現実の社会における個人の選択は労働時間と所得の選択のみならず，消費支出の配分などの問題など多岐にわたる．y 円の所得で消費財 X_1 と消費財 X_2 をどの位の量だけ購入するかの問題を考えてみよう．それぞれの財がどの位購入できるかはそれぞれの価格にもよる．例えば，X_1 の1単位当たり価格を p_1 円，X_2 の1単位当たり価格を p_2 円としよう．すると，予算の範囲内で買える X_1 と X_2 の組み合わせ x_1，x_2 は，

$$p_1 x_1 + p_2 x_2 \leq y$$

を満たす．支出額が予算の y 円を超えないことを求めている．これを**予算制約式**という．$y=1000$，$p_1=100$，$p_2=50$ である場合には，この式を満たす x_1 と x_2 の組み合わせはいくつか存在する．例えば，a $(x_1=5, x_2=10)$，b $(x_1=3, x_2=14)$，c $(x_1=7, x_2=6)$ は上の予算制約を満たす．これら a，b，c のうちどれを望ましく思うか，どれを実際に購入するか，は前節の説明とまったく同様に合理的な個人の選好によって決まる．

ところで，x_1 と x_2 がいくらでも細かく分割可能，例えば肉や総菜の量り売りのように，であるならば，予算制約式を満たす x_1 と x_2 の組み合わせは無数にある．この場合，予算制約式を図示して分析を行うことにより予算制約の範囲内での選択を理解しやすくなる．

図2-1では X_1 財の購入量を横軸に，X_2 財の購入量を縦軸に取っている．仮に手持ちの資金 y 円をすべて X_1 財に費やすのであれば，購入できる X_1 財の量は y/p_1，すべて X_2 財に費やすのであれば，購入できる X_2 財の量は y/p_2 となることは容易に理解できるであろう．すると，y 円をすべて X_1 財に費やした場合に購入できる X_1 財の量は，横軸で測って，y/p_1 となる．同じように y 円をすべて X_2 財に費やした場合に購入できる X_2 財の量は縦軸で測って y/p_2 となる．購入できる X_1 財と X_2 財の組み合わせを示す予算制約式を図示した予算制約線は当然これら2点を通ることになる．予算制約線と縦軸と横軸で囲まれた範囲は購入可能な X_1 財と X_2 財の組み合わせを示す．これは図2-1では影の付いた部分として表現されている．

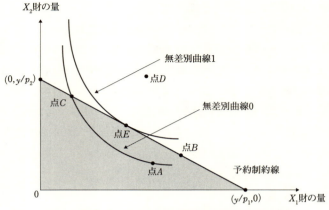

図 2-1　予算制約線と 2 財の消費の最適な組み合わせ

　図では X_1 財と X_2 財の組み合わせとして，点 A から点 E まで 5 点が示されている．これらのうち，実際に購入する点として選ばれ得る点はどの点であろうか？　まず点 D が選択されることはないことは明らかであろう．予算制約を満たさず，選択できないためである．点 A, 点 B, 点 C, 点 E, そして予算制約を満たすその他の点は比較対象に残る．どの点が選択されるかを決定づけるのは個人の選好である[2]．

　この思考的な作業を図で行う場合には，強力なツールがある．**無差別曲線**である．無差別曲線とは，選好で見て，「無差別」である選択肢の集合（集まり）である．ある選択肢とある選択肢が無差別であるとは，両者を選好関係で順序付ける際に同じ程度好ましいと判断される状態である．ある選択肢 a, b について

　　　aRb かつ bRa

が成立する場合である．この状態を選択肢 a と選択肢 b は無差別であるという．

　図 2-1 には，この無差別な X_1 財と X_2 財の組み合わせの組み合わせである無差別曲線を図示している．無差別曲線はいくつも描くことが出来るが，ここ

---

2)　厳密には無限に選択肢があることになるが，本質的に同じ考え方で議論が進められる．奥野・鈴村（1985）などを参照のこと．

では2本のみ示している.

　無差別曲線の性質をいくつか述べておこう. X_1財の量が同じであってもX_2財の量が多い方が, X_2財の量が同じであってもX_1財の量が多い方が, 好ましいと個人が考えることは自然である. 個人の選好がこの性質を満たすならば, 無差別曲線は図の右上にある方が選好上の順位がより高い（好ましい）ことを意味する. すると, 個人は選択できる範囲内でなるべく右上にある無差別曲線上の点を選択したいと思うことになる. また無差別曲線は交わらない.

　描かれている無差別曲線の形状は原点に対して凸であると言われる. 凸性を満たす選好とは, 個人が偏りのない消費を好むことを意味している. 点B, 点C, 点Eは同一予算制約線上にある. よって, 3点は予算制約の範囲内にあり, どれも選択可能である. 点Cの組み合わせはX_2財の量が多い一方, X_1財の量はそれほど多くない. 点Cから点Bへ移動していく. するとX_2財の量が減少し, X_1財の量が増加する. 点BはX_1財の量が多くX_2財の量が少ない点である. 途中にある点Eは点CよりはX_1財の量が多く, 点BよりはX_2財の量が多い. このため, 点Eは点B, 点Cよりもバランスの良い点であると言える.

　3点のどれが好ましいであろうか. 点A, 点Cは無差別曲線0上にあるため, 同じ程度の好ましさである. 他方, 点Eを通る無差別曲線は点A, 点Cを通るものおよび点Bを通るものよりも右上にある. このため, 点Eは点A, 点B, 点Cよりも好まれる.

2.1.3　主体的均衡と価格・所得の変化

　さて, 図2-1で予算制約に直面している個人の選択を考える. X_1財とX_2財の組み合わせのうちから最適なものを選択する場合に, 実際に選択される点は点Eである. 点Eは予算制約線上にある. よって, 選択することが可能である. 他方, 点Eを通る無差別曲線は予算制約線とも接している. このため, 点Eを通る無差別曲線よりも右上を通る無差別曲線は, 予算制約の下にある個人にはすべて選択可能でない点から構成される. よって, 制約の範囲内で点Eよりも好ましい点は存在しない. 他方, 予算制約の範囲内で点Eよりも好ましい点は存在しない. 点Eの他の点を通る無差別曲線はすべて点Eよりも

好ましくない点によって構成されるからである．よって，この個人は点 E で示される X_1 財と X_2 財の組み合わせを選択することになる．

図 2-1 の点 E において無差別曲線は予算制約線と接しているが，無差別曲線と予算制約線が接することは予算制約の範囲内で最も好ましい点を選択するための（必要）条件である．この条件が満たされている状態を**消費者の主体的均衡**と言う．

予算制約線と無差別曲線が接することの意味を考える．接することは図形的には両者の傾きが一致することを意味する．予算制約線の傾きは 2 種類の財の価格の比率である．予算が一定の下で，一方をあきらめることにより追加的に入手できる他方の財の量である．すなわち，2 つの財の交換比率を示している．価格はある個人だけではなくすべての個人で共通であると社会的に認識されている．それゆえ，社会的に認められた財の交換比率が予算制約線の傾きであると言ってよい．

他方，無差別曲線の傾きとは，他方の財の購入量を増やす（減らす）場合に，同じ満足度を維持するために放棄する（増やす）他方の財の量を示す．同じ満足度を維持する場合の 2 つの財の交換比率と言ってもよい．これを経済学では**限界代替率**と呼ぶ．無差別曲線が極めて私的な選好によって決まることを思い出せば，限界代替率は私的な交換比率と言えよう．

以上の議論から無差別曲線と予算制約線が接することは社会的な財の評価（価格の比率）と消費者個人の私的な財の評価（限界代替率）が一致していることを意味するのである．個人の財に対する好みはお互いがお互いのものを知る由もない．しかしながら，主体的均衡にある個人の私的な財の評価額は価格として反映され，社会に知られることになる[3]．

この主体的均衡の条件は重要な意味を持つ．それを理解するため，2 つの思考的な作業を行う．いま，所得が y から y' に増加したとしよう．予算を全額 X_1 財に使った場合も，全額 X_2 財に使った場合も，購入できる量がそれぞれ増加することはすぐにわかる．よって，それら 2 点を通る新しい予算制約線は元々のそれより右上に位置することになる．これは図 2-2a で示される．価格

---

3) この点は第 9 章において議論がなされる．

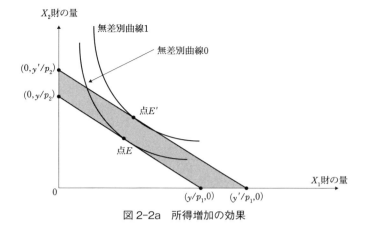

図 2-2a　所得増加の効果

が変化していないので，新旧2つの予算制約線は平行な直線として示される．

　所得の増加により選択可能となる X_1 財と X_2 財の組み合わせは図の影のついた部分である．新しい予算制約線とそれと接する無差別曲線との接点により新しい主体的均衡が示される．新しい予算制約がより大きな量の X_1 財と X_2 財の組み合わせを購入可能にするため，より高い満足度をこの消費者は得る．なお，図 2-2a では所得が増加した後の X_1 財と X_2 財の消費量は双方ともに増加している．所得が変化した際に財の消費量を増減させる効果を**所得効果**という．所得が増加した場合に消費量が増加する財，所得効果が正の財を**正常財（上級財）**と呼ぶ．逆に所得が増加した場合に消費量が減少する財，所得効果が負の財を**劣等財（下級財）**と呼ぶ．

　もう1つの思考的作業は，図 2-2b において示される，価格が変化した場合の効果である．いま，X_2 財の価格は変化せず，X_1 財の価格のみが p_1^0 から p_1^1 へ低下したとしよう．この場合，予算を全額 X_1 財に使った場合に購入できる数量は多くなるが，予算を全額 X_2 財に使っても購入できる X_2 財の数量は増加しない．よって，新予算制約線は縦軸との交点を旧予算制約線と共有するが，傾きは異なる．

　具体的な予算制約線の傾きは $-p_1/p_2$ で与えられる．予算制約線上では X_1 財と X_2 財の購入に使用できる額は一定（$=y$）である．それ故，どちらか一

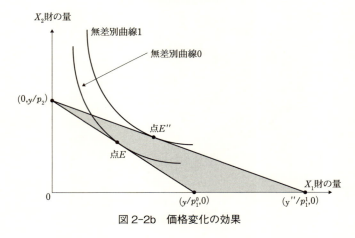

図 2-2b　価格変化の効果

方の購入量を増やそうとするとどちらか一方の購入量を減らさなければならない．よって，例えば，X_1 財の購入量を Δx_1 だけ減少させて，X_2 財の購入量を Δx_2 だけ増加させる場合には，$p_2 \Delta x_2 = -p_1 \Delta x_1$ となる．デルタは変化分を表している．この式から直ちに

$$\Delta x_2 = -(p_1/p_2) \Delta x_1$$

となる．X_1 財の価格の低下は，p_1 の値が小さくなることである．購入量を減少させる代償として買える X_2 財の量が減少することを意味する．すなわち，価格の低下は財の交換比率の変化を意味する．図 2-2b を見ると，X_1 財の価格低下により予算制約線の傾きが緩くなっている．予算制約線の傾きは財の交換比率を表しているのである．

　X_1 財の価格が低下した場合，X_1 財のみならず X_2 財の購入量も増加させられるため，消費者が選択できる範囲は影のついた部分だけやはり拡大する．それゆえ，より高い満足度が達成可能であり，実際もとの無差別曲線よりも右上の位置にある無差別曲線と接することになる．

　では，価格の低下によりどの程度満足度が増大するのであろうか．これを測定することは，所得増加の場合と異なり若干の困難がある．所得の増加による満足度の増加分は，所得の増加分として，いささか同義反復であるが，正確に

測定することができる．他方，価格の低下による場合は，追加的なステップを
踏む必要がある．

　図 2-3 は図 2-2 に予算制約線を 1 本追加したものである．すなわち，価格低
下後に接することとなる無差別曲線 1 と接する，元の予算制約線と傾きが同じ
予算制約線である．両者の接点を E' としよう．すると，価格変化の効果であ
る点 E から点 E'' への移動は 2 種類の経路の和となっていることがわかる．1
つは点 E から点 E' への移動である．もう 1 つは点 E' から点 E'' への移動であ
る．

　点 E から点 E' への移動は所得が増加した場合と同様に予算制約線が平行移
動している．それゆえ，所得が変化（増加）した場合の効果と同じように考え
ることができる．そこで，価格変化の効果のうち，所得効果と呼ぶ．ただし，
価格が低下しただけで手持ちの所得額は変化していない．それゆえ，より高い
満足度が達成できるという意味で「実質所得」が増加したことになる．実際，
主体的均衡を与える無差別曲線は無差別曲線 0 から無差別曲線 1 に変化し，無
差別曲線 1 が無差別曲線 0 よりも右上にあることから，消費者の満足度は改善
している．

　他方，点 E' から点 E'' への移動は同じ無差別曲線上での移動である．この
ため満足度の水準は変化していないという意味で「実質所得」が一定の下で価
格が変化した場合の効果とも言える．価格の変化により 1 つの財の購入量が減
少するが，他の財の購入量が増大することによって代替される．それゆえ，こ
の同一無差別曲線上の変化を代替効果と呼ぶ．

　価格変化の効果をなぜ 2 つの効果に分けて考えるのかは次に説明する消費者
余剰という概念と密接に関わる．両者を区別することによって，価格の変化に
よる満足度（厚生）の増大を測定する概念上の道がひらかれるのである．

2.2　需要関数をめぐって

2.2.1　価格の変化と等価変分

　図 2-3 では X_1 財の価格低下により，より多くの X_1 財と X_2 財の組み合わせ
が選択可能になった．それにより，価格低下後の主体的均衡においては低下前

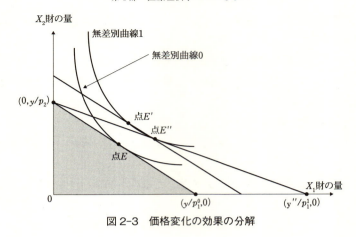

図2-3 価格変化の効果の分解

よりも高い満足度を消費者は得ることが可能となった．では，その満足度の改善はどの位の大きさであろうか．また，それはそもそも現実に測定可能であろうか．

図2-3においてX_1財の価格p_1がp_1^0からp_1^1まで低下した状況を再度考える．主体的均衡は点Eから点E''に変化している．X_1財の価格の低下によらず，無差別曲線0から無差別曲線1に消費者の満足度を改善させる方法がある．それは主体的均衡が点Eから点E'に変化するように（価格は不変のままで）所得をこの消費者に与えることである．これにより，X_1財とX_2財の消費量の組み合わせは異なるが，同じ満足度の水準に消費者は到達できる．このような所得を与える場合，価格低下を阻止したとしても，この消費者は同じだけの満足度の上昇を得る．この所得の額を**等価変分**という．図2-4では点Eと点E'を通る平行な予算制約線の距離となる．

無差別曲線は満足度の水準を表しているため，数値として必ずしも表現できるわけではない．しかしながら所得は測定可能な尺度である．それゆえ，価格低下により得られる満足度の増分は等価変分として測定されることとなる．

2.2.2 需要関数と消費者余剰

等価変分を実際に測る1つの方法が消費者余剰の変化を測ることである．消

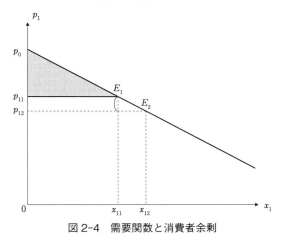

図 2-4 需要関数と消費者余剰

費者余剰は需要関数によって測定される．それゆえ，この項ではまず需要関数について考えることとしたい．図 2-3 において，X_1 財の価格低下と主体的均衡の変化を観察した．連続的に X_1 財の価格 p_1 を低下させていき，それを価格 p_1 と X_1 財の需要量 x_1 の関係として X_1 財の需要関数を図示すると，図 2-4 となる．

図 2-4 では需要関数が右下がり，すなわち価格が低下すると需要が増加する形で描かれている[4]．需要関数がもたらす基礎的な情報は価格と需要量の関係である．例えば X_1 財の価格が p_{11} である場合には，X_1 財の需要量が x_{11} であることである．もう 1 つの情報は消費者余剰である．消費者余剰とは需要関数の下の面積から支払額を差し引いたものである．図 2-4 において，価格が p_{11} の場合は，原点から x_{11} までの需要曲線の下の面積から支払額 $p_{11} \times x_{11}$ を差し引いた，$p_0 p_{11} E_1$ で囲まれる部分の面積（図で影がついている）となる．価格が p_{12} になる場合は，同様に考えて，$p_0 p_{12} E_2$ で囲まれる部分の面積となる．

消費者余剰の変化分から等価変分を近似値とする．2.1.3 項の末尾で価格が個人の財に対する私的評価の情報を伝えることを述べた．需要関数の「高さ」である価格はその財に対する私的評価を（近似）表示したものとなる．また，

---

4) このことを指して需要法則を満たすという．

価格が低下すると財・サービスの需要量の増加を通じて満足度が増加することも述べた.

いま，価格が p_0 から p_{11} まで低下していくと，X_1 財の需要量は x_{11} まで増加していく．この時，満足度は需要関数の下の面積である台形 $0p_0E_1x_{11}$ で囲まれる部分だけ増加する．財を需要するためには代価を支払う必要がある．$0p_{11}E_1x_{11}$ の部分の面積は価格×需要量であり，これを支払う．それゆえ，財の私的評価部分の総和からこの支払額を差し引いた影の部分である消費者余剰の変化分はこの財の価格の p_0 から p_{11} までの変化に対応して需要を 0 から x_{11} まで増やすことによる満足度の貨幣表示となる．よって価格が p_0 から p_{11} まで変化した時の等価変分の近似値となる.

では，どのような場合に，消費者余剰が等価変分の正確な推計値，近似値ではなく，になるのか．説明は既存のミクロ経済学の教科書に譲るが，それは需要量と比較して所得効果が十分に小さい財の場合に限られる[5].

2. 2. 3　需要関数と価格弾力性・所得弾力性

前項において需要関数は，価格 p が決まると需要量 x が決まるという形で示された．実際には，それまでの議論で，所得水準 y なども影響を与えていた．よって，次のように書くことができる.

$$x = f(p, y; Z)$$

f は実数値を与える関数，Z はパラメータ（後述）である．この f がどのような形をしているか，がデータを用いた実証研究の関心対象である．また，政策的にも重要な情報を与えることが多い.

例えば，f を単純な線形であるとし，Z についてはひとまず無視するとすれば，

$$x = \beta_0 + \beta_1 p + \beta_2 y$$

---

5)　この他に，すべての財の所得弾力性（後述）が 1 である場合も正確な推計値になり得る．しかしながら，これらの前提が満たされることはほとんどないと言えるであろう．これらの点は奥野・鈴村（1985）を参照のこと.

という形で示されることになる.

β_0 から β_2 まではデータによって推定されるものである. それらはそれぞれの要因がどの程度の影響を需要 x に対して与えるかという情報を与える. 上の式を p で微分すると,

$$\frac{dx}{dp} = \beta_1$$

$$\frac{dx}{dy} = \beta_2$$

となる. それぞれの式は価格の多少の変化 dp に対して変化する需要量 dx の変化分が β_1 となることと, 所得の多少の変化 dy に対して変化する需要量 dx の変化分が β_2 であることを示している.

もっとも, x や p, y の単位の取り方によって β_1 や β_2 の見た目の大きさを変えることは可能である. 変数の単位の取り方で β_1 や β_2 の大きさが異なると, 第三者が真の影響度を正しく理解することが難しくなる. 需要の価格弾力性 η_p, 所得弾力性 η_y はこの場合の便利な指標である. それぞれ

$$\eta_p = \frac{\Delta x/x}{\Delta p/p}$$

$$\eta_y = \frac{\Delta x/x}{\Delta y/y}$$

で与えられる. 需要の価格弾力性 η_p は価格が 1% 変化すると, 需要が何 % 変化するかを示す. 同様に需要の所得弾力性 η_y は所得が 1% 変化すると, 需要が何 % 変化するかを示す. 変化率の比率で示すことにより, 単位の取り方で β_1 や β_2 の大きさが変わるのを避けるのである.

需要の価格弾力性, 所得弾力性は上の式の推定に当たって, 多少の工夫を行うと簡便に得ることができる. 需要や価格, 所得の数値として元の値を対数変換したものを用いるのである.

$$\ln x = \beta_0 + \beta_1 \ln p + \beta_2 \ln y$$

この場合, β_1 と β_2 が価格弾力性, 所得弾力性の値を与える. 詳細な説明には対数の微分の知識が必要になるが, ここでは事実の指摘に留める.

最後に Z についてである．価格や所得以外の需要に影響を与える要因である．例えば，性別や年齢である．性別や年齢が異なることで，需要が異なることがある．例えば，焼き肉，おかゆ，サプリメント，等々の摂取量，ジョギングの回数，さまざまなものが性別や年齢で需要が違う可能性があることは，（実証的根拠は当然必要であるが）日常の体験から頷けるのではなかろうか．

これは経済学での通常の需要理論では説明されていない．しかし，実証研究を行う際には非常に重要な点である．Z はさまざまな要因からなるベクトルとして，すなわち $Z = (Z_0, ..., Z_n)$ として需要関数の体系に組み込まれる．すなわち，

$$x = \beta_0 + \beta_1 p + \beta_2 y + \alpha_0 Z_0 + ... + \alpha_n Z_n$$

となる．Z_0 から Z_n までの要因が与える影響を考慮に入れたとしてもなお価格や所得水準が需要に対してなお影響をもたらすか，という点が実証的な課題になる[6]．

2.3 効用関数を用いた分析

2.3.1 効用関数という考え方

以後の分析において便利であるため，効用関数という考え方を導入する．いま，個人の選好が完備性と推移性を満たしているとしよう．すると，選択の対象である選択肢は最も好ましいものから最も好ましくないものまで，無差別な選択肢がいくつかあったとしても，順序づけられる．次に，最も好ましくない選択肢にある実数値を与える．それより好ましいものについてはより大きな実数値を与える．この作業を繰り返していく．すると，最も好ましい選択肢に対して最大の実数値が与えられ，以下選択肢の好ましさが減じていくにつれてだんだん数値が減少し，最も好ましくない選択肢については最小の実数値が与えられることになる．この作業は，個人の好み（選好）に従って，選択肢に対して実数値を与えている．すなわち，関数を作成していることになる．これを**効**

---

6) これらの点について，医療経済学分野の最新の研究まで含めて説明したのが第5章である．

用関数という．効用関数は個人がその選択肢から得られる満足度として捉えることも可能である．そして，これまで説明してきたところの制約の範囲内での最も望ましい選択肢を選択するという行為は，制約の範囲内で効用関数の値を最大化する選択肢を選択する行為，と同値であると言える．

ところで，選好によって決められる好ましさの順序と効用関数の実数値の大小関係（これも順序である）は一致しなければならない．この点さえ守られれば，どのような実数値の与え方をしてもよい．その意味では効用関数の値である実数値は大小関係という意味しか持たない．これを満たす効用関数を**序数的な効用関数**という．

他方，効用関数が与える実数値の値自体が意味を持つ**基数的な効用関数**に基づいて議論が行われる場合もある．この場合，ある選択肢とある選択肢のもたらす満足度が何倍である，満足度の差は○○である，などの表現が意味を持つことになる．

無差別曲線と効用関数の関係について触れておこう．個人が消費する財の組み合わせを選ぶ状況を考える．無差別曲線は同じ満足度を示す財の組み合わせである．他方，効用関数は財の組み合わせから得られる個人の満足度を表す実数値関数である．いま，効用関数の値を一定にすると，その条件の下での効用関数の形状がわかる．いわば，効用関数の切断面を見ることになる．満足度が一定の下での財の消費量の組み合わせとなるが，これが無差別曲線となる．

2.3.2 異時点間の選択

個人の選択はどれだけ働くか，何をどれだけ購入するか，といったある一時点の選択だけに留まるわけではない．どのぐらいの額を貯金するか，投資すべきか，など将来のための，時間にまたがった形での選択も行われる．本項ではこの異時点間での選択について簡単な形に限定して説明する．

今年と来年の消費額を決めなければならない状況を想定する．現時点で Y 円の所得を持っている．利子率が $r(>0)$ であるとすれば，使わないで持っていれば来年には $(1+r)Y$ 円となる．今年たくさん使えば，来年に使える額は減少する．今年と来年の消費の間には予算制約がある．これを図示したのが図2-5の予算制約線である．横軸は今期の消費を，縦軸は来期の消費を示してい

る．予算制約線と横軸の交点は，

$$(今年の消費，来年の消費)=(Y, 0)$$

である．予算制約線と縦軸の交点は，

$$(今年の消費，来年の消費)=(0, (1+r)Y)$$

である．今年の消費を減らしていくと来年の消費に使える額が増えていくことを予算制約線は示している．

図2-5では無差別曲線も描かれている．これまでと同様に予算制約線と無差別曲線が接する点が最も好ましい点として選択される．予算制約線と無差別曲線が接するということは，その接点において予算制約線と無差別曲線の傾きが一致していることを意味する．では，それぞれの傾きが何を意味しているのか？　予算制約線の傾きについて先ず考える．今年の消費額を C_1，来年の消費額を C_2 とする．手持ちの所得から今年消費しなかった額を貯金して，利子が付いた分だけ来年に使えることになる．これを式で表すと，

$$C_2 = (1+r)(Y-C_1)$$
$$= -(1+r)C_1 + (1+r)Y$$

となる．それゆえ，予算制約線の傾きは $-(1+r)$ となる．今年の消費を1円減少させる，すなわち -1 円増加させると，$-(1+r)$ を乗じた $(1+r)$ 円だけ来年の消費が増やせることを意味する．他方，無差別曲線の傾きは何を意味するであろうか．無差別曲線は好ましさが同じである点，ここでは今年と来年の消費の組み合わせ，である．その組み合わせはさまざまなものがある．それゆえ，無差別曲線の傾きとは，この場合，今年の消費を減らした時に好ましさを変化させないためには来年の消費をどれだけ増やす必要があるか，ということを意味する．

結局，予算制約線と無差別曲線の傾きが一致していることは，次の1），2）が一致することを意味する．

1) 今年の消費を1円我慢した際に増やすことが可能になる来年の消費額の増加分

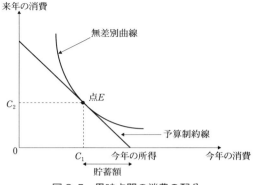

図 2-5 異時点間の消費の配分

2) 今年の消費を1円我慢した際に好ましさを保つために必要な来年の消費額の増加分

2) について，効用関数の考え方を用いてさらに詳細に検討する．今年と来年の消費それぞれから消費者は満足を得る．他方，今年1万円分消費することと来年1万円分消費することは異なる満足度を与えるかもしれない．例えば，来年消費するよりも今年消費することによってより大きな満足を得る人がいるかもしれないし，楽しみは後に取っておき，今年よりも来年消費することで大きな満足を得る人もいるかもしれない．このように消費するタイミングについての好みがあるという考え方を**時間選好**（time preference）という．

時間選好を踏まえた上で，消費者が今年と来年の消費から得られる全体としての満足度 U を効用関数として表現することも可能である．

$$U = U_1(C_1) + \frac{U_2(C_2)}{1+\delta}$$

となる．$U_1(C_1)$ は今年の消費額から得られる満足度，$U_2(C_2)$ は来年の消費額から得られる満足度，δ は（純粋）時間選好率である．$1+\delta$ は満足度を一定に保つときに，今期の消費を一単位減少させるならば，来期の消費をどれだけ増加させる必要があるか，を示す．予算制約線と無差別曲線が接している場合，$1+\delta = 1+$ 利子率，が成立することになる．よって，主体的均衡においては $\delta=$ 利子率が成立することになる．

効用関数を用いて表現することの便益は，多期間にわたる資源配分を分析す

るときに存在する．例えば，$n>3$ の場合は最大化の解を図に描くことは難しい．しかし，効用関数で表現する場合は，

$$U = \sum_{t=1}^{n} \frac{U_t(C_t)}{(1+\delta)^{t-1}}$$

を最大化すると表現される．予算制約式も3期目以降の消費量を含める形に変更すればよい．

2.4　不確実性下での意思決定

2.4.1　不確実性の取り扱い

　これまでは確実な世界での個人の選択についての分析方法を概観してきた．他方，現実の世界では不確実性が存在する．例えば，病気に罹患するかもしれないし，しないかもしれない．薬が効き目を発揮するかもしれないし，しないかもしれない．このような不確実性は個人の行動に対して影響を与える．特に，健康や医療について考える際には重要である．疾病に罹患すると治療するということだけでなく，その他の面でも個人の行動は変化するであろう．本項では不確実性について分析方法の概要を示して，後の項の分析の準備を行う．

　簡単な例から入ろう．悪寒がしていて次の日に高熱が出るかもしれない状態を考える．高熱が出れば不快であるために効用が低下する．他方，単なる悪寒で済んで平熱のままかもしれない．この場合はより高い効用を得るであろう．高熱が出る状態を x，平熱の状態を y とする．状態が x となる確率が p，状態が y となる確率が $1-p$ としよう．ただし，$0 \leq p \leq 1$ とする．このような不確実性に直面した場合の満足度はどのように表現されるであろうか．極めて単純で

$$U = pu(x) + (1-p)u(y)$$

となる．これは**フォン・ノイマン＝モルゲンシュテルン型効用関数**と呼ばれる[7]．不確実性に直面する個人は，この期待効用関数を最大化すると考えるの

---

　7)　期待効用関数の存在は期待効用定理によって保証される．期待効用定理が成立するためにはいくつかの前提条件が必要となる．これらの詳細については，奥野・鈴

である[8].

2.4.2 リスクに対する態度

個人が期待効用を最大化するように行動するとしても，個人のリスクに対する態度は未だ幅広く，捉え切れていない．例えば，所得の変動で考えてみよう．所得がちょっとくらい低下しても動じない人もいれば，所得が微小に低下することも嫌がる人もいるであろう．これらは個人のリスクに対する態度の違いの反映である．

ある個人が W だけの資産を持っているとしよう．そして，話を簡単にするために，資産額から彼が効用を得るとしよう．$\frac{1}{2}$ の確率で h だけ資産が減価し，$\frac{1}{2}$ の確率で資産価値が h だけ増大するとしよう．前節の議論から，彼が得る期待効用は

$$U = \frac{1}{2}u(W-h) + \frac{1}{2}u(W+h)$$

となる．効用関数での表現はこのような形であっても，資産価値が変動するリスクに対する態度は3種類の異なる形があり得る．それは効用関数の形状が異なり得るためである．これは図 2-6 の a から c のパネルによって図示される．注目すべき点は，いずれの場合であっても，資産の期待値は $\frac{1}{2}(W-h) + \frac{1}{2}(W+h) = W$ と一定になることである．リスクがない場合の所得の期待値は W であり，期待値は同じであっても，リスクに対する態度が異なることにより，期待効用が異なることが明らかになる．

図 2-6a のパネルに示される個人の期待効用関数は資産が多いほど満足度の増加の仕方が増大していく形状となっている．このため，必ず資産額が W となる場合の効用水準よりも資産額が変動するリスクがある場合の方が期待効用水準が高くなる．このため，リスクがない状態よりもリスクが存在する状態を好むとも言える．それゆえ，このような形状の効用関数で表現される個人を危険愛好者（risk-lover）と呼ぶ．

村（1985）等の経済学の教科書を参照のこと．

8) 厳密には「不確実性」と「リスク」は言葉を使い分けられる必要がある．本節では「リスク」について以下で説明する．両者の違いは章末の Box を参照のこと．

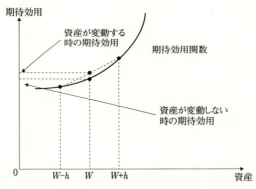

図2-6a 危険愛好的な場合の期待効用関数

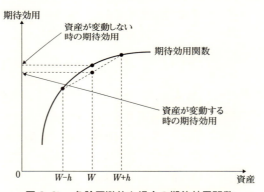

図2-6b 危険回避的な場合の期待効用関数

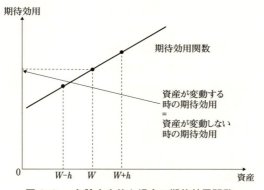

図2-6c 危険中立的な場合の期待効用関数

第 2 章　経済学の準備　　　　　　　　　　　39

　図 2-6b のパネルの期待効用関数は資産が多いほど満足度の増加の仕方が減少していく形状となっている．この結果，必ず資産額が W となる場合の効用水準の方が，資産額の変動リスクがある場合よりも期待効用水準が高くなる．このため，リスクが存在する状態を回避したがるであろう．このような形状の効用関数で表現される個人を危険回避者（risk-averter）と呼ぶ．

　図 2-6c のパネルに示される期待効用関数は，リスクがある場合の期待効用水準が資産の期待値と同一である．このため，リスクがある場合でもない場合でも効用水準は同一となる．彼は危険中立的（risk neutral）とされる．

　経済学の分析では個人は危険回避的であることを前提として分析が進められる．個人が危険回避的であることは，所得の限界効用が低減することを意味する．この点は保険の加入と密接な関係を持ち，第 4 章においてより深く説明されることとなる．

Box

リスクと不確実性

　2.4 節では不確実性下での意思決定として，発生し得る事象の確率が既知（ないしは主観的に評価できる状況）であるケースについて説明を行っている．他方，現実の問題として，これから何が起こるかについて，事前に確率がわかることはないのではないか，という考え方もあり得る．そのため，前者の場合をリスクのある状況，後者の場合を不確実な状況と区別することもある．

　Savage（1954）は期待効用定理を拡張して，後者の意味での不確実性下での整合的な意思決定はある主観的な確率と効用関数が存在して，それらによる「期待効用」を最大化するものとして表現可能であることを示している．この場合，不確実性下の問題は主観的な確率で計算されたリスクの下での選択とほぼ同じく取り扱われることとなる．

　もっとも，Savage の定式化に対しては Ellsberg の反例が指摘されている．この反例をも含める形で不確実性下での意思決定を説明する理論としてナイト流不確実性（Knightian uncertainty）がある．ナイト流不確実性の下での意思決定理論は未だ研究が進められているが，個人は複数の主観的確率を持ち，その中で最も悲観的な確率で計算した期待効用を最大化するものとして定式化されている．ミクロ経済

学理論の先端での議論を応用して金融分野での分析が始まっているが，医療経済学の分野での応用は今後の課題である．

第II部

医療市場のメカニズム

第3章

医療サービスの需要

3.1　健康資本：異時点間の最適化と家計生産関数

3.1.1　はじめに

　健康であることはそれだけで好ましい．また健康であることは労働をはじめとする社会生活のために必要である．すなわち，健康は消費財として，また生産要素として捉えられる．もし我々の意思決定で健康状態を向上させたり維持したりすることができるのであれば，我々はどれだけ健康のために資源を費やすのが望ましいのであろうか．この点について説明するのが本章の役割である．より健康となることが可能であるならば，それは現在だけではなく将来に対しても影響を与える選択である．それゆえ，「健康」の選択に関しては異時点間の選択を捉える枠組みで分析する必要がある．このような分析枠組みを与えた論文がGrossman（1972）である．

　そもそも健康はどのように捉えられるであろうか．体重や身長などのように1つの指標で「健康」を客観的に測定することはできない．血圧，血液検査値などのさまざまな指標や主観的な健康感も測定することが必要かもしれない．このように健康を操作可能な形で定義することは難しい．経済理論による分析においては，議論の簡単化のために健康は一次元の尺度 H_t として示される[1]．また，「健康資本」とも呼ばれる．健康であることが満足，効用を生み出す他

---

1)　Chang（1996）は個人はさまざまな疾患で死亡する確率があることを踏まえた competing risk モデルを利用した健康投資について理論的に分析している．これは健康資本が多次元的に取り扱われていると言えよう．

に, 健康であることから働く時間が生み出されるためである. このように健康資本から健康であることの価値が生産されている. 健康資本は年々減耗するが, 健康資本量を増大させる投資も行われる[2].

健康投資には複数の方法がある. 1つは医療機関受診による医療サービスの利用である. 運動や生活習慣の改善などの「健康増進」や健診などの予防という形でも健康投資が行われる. 健康投資のためには金銭的費用と自分の時間を投入する必要がある. しかし所得や時間は健康投資以外に, 消費や余暇, 労働等にも使用できる. それゆえ, 健康投資とその他の投資・消費の関係は, 経済学が分析対象とするトレードオフの関係となる.

健康資本の議論には「死」の概念も含まれる. 分析対象となる個人は将来にわたって自己の効用が最も高まるように健康資本を蓄積する. 健康資本を蓄積すれば生存期間が長くなる. 他方, 生存期間を長くしても生涯にわたる効用が高まらない場合は, それ以後の消費をゼロとし, 健康資本の水準を満足度や日常生活のための時間を生み出さない水準に固定するかもしれない. これを死として捉えるならば, 健康資本の選択を通じて死が内生的に選択されることになるのである.

以下の項においては, 上で概説したモデルを数学的に定式化したものの概観を捉えていくこととする.

3.1.2 健康資本と家計生産関数

日常生活で時間はさまざまに用いられる. 例えば, 食事を取る時間だけではなく, 食材を購入し, 調理する時間も必要である. 家計生産関数は, 時間を投入して食材という市場で売買できる市場財から家庭での食事という市場で売買できない非市場財を生産するプロセスとして捉えられる.

市場財と非市場財を区別するのは非常に重要である.「自分自身の健康」を考えれば, それが市場で売買される市場財ではなく, 非市場財であることは明らかであろう. 非市場財の生産のために個人の時間が必要な点も重要である. より多くの非市場財の消費を行うためには貨幣所得だけでなく, 個人の時間も

---

2) 健康資本の量が多いほど健康から生み出される価値が大きいことが前提となる.

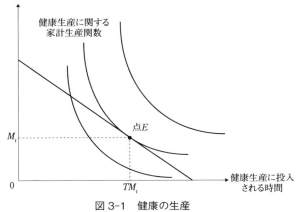

図 3-1　健康の生産

より多く必要となる．例えば，長時間労働により所得を得ている場合には非市場財を生産するための時間が十分でないかもしれない．この場合，家庭で作られた食事（非市場財）の代わりにコンビニエンスストアで販売されているお弁当など（市場財）を消費せざるを得ないかもしれない．所得が十分にある高齢者であっても，家族介護（非市場財）が受けられず，施設サービス（市場財）を受けざるを得ないかもしれない．このように，医療や健康の問題を考える場合には家計生産関数の考え方を踏まえる必要がある．

健康資本投資は異時点間にわたる意思決定であるが，まずはある一時点における意思決定として説明する．

健康資本の初期水準が $\bar{H}_t$ である個人を考える．彼は自らの持ち時間 Ω と所得 Y_t を健康資本と消費財に振り向ける．健康資本の元々の水準は $\bar{H}_t$ であるが，I_t だけ健康資本量を増加させるためには，自分の時間 TM_t と医療サービス M_t の購入が必要となる．自分の健康は市場では購入できない[3]．他方，医療サービスは市場（医療機関）から購入できる．市場財から非市場財を生産する家計生産のプロセスである．

---

3) それと同時に自分の健康を売却することもできない．それゆえ，粗健康投資の量が負値を取ることはできない．資本減耗分を差し引いた純健康投資についてはこの限りではない．

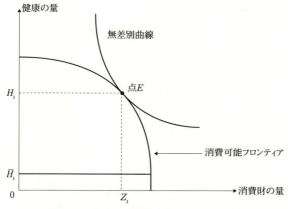

図 3-2 健康と消費の組み合わせの選択

　図 3-1 は一定水準の健康蓄積 I_t を行うのに必要な自分の時間 TM_t と医療サービス M_t の投入量の組み合わせが生産関数として示されている．点 E で示される自分の時間と医療サービス投入を金銭評価した場合の費用額が費用線で示される．健康生産に投入される時間 TM_t は，健康以外の価値物の生産にも用いることが可能である．それを失うことが時間 TM_t の価格となる．より多くの健康蓄積（図でより右上の方角に移動する）を望めば，より多くの自分の時間と医療サービスおよび費用が必要となる．

　消費財の生産についても同様に，消費財生産のための市場財購入と労働時間の 2 要素によって生産関数を考える．では，健康の生産と消費財の生産のためにどのように所得と時間を振り向けるべきであろうか．簡単化のために，時間は健康資本 H_t の生産と消費財 Z_t の生産のためだけに用いられるとする．消費財生産のための市場財の購入量を X_t，投入する時間を TZ_t とする．この時，M_t と X_t を購入するための予算および TM_t と TZ_t の和に上限がある．すると，健康資本と消費財の一方の生産量を増加させればもう一方の生産量が低下する．この条件さえ満たせば，生産可能な健康資本と消費財の組み合わせは無数に存在する．それを図示したのが図 3-2 である．

　図には保有する所得と時間を使って最大限達成可能な消費財と健康の組み合わせを示すフロンティア曲線が描かれている．フロンティア曲線，縦軸，横軸

の内部となる領域すべてが選択可能である．しかしながら，満足度が最大となるのはフロンティア曲線上の一点である．図ではフロンティア曲線と無差別曲線との接点である点 E が選択される．

　消費者の満足度を最大化する健康資本と消費財の量が決まると，それぞれの生産に必要な支出額（購入量）と時間の配分も決まる．すなわち，健康の生産量が決まると医療サービスの購入量が決まる．このことから，医療に対する需要は健康生産のための派生需要と呼ばれる．

3. 1. 3　健康資本投資と異時点間の最適化

　前項の準備を踏まえて長期間にわたる意思決定の問題としての健康投資について説明する．このモデルは，最初に提唱した Grossman（1972）にちなんでグロスマンモデルと呼ばれる．

　0 時点から T 時点まで生きる個人を考えよう．ただし，時点 T は事前に決まっている期間ではなく，個人の選択で変わり得る．ある時点 t における消費財の消費水準を Z_t，健康資本の量を H_t とする．これらを，一生涯にわたる効用が最大になるようにすべての時点について最適な値を選択する．その際に，好ましい Z_t，H_t の値を適宜選択できるわけではなく，各時点や一生涯にわたる制約条件の下で効用最大化を行うことになる．

　健康資本が時と共に減耗する可能性を考慮する必要がある．t 時点で H_t であった健康資本は，$t+1$ 時点では $H_{t+1}=(1-\delta_t)H_t$ となる．この場合の減耗率は $\delta_t(0<\delta_t<1)$ である．健康投資が I_t だけ行われるならば，

$$H_{t+1}=(1-\delta_t)H_t+I_t \tag{3-1}$$

となる．なお，初期時点，0 時点，の健康資本は

$$H_0=\overline{H}$$

で最初から与えられる．これは個人が選択する量ではなく生まれた時の所与のものである．

　（3-1）式は今期の健康投資が未来の健康水準を決める形になっている．グロスマンモデルでは健康水準が利用可能な時間を決め，利用可能な時間の範囲で

労働や消費が行われる．このため，今期の健康投資が未来の所得や消費までも決定することになる．

時間を労働に費やすことにより収入を得ることができる．また，健康を損失すると，労働や健康資本生産，消費財生産に使えない時間が発生する[4]．それを TH_t とする．t 時点における持ち時間を Ω_t とし，労働時間を TW_t とすると，

$$\Omega_t = TM_t + TZ_t + TW_t + TH_t$$

となる．健康の損失による活動時間の損失分 TH_t が健康資本の水準に影響を受けることを明示すると，

$$\Omega_t - TH_t(H_t) = TM_t + TZ_t + TW_t \qquad (3\text{-}2)$$

と変形される．時間は貯蓄できないため，この条件は各時点で満たされる必要がある．健康水準が高まることにより活動時間の損失分 TH_t が減少するのであれば，健康水準の高まりにより，TM_t，TZ_t，TW_t に配分できる時間が増やせることがわかる．

さて，ある期において TW_t 時間だけ働くと所得は wTW_t となる．w は賃金率であり，各期で変化しないと仮定する．働く時間 TW_t が各期で同じでも，各期の所得 wTW_t は異なる価値を持つ．すなわち，将来にわたって得られる収入を**割引現在価値**で表現する必要がある．割引現在価値について，必要があれば，章末の Box を参照して欲しい．

収入の割引現在価値額 R は，初期資産保有額 A と，t 時点の労働収入 wTW_t を $(1+r)^t$ で割ったものを 0 時点から T 時点までの和を取っているので，

$$R = A + \sum_{t=0}^{T} \frac{wTW_t}{(1+r)^t}$$

となる．

他方，支出についても全く同様に割引現在価値額を計算する必要がある．各期に市場財 X_t を価格 1 で，医療サービス M_t を価格 P_t で購入するとすれば，

---

4) これは t 時点においては個人の選択ではなく，外生的に発生すると考える．

それぞれの支出額の和の割引現在価値額は

$$\sum_{t=0}^{T} \frac{(P_t M_t + X_t)}{(1+r)^t}$$

となる．これらの式は一生涯にわたる収入と支出を示したものである．この個人が遺産として財産を残さないとすれば，両者は一致して

$$A + \sum_{t=0}^{T} \frac{wTW_t}{(1+r)^t} = \sum_{t=0}^{T} \frac{P_t M_t + X_t}{(1+r)^t}$$

となる．

ここで，（3-2）式を左辺の分子に代入すると，

$$A + \sum_{t=0}^{T} \frac{w\Omega_t}{(1+r)^t} = \sum_{t=0}^{T} \frac{P_t M_t + X_t + w(TM_t + TZ_t + TH_t)}{(1+r)^t} \tag{3-3}$$

と（3-3）式を得る．

この式の意味は次の通りである．消費財生産に TZ_t だけの時間を投入することはその分の賃金 wTZ_t を放棄することになる．これは消費財生産にかかる機会費用である．また，健康の損失による活動時間の損失分 TH_t も賃金で測れば wTH_t の損失を生む．よって，右辺は機会費用を含めた支出額の割引現在価値を示す．他方，左辺は自分の利用可能な時間をすべて労働に使った場合の総所得の割引現在価値となる．両者が一致することを（3-3）式は要求している．

この他の条件として，各期において健康資本の量や，消費財の消費量が負にならないこと，T 時点において消費財の消費量，健康資本の量が 0 になることが求められる．これらは，

$$Z_t > 0, \quad H_t > 0, \quad t = 0, \dots, T-1 \tag{3-4}$$

$$Z_T = 0, \quad H_T = 0 \tag{3-5}$$

となる．

これらを条件として，個人はその生涯にわたる効用

$$U = U(Z_0, \dots, Z_T, H_0, \dots, H_T) \tag{3-6}$$

を最大化する．

3.1.4 健康投資の最適条件

　健康投資が最適化されるための条件は極めて簡単である．**健康投資を行うことの限界的な便益と限界的な費用が一致する点で各期の健康資本量が決まる**，のである．健康投資により健康資本量が増加する．健康資本量が増加することにより将来にわたる効用が増加する．また，健康資本量が増加することにより将来にわたって日常生活時間が増加する．日常生活時間が増加することにより将来にわたって賃金収入が増加する．これらの2つが健康投資の限界便益である．他方，限界費用は健康投資を限界的に増やした時に失われる金銭的費用（粗限界費用）の増加分について，利子率，資本減耗分，時間経過による限界費用の変化分，を調整したものである．金銭的費用は貯蓄に充てることも可能である．それゆえ，それからもたらされたはずの利子が限界費用に含まれる．また，健康資本の増加分に減耗分を上乗せする必要がある．これも限界的な費用に含まれる．健康資本投資は異時点間で行われる．それゆえ，時間経過により限界費用が変化する．これらの部分について粗限界費用を調整する．限界便益と限界費用の一致について明示的に示すと，

$$日常生活時間増加 \times （限界的な賃金収入＋限界的な効用増加）$$
$$＝ 粗限界費用 \times （利子率－時間経過による限界費用の変化分$$
$$＋資本減耗率）$$

となる．

　限界便益と限界費用が一致するための条件を図示しよう．図を簡単に描くために純粋投資モデルを考える．純粋投資モデルでは，健康資本の量が効用関数に含まれない．それゆえ，健康資本の量が増加した際の限界便益は健康資本量の増加による日常生活時間を通じた賃金収入増加だけとなる．すると，上の関係式は，

$$日常生活時間増加 \times 限界的な賃金収入／粗限界費用$$
$$＝ 利子率－限界費用の変化分＋資本減耗率$$

と変形される．この関係式の右辺は資本調達のための費用（資本コスト）である．右辺のすべての項が健康投資の量にかかわらず一定となる．左辺は健康投

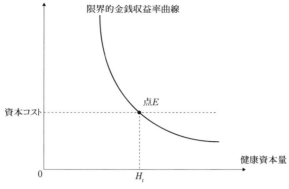

図 3-3　最適な健康資本水準の選択

資を行った場合における，費用の増加を差し引いた，限界的な純金銭的収益率，を示している．これは健康投資が増加するほど低下することが示せる．

　図 3-3 では限界的金銭収益率曲線と資本コスト直線が点 E において交わっている．これは限界便益と限界費用が一致していることを意味する．点 E における健康資本量 H_t が最適な健康資本量となる．この水準よりも健康資本量が大きい（小さい）場合は健康資本投資量を減少（増加）させることが個人にとって望ましい状態となる．

3.2　グロスマンモデルによる考察

3.2.1　最適解の特徴

　グロスマンモデルの特徴として，将来の健康状態や投資効果など，すべて確実性の下で議論されている点があげられる．しかし Arrow（1963）が指摘するように医療の本質は不確実性が支配する点にある．不確実性を考慮すると結論がいかに変わるかは 3.3 節において説明される．

　次の特徴は，初期保有資産の差異が考慮されていない点である．現実の世界においては富裕な個人が健康投資を積極的に行い，困窮する個人は健康投資を断念するかもしれない．しかしグロスマンモデルにおいては，健康投資の最適

化の条件式において，初期資産の水準は含まれていないので，初期保有資産の水準はどの程度健康資本を蓄積すべきかという選択に影響を与えない．同様に消費財の消費量も影響を与えない．消費財の最適な消費量の決定と最適な健康投資水準の決定は独立であり，初期保有資産の多寡はすべて消費財の消費水準の差異に帰結する．

3点目は，死亡時点の選択についてである．前節の定式化では，実は死亡となる健康資本蓄積水準（$H_T=0$）は選択されない．前節における定式化においては，健康投資の限界費用を構成する利子率については一定と仮定した．また，健康資本の減耗率も一定であると仮定している．その結果として，健康資本の蓄積水準は年齢にかかわらず一定となる結果，時間経過による限界費用の変化分はゼロとなる．それゆえ，すべての個人は死亡となる健康資本蓄積水準（$H_T=0$）を選択しない．

この問題点を避けることは簡単である．年々健康資本減耗率が増大するという仮定をおけばよい．すなわち，

$$\delta_{t+1} > \delta_t, \quad t \geq 0$$

である．加齢とともに健康資本の減耗率が高くなることを意味する．すると，いずれかの時点において死亡となる健康資本蓄積水準（$H_T=0$）が選択される（図3-4）δ^1 から δ^3 まで資本減耗率が増大すると資本コスト全体が増大していき，結果として最適な健康資本蓄積水準が低下する．このプロセスから最終的には $H_T=0$ が選択される[5]．

3.2.2　環境変化による均衡の変化

周囲の環境変化により健康投資量がどのように変化するかは興味のある点である．図3-4では，δ^1 から δ^3 まで資本減耗率の増大という資本コストの増加に対して，健康投資が減少することを観察した．他方，資本減耗率が δ_t^1 で一定のままで利子率 r が増大しても資本コストの増大となり，健康投資が減少する．

---

5)　死亡する健康資本量の選択に関しては，Grossman（1972）に対する Ehrlich and Chuma（1990），Ried（1998）の指摘を踏まえて Grossman（2000）が議論している．

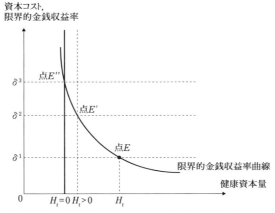

図 3-4　死亡となる健康資本蓄積水準（$H_T = 0$）の選択

　Grossman 自身の議論に沿って，より複雑なパラメータ変化の効果として，賃金率変化の効果について検討してみよう．それぞれの変化は健康投資の粗限界費用を変化させる．簡単化のために，上の最適化条件において，限界費用の変化分をゼロとする．次に η_t を健康資本量の限界的金銭収益率弾力性，すなわち，

$$\eta_t = -\text{健康資本量の変化率／健康投資の限界的金銭収益率の変化率}$$

と定義する．健康投資による限界効率が1%高まった場合に，健康投資量が何%高まるか，という指標である．均衡では当然

$$\eta_t = -\text{健康資本量の限界費用弾力性}$$

となる．投資の限界的金銭収益率と限界費用が一致するためである．

　η_t の定義と最適条件の式を用いて，賃金率が高まった際に健康投資がどのように変化するかを観察する．健康投資の費用の構成要素の1つは医療サービス購入の費用であった．もう1つの費用は健康資本投資を行うための時間費用，すなわち賃金率×健康資本生産の時間，であった．K を健康投資費用のうち，時間費用の占める部分とする．すると，健康投資量の賃金率弾力性 $e_{H,W}$ は

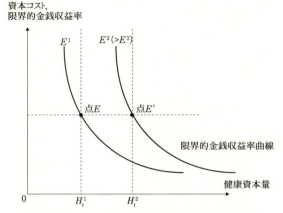

図 3-5 教育水準の増大による限界金銭的収益曲線のシフト

$$e_{H,w} = (1-K)\eta_t$$

と表すことができる．この式から，健康投資量の限界費用による弾力性 η_t の絶対値が大きいほど，健康資本投資に占める時間費用の占める割合 K が低いほど，$e_{H,w}$ が大きくなることがわかる．

次に教育の効果について見てみよう．いま，e_E を健康投資の教育水準弾力性とする．すなわち，教育水準が1％変化したさいに健康投資が何％変化するか，という指標である．教育水準が高まると健康資本生産の効率性が高まる場合に $e_E>0$ となる．すなわち，健康資本生産の限界便益が増大する．

$e_E>0$ が成立する場合に，教育水準の上昇が健康投資のコストを上昇させないとすれば，図 3-5 のように限界金銭的収益曲線は右にシフトし，限界純費用曲線（図の横破線，資本コストを示す）はシフトしないままになる．この結果，最適な健康資本蓄積量は増加することになる．

以降，$e_E>0$ を前提に議論を進める．健康投資の教育水準弾力性 e_E を用いると，健康資本量の教育水準弾力性 $e_{H,E}$ は

$$e_{H,E} = e_E \eta_t$$

となる．また，医療サービス需要の教育水準弾力性 $e_{M,E}$ は

$$e_{M,E} = e_E(\eta_t - 1)$$

として表される．これらの2式から $\eta_t < 1$ が成立する場合，健康資本蓄積量は増大する一方で，医療需要は減少することとなる．すなわち，自分の時間をより多く投入して健康資本をより多く蓄積することになる．

これらの議論は $e_E > 0$ が前提であった．よって，政策の立場からは実際にこの仮定が成立しているか否か，という実証分析の結果が最も重要となるであろう．

3.3 いくつかの論点

個人は健康水準以外にもさまざまな選択を行っている．それゆえ，同時に選択されることを通じて健康と他の要因は相互に影響を持ち得る．このため，さまざまな要素と健康の関係について研究が行われている．以下ではグロスマンモデルの問題提起を受けて行われてきた研究の展開について代表的な論文やサーベイ論文を示してポイントのみを説明する[6]．

1) グロスマンモデルの統計的検証

個人が選択できる変数が健康資本の蓄積水準以外にもある場合，それらが相互に影響を及ぼしあう可能性がある．例えば，「健康資本が蓄積されているほど所得が高い」という可能性もあれば「所得が高いほど健康資本が蓄積されている」という可能性もある．このように個人が選択できる変数が複数ある場合には，それぞれの間における因果関係を確定させる作業は極めて難しいものとなる[7]．

グロスマンモデルの実証研究は，米国データを用いた彼自身による Gross-

---

6) 紙幅の都合により，Grossman のオリジナルモデルを 1) 不確実性を含む形，2) 個人単位ではなく，家族単位で健康投資の意思決定をするモデルについては説明を省略した．前者については，Cropper（1977），Dardanoni and Wagstaff（1987），Selden（1993），Dardanoni and Wagstaff（1990），などを参照のこと．後者については，Jacobson（2000），Bolin *et al.*（2001, 2002）を参照のこと．

7) この点は第5章において医療サービスの需要という文脈で経験することができる．

man（1972），デンマークのデータによる Wagstaff（1986, 1993），ドイツのデータを用いた Erbsland *et al.*（1995）がある．これらの論文は，健康に対する需要関数と医療サービスに対する需要関数を同時に推定している．理論モデルから統計的な分析の対象となる推定式の導出の仕方，得られた推定結果が利用したデータに依存する点などについて Grossman（2000）が議論している[8,9]．

健康水準の影響を受けて選択されると考えられる変数が，翻って健康水準に影響を与える可能性がある．例えば，婚姻状態にある個人は，他の条件が全く同一の独身者よりも健康水準が高いかもしれない．しかしながら，健康だからこそ結婚できるのかもしれない．所得や婚姻状態のみならず，教育水準や職業，人種などは社会経済状態（Socioeconomic Status：SES）と呼ばれる．Fuchs（2004）は上述のような SES と健康投資に関する内生性の問題に分析上十分な注意を払うべきだと述べている．

2）　教育と健康の関係

3.2.2 項では SES の 1 つである個人の教育水準が健康投資に与える影響について理論的な説明を与えた．Grossman and Kaestner（1997）は教育と健康の関係についてサーベイを行っている．彼らは教育から健康への因果関係の存在を示唆している．つまり，教育年数が長い個人ほど健康水準が高いこととなる．関心のある読者はこの他に，Grossman（2000, 2004）などを参照していただきたい．なお，教育から健康への影響を考える場合，教育と健康行動（喫煙・飲酒，等）も含めて考えるべきであろう．

Fuchs（1982）は時間選好の重要性を喚起した．時間選好は第 2 章で説明されたとおり，現在時点の満足度と比較して将来時点の満足度をどれだけ重要視するか，という個人の好みを表現している．将来時点を重視するならば，自己に対する教育投資を増やして将来の所得の増加を図るであろう．同様に健康投

8）　議論の内容としては誘導型の方程式体系では理論モデルによる予測が統計的に支持されるのに対して，構造型の方程式体系では支持されない点が中心となる．詳細はそれぞれの論文にあたっていただきたい．

9）　第 5 章において説明する医療需要関数の推定に関する研究は，グロスマンモデルに立脚するのではなく，医療需要関数のみを推定する形の分析となっている．このような分析の制約はデータの利用可能性の制約による．

資も行うであろう．この場合，教育投資と健康投資には直接の因果関係がなく
とも時間選好率を媒介項として両者が統計的な関係を持つかもしれない．

3）就業と健康の関係

就業状態は SES の一要素となる．引退行動は就業状態の選択の一形態であ
るが，引退行動と健康についても研究が行われている．例えば，Wolfe
（1985）は，高齢期の健康水準が年々改善していること，引退年齢が低下（早
期化）していること，引退は主に健康水準の低下が理由となること，という矛
盾とも考えられる事象についてグロスマンモデルを用いて合理的に説明してい
る．米国で観察されたこの事象は，早期に引退することにより労働から健康投
資に時間を使用することにより健康水準を引き上げる行動によるものである，
という理論的な説明をした．

欧米における引退を含む就業行動と健康水準の間の関係の実証研究について
は，例えば Currie and Madrian（1999）にまとめられている．日本でのこの
分野における研究は，岩本（2000），大石（2000），濱秋・野口（2010）がある．
これらの研究は健康水準の低下が引退行動に影響を与えるか，という点につい
て検証を行っている．湯田（2010）は健康状態と労働生産性（賃金）の関係に
ついて実証分析を行っている．

4）子どもの健康と親の社会経済状態

親が子どもの健康資本に対してどの程度投資するかは，親自身の健康投資と
同様に，親の SES が影響を与えると予想される．Currie（2009）がこの点の
実証研究のサーベイを行っている[10]．例えば，親の所得水準が高いほど子ども
の健康管理に必要な財物を購入できるであろう．親の教育水準が高いほど子ど
もの健康管理を，親自身の健康管理と同様に，効率的・効果的に行えるだろう．
親の SES は親の時間選好率に影響を受けているかもしれない．そして，親の
時間選好率それ自体が子どもの健康資本蓄積に対して独立な影響を与えるかも
しれない．そもそも，親の SES は出生時点で既に子どもの健康資本に影響を

10）Grossman 自身も Grossman and Joyce（1990）によりこの分野での貢献を行っ
ている．

58　　　第II部　医療市場のメカニズム

与えているかもしれない.

　日本での分析の嚆矢は山内（2001）であろう. 彼は国民生活基礎調査の個票
データを用いて, 子どもの傷病数を健康資本の指標とし, 母子世帯では親の労
働供給にそれが影響を受けることを示した. 近年では小原・大竹（2010）が親
の就業状態と出生時体重についての関係について分析を試みている.

3.4　まとめ

　他章でも指摘される点であるが, 今後日本においても個票データを蓄積し,
それを活用して医療経済学的な分析を行っていく必要がある. その研究対象の
1つとして, 個人の健康投資や医療需要行動のさまざまな側面があるが, その
基本的な分析枠組みをグロスマンモデルが与えている. 本章ではグロスマンモ
デルを概説し, それに基づく実証的な研究や理論的な拡張について代表的なも
のを紹介した. このモデル自体, いくつかの批判を受けながら進化しつづけて
いるモデルである. また健康資源に対する投資行動も制度などの外的な環境の
違いや, 健康に対する価値観・知識の違いなどによって, 影響する要因やその
程度は場所・時代を通じて一定とは限らない. 健康・保健サービスの需要の分
析は, いまだ未開拓の部分が多く, グロスマンモデルはそうした未知の分野に
乗り出す上で, 重要な羅針盤を提供してくれているのである.

Box

割引現在価値

　割引現在価値という概念の教えるところは, 単純に言えば, 今年貰える1万円と
来年貰える1万円は価値が違うことである. 例えば, 今年1万円貰えるのであれば,
それを貯蓄すると, 金利が1%であったとしても, 来年には1万100円になる. こ
のため今年貰える1万円は来年貰える1万円よりも価値が高いかもしれない.

　いずれにせよ, 今年と来年1万円ずつ収入がある場合の総収入の価値額は単純に
2万円ではない. 説明の便宜のために, 総収入の来年時点の価値額を計算してみよ
う. 今年得られた1万円は貯蓄すると利子率 r 分だけ増える. それゆえ,

　　　　総収入の来年時点の価値額＝（今年の）1万円×$(1+r)$＋（来年の）1万円

となる.

　これを参考に割引現在価値を計算しよう．今年の1万円は今年時点では（今年の）1万円×$(1+r)$，ではなく（今年の）1万円である．それゆえ，$(1+r)$で割る必要がある．それと同様に（来年の）1万円も$(1+r)$で割る必要がある．すると，

　　　　総収入の割引現在価値額＝（今年の）1万円＋（来年の）1万円/$(1+r)$

となる．将来の収入を$1+r$で割って足している．これを（利子率rで）割り引くという．2年先であれば$(1+r)^2$で割って足し，3年先であれば$(1+r)^3$で割って足し，……となる．それゆえ，毎年1万円ずつ無限に貰える場合の総収入の割引現在価値額は，

　　　　総収入の割引現在価値額
　　　　　　＝1万円＋1万円/$(1+r)$＋1万円/$(1+r)^2$＋1万円/$(1+r)^3$＋…

となる．なお，将来において金利が変動する可能性があるが，この点は議論の単純化のためにここでは考慮しないこととしている．

第4章

保険の経済理論

4.1 はじめに

　医療サービスの顕著な特徴の1つは，その需要側と供給側の双方に不確実性が存在することである（Arrow, 1963）．われわれ（消費者）は自分の健康状態に対する不確実性にたえずさらされている．将来，どれだけの医療サービスを必要とするかは不確実である．本章では，そうした不確実性に対処するための保険の意義と役割について情報と不確実性の経済理論を使って考察する．4.2節では，医療や介護における保険事故とは何かについて簡単に述べ，4.3節では，保険の仕組みのエッセンスと情報の非対称性がない場合の理想的な保険のあり方について説明する．4.4節では，保険者が被保険者の事後の行動を観察できないか，あるいは，疾病に罹患する確率が異なるというリスクタイプが存在し，個人によるリスクタイプの違いを保険者が見分けられない場合に発生する問題，いわゆるモラルハザードと逆選択について論じる．4.5節では，これまでの議論を多期間にわたる保険のあり方に拡張し，将来，罹病率等が変わるかもしれないというリスク（リスクタイプの変動というリスク）に対処する長期保険の可能性を探る[1]．

　1）　本章に関連するより進んだ学習・研究のための基本的な文献は Zweifel *et al.*（2009, ch. 5, 6），Zweifel and Manning（2000），Pauly（2000），Cutler and Zeckhauser（2000）である．Pauly（1986）や Newhouse（1996）などの展望論文も参考になる．また，中泉（2002）は，日本の医療制度改革の方向性を，斎藤他（2005）は，「混合診療」の是非を，それぞれ，本章で説明する保険の経済理論の視

4.2 医療・介護における保険事故

世の中にはいろいろなタイプの保険が存在する．自動車保険を例にとろう．
保険料と呼ばれる一定の金額を事前に払って自動車保険に加入した人が何らか
の事故に遭遇したとしても，保険会社は無条件で保険金を払ってくれるわけで
はない．保険金の支払いは，「こうした事故に対してはこの額の保険金を支払
う」という事前に交わした契約に即して行われる．保険金の支払い理由となる
事故を保険事故という．もちろん，保険事故は，不確実に起こるものでなけれ
ばならない．

では，医療や介護における保険事故とは何だろうか．人々が罹病するかどう
か，あるいは，要介護状態に陥るかどうかは事前には不確実である．医療や介
護における保険事故とは，「医療サービスを必要とする状態あるいは要介護状
態になり，医療サービスあるいは介護サービスを受ける場合」のことである．
保険金ではなく，医療機関等に医療サービスの実費を支払い，その分の一定割
合を後から保険者に払い出してもらう場合もあれば，サービスを受けるさいに
一部の額だけ自己負担を支払う形で給付が現物でなされる場合もある．日本の
公的医療保障では後者が原則である．要医療の状態は受診や健康診断の時点で
医師が判断するが，介護保険の場合，介護サービスを受ける前の段階で，要支
援，要介護の状態を公的に認定してもらう必要があり，受けられるサービスの
量はその認定に依存して異なる．

医療や介護，特に本章で対象とする医療における保険事故に対する保障とし

点から論じている．なお，本章では，紙幅の都合上，社会保険や管理競争（man-
aged competition），さらには，管理競争の下で起こり得るリスク・セレクション
やそれを是正するリスク調整についての詳細には立ち入らないため，関心のある読
者は，本章を読まれた後，以下の文献を参照されたい．まず，効率性と分配の公平
性の観点から社会保険の意義を論じた文献には Petretto（1999），Boadway *et
al.*（2003, 2006）などがある．管理競争については Enthoven（1988）が基本文献
である．管理競争に基づくヨーロッパ各国の医療制度改革の動向については佐藤
（2009）を参照のこと．佐藤（2005）は，管理競争の考え方を日本の医療制度改革
にどのように活用できるかを検証している．リスク・セレクションとリスク調整に
つ い て は，Zweifel *et al.*（2009, ch. 7），Ellis（2008），Van de Ven and Ellis
（2000），Glazer and McGuire（2000, 2002）等を参照のこと．

ての保険にどのような意義があるのかを考えるための出発点として，次節では，簡単な数値例を使って保険の仕組みを説明する．

4.3　保険の仕組み

4.3.1　大数の法則と保険の仕組み

　1万人の人がいて，どの人もある病気になる確率は10%，病気になった場合にかかる治療費は10万円とする．このとき，1万人中病気になる人は1,000人と推定できるので，事前に各人が1万円出し合えば，その総額である1億円を病気になった1,000人の治療費に充てることが可能となる．これが保険の仕組みである．

　このような仕組みがうまく働くための前提条件は，「1万人中病気になる人が1,000人と推定できる」ことである．一般に，同じリスクタイプの加入者（この仕組みに参加する人）が多くなれば，その中で実際に病気になる人の割合は，各自が病気になる確率に近づく[2]．これを大数の法則という．この法則によって実際に病気になる人の数を推定でき，各人は1万円という相対的に小額の保険料を事前に払って保険に加入すれば，病気になったときに10万円の保険給付（保険金）を受け取ることが可能となる．すなわち，保険は罹病による出費というリスクを人々の間で分散させ，各人の直面するそうしたリスクを回避または小さくする役割を果たす．

　人々はなぜ1万円の保険料を支払って保険に加入するのであろうか．各人が事前に保有している所得を25万円とする．上で述べた保険に加入しなければ，各人の所得は90%の確率で25万円のままだが，10%の確率で15万円に落ち込む．この場合，事前の所得の期待値は$0.9 \times 25 + 0.1 \times 15 = 24$万円となる．一方，保険に加入すれば，病気になろうがなるまいが，保険料を払った後の事後の所得は24万円に確定する．期待値も24万円である．つまり，所得の期待値で見れば，保険に加入しようがしまいが同じである．人々が保険に加入するのは，所得の変動というリスクを回避するためである．保険料の徴収，保険給

---

2)　ただし，厳密に言えば，各人が病気になるという事象は互いに独立に起こることが前提になる．

付の払い出し，あるいは保険契約の管理にかかる費用などを無視できるならば，保険給付によって治療費がすべてカバーされる保険，つまり，完全カバーの保険が最も望ましい．この点を第2章で学んだ期待効用仮説に基づく，より精緻なモデルで検討しよう[3]．

4.3.2　完全情報の下での最適保険

　事後の可処分所得を y とし，各人がこれを用いて得る効用の値を $u(y)$ と表す．$u(y)$ は効用関数である．可処分所得 y が増えると効用 $u(y)$ が高くなると想定する．このとき，y が微小に増える（減る）ことによる $u(y)$ の増加分（減少分）を限界効用と呼ぶ．限界効用の値も y の大きさに依存すると考えられる．これを $u'(y)$ と表わす．ここで $u'(y)$ について重要な仮定を置く．それは「y が増えると $u'(y)$ が低下する」とする仮定であり，「所得の限界効用の逓減」と呼ぶ．なぜ「限界効用の逓減」を仮定するのだろうか．実は，限界効用の逓減は，人々の危険回避的な行動，つまり，保険への加入動機と密接につながっている．限界効用の逓減を直感的に理解するには，ある可処分所得（例えば24万円）を基準にしてそこからかなりの額（例えば5万円）が増える場合の効用の増加分と同じ額だけ減る場合の効用の減少分を比較すればよい．限界効用の逓減の下では後者が前者を上回るのであり，人々は可処分所得の減少という事態を「ゆゆしきこと」と見ているのである．

　人々が事後に直面する可能性のある事象あるいは人々が置かれる可能性のある状態は「健康」か「病気」のいずれかとし，どの人についても病気の確率を p，健康の確率を $1-p$ とする．健康のときの可処分所得を y_0，病気のときの可処分所得を y_1 とすれば，期待効用は $(1-p)u(y_0)+pu(y_1)$ と表すことができる．

　各人が事前に保有している所得を Y とし，病気になった場合にかかる治療

---

3)　以下の項で構築される保険市場の基本的なモデルは Rothschild and Stiglitz (1976) に依拠している．なお，人々の不確実性下の意思決定に関しては，期待効用仮説に依拠しない理論（プロスペクト理論など）も注目されている．その点については本章では取り上げないが，例えば日本語の文献では依田他（2009）があることを指摘しておきたい．

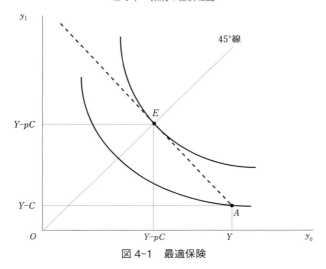

図 4-1　最適保険

費を C としよう．保険未加入の場合の期待効用が $(1-p)u(Y)+pu(Y-C)$ となる一方で，上の仮設例で説明した完全カバーの保険，つまり，保険料を pC，保険給付を C とする保険（上の仮設例では保険料は $0.1\times 10=1$ 万円，保険給付は 10 万円）に加入する場合の期待効用は，$(1-p)u(Y-pC)+pu(Y-pC-C+C)=u(Y-pC)$ となる．

事前に集めた保険料で保険給付を賄うという条件，つまり，保険料 $=p\times$ 保険給付という条件を保険数理上公平な条件という．完全カバーの保険は，保険数理上公平な条件の下で期待効用が最大となる最適保険となる．順を追って説明する．

図 4-1 を見よう．この図では健康のときの可処分所得 y_0 を横軸に，病気のときの可処分所得 y_1 を縦軸にとっている．図中の点 A が保険未加入，点 E が完全カバーの保険を意味する．点 A を起点として点 E を通過する直線は，保険料$=p\times$保険給付という条件を満たす y_0 と y_1 の組み合わせを表わし，その傾きの絶対値は $(1-p)/p$ となる．このことは $y_0=Y-$保険料，$y_1=Y-$保険料$-C+$保険給付となることからすぐに導かれる．この直線の傾きの絶対値 $(1-p)/p$ は，健康のときの可処分所得を 1 円犠牲にすることで病気のときの可処分所得をどれだけ増やせるかを表し，両可処分所得の交換比率あるいは相

対価格を意味している.

図4-1には，原点に向かって凸の形をした右下がりの曲線が描かれている．これらは，同じ水準の期待効用を約束する y_0 と y_1 の組み合わせ，つまり，無差別曲線である．2本しか描かれていないが，無差別曲線は期待効用の水準に応じて描かれるため，この図は無差別曲線で埋め尽くされるはずである．右上に位置する無差別曲線ほど期待効用が高くなる．無差別曲線が原点に向かって凸の形になるのは，第2章で説明した通り，バランスのよい消費を不確実性の下でも個人が望むためであり，より厳密には，「所得の限界効用の逓減」に依拠する．無差別曲線に接する線を引くと，その傾きの絶対値は限界代替率と呼ばれる．限界代替率は，健康のときの可処分所得 y_0 を1円減らしたとき，同じ期待効用を保つために必要な病気のときの可処分所得 y_1 の増加分を表している． y_0 を1円減らせば，期待効用は $(1-p)u'(y_0)$ だけ低下する．この分を補うために y_1 を z だけ増やせば，期待効用は $zpu'(y_1)$ だけ上昇する．したがって，「同じ期待効用を保つ」つまり $(1-p)u'(y_0)=zpu'(y_1)$ とすることから，限界代替率は $z=(1-p)u'(y_0)/pu'(y_1)$ と求められる．この値は，限界効用の逓減の下では，同じ無差別曲線上，右下の点（ y_0 が大きく， y_1 が小さい）ほど小さくなる．故に無差別曲線は原点に向かって凸の形になる．

以上の準備の下に，保険未加入の点 A に注目しよう．この点では $(1-p)/p>$ 限界代替率となっている．このことは，健康のときの可処分所得を1円犠牲にして，病気のときの可処分所得を $(1-p)/p$ 円増やせば，期待効用が上昇することを意味する．点 A から点 E に向かう直線上の可処分所得の組み合わせで所得の期待値を計算すれば，どれも $Y-pC$ でみな同じである．ところが点 A から点 E に向かうにつれ，つまり，事後の可処分所得の変動が小さくなるにつれ，期待効用は上昇していく．これはまさしく人々が所得変動というリスク（危険）を回避することを望むからにほかならない．

期待効用が最大になる点 E では $(1-p)/p=$ 限界代替率，すなわち， $(1-p)/p=(1-p)u'(y_0)/pu'(y_1)$ が成立している．言いかえれば， $u'(y_0)=u'(y_1)$ であり，健康のときの所得の限界効用と病気のときの所得の限界効用が等しくなる．これは最適保険における重要条件である．

4.3.3　完全競争市場と最適保険

　最適保険は情報が完全である競争的な保険市場でも達成できる．保険加入者が各民間保険会社の保険料や保険給付を比較でき，各保険会社も保険加入者のリスクタイプを知っているとしよう．保険会社にとっての期待利潤は，加入者1人当たりでみて，保険料$-p×$保険給付である．ライバル会社の期待利潤が正であれば，ライバルより少し保険料を下げるか，保険給付を上げることでライバルから加入者を奪い，期待利潤を増やすことができる．点 E はこのような競争の行き着く先であり，最適保険は情報が完全な競争的保険市場でも達成される．

4.4　モラルハザードと逆選択

4.4.1　モラルハザード

　これまでの議論をまとめると，取引費用や管理費用を無視すれば，所得変動のリスクを完全に回避する完全カバーの保険こそが，危険回避を望む人々の期待効用を最大にする最適保険になる．しかしながら，実際には，民間保険，公的保険を問わず，必ずしも治療費の全額が保険給付で賄われることはなく，自己負担を求められることが多い．これはモラルハザード（moral hazard）と呼ばれる現象と深く関わっている．

　モラルハザードとは，契約の一方の当事者である保険者が，もう一方の当事者である被保険者が保険加入後にとる行動や加入後に出合う事象を観察できないか，観察できたとしても行動あるいは事象に依拠した保険給付を（裁判所などの第三者に対して事実関係を証明できないために）契約上指定できない場合に発生する問題一般のことである．

　医療保険の場合，事前のモラルハザードと事後のモラルハザードを考えることができる．まず事前のモラルハザードを説明しよう．一般に，保険者は，被保険者が保険加入後に食生活の改善・運動や安全運転にどれだけの努力や注意を払ったかを正確には観察できない．仮に観察できたとしても，努力や注意の程度に依存して保険給付を指定するという契約を交わすことは困難である．一方で，こうした努力や注意は，被保険者に金銭的な負担あるいは金銭では測れ

ない不効用をもたらすと同時に，リスクの起こる確率を低下させる．このような状況では，被保険者に努力や注意への誘因（incentive）をどのように与えたらよいか，という問題が起こる．完全カバーの保険の場合，被保険者にそうした誘因は存在しない．病気になろうが，なるまいが，事後の所得すなわち効用は同じである[4]．その結果，被保険者は負担のかかる努力や注意を怠ることになる．これは病気になる確率を高め，その結果，期待治療費が増加し，もはや完全カバーの保険は期待効用を最大にする保険となりえない．努力や注意への誘因を被保険者に与えるためには，自己負担の導入が不可避となる[5]．

　次に，事後のモラルハザードについて説明する．被保険者が何らかの病気になって保険給付を受ける段階になったとき，保険者は被保険者の陥った病状を正確には知り得ない．ないしは，病状を細かく指定しての保険給付は一般に不可能である．このとき，もし患者の自己負担がなければ，被保険者（あるいはその代理人である医師）には医療サービスを過剰に需要（供給）する誘因が発生する．このことが医療費そして保険料を高める結果となり，事前の期待効用を低下させる．故にこの場合も，適正な自己負担を導入し，そのような誘因を抑制することが不可欠となる．

　事前，事後を問わず，自己負担の上昇は保険のリスク分散機能を低下させるため，保険によるリスク分散と誘因の間にはトレードオフの関係が出現する．故に，モラルハザードの下での最適保険とは，こうしたトレードオフ上で期待効用が最大となる保険料と保険給付（あるいは自己負担）の組み合わせとなる．ことに事後的なモラルハザードでは，人々の受診誘因を抑制することが医療サービス利用の効率化（最適化）と密接に関わっている．以下では，この点に焦点を当てる[6]．4.3.2項のモデルを修正し，人々の効用が健康資本の水準にも

---

　4)　これまでの議論では，病気による所得損失に焦点を絞ったため，病気そのものの不効用が存在しないか，あるいは，治療を受けることで完全な健康が回復できることを前提としている．

　5)　事前のモラルハザードに関する初期の基本文献は Pauly（1974），Shavell（1979）などである．

　6)　以下の分析は中泉（2004）で構築された理論モデルに依っている．事後のモラルハザードに関する分析は Pauly（1968）と Arrow（1968）の議論にさかのぼるが，以後，モラルハザードに関しては膨大な量の研究が蓄積されている．より専門的に

依存し，医療サービスの購入（受診）によって健康資本が改善すると想定する．

事後の効用が，h を健康資本の水準として，$u(y)+h$ と表わされるとする．ここでの y は，以下で説明する医療サービス以外の財・サービスの消費に向けられる可処分所得である．保険加入後，人々は，健康資本の低下リスクに直面する．完全な健康状態での健康資本を $H(>0)$，罹病後の健康資本を $H-s$ と表す．$s(>0)$ は「重症度（severity）」とみなせる．簡単化のために1つのタイプの医療サービスがあり，健康資本が低下した人々は，この医療サービスを1単位購入するか，しないかのみを決定するとしよう．医療サービスの費用はこれまで同様に C で表す．この医療サービスの購入にともなう健康資本の改善効果は重症度 s に依存し，bs で表わされるとしよう．b は改善効果の大きさを表す係数で $0 < b \leqq 1$ である．すると，医療サービス購入後の健康資本は $H-s+bs$ となる．重症度 s は医療サービスに対するニーズを表すとも言える．人々がどのような重症度 s に陥るかは不確実であり，s は0から何らかの上限 $S(>0)$ まで連続に分布し，s 以上の重度に陥る確率が $p(s)$ で表わされるとする．ただし，$p(s)$ は s の確率分布を表わす関数なので，$p(0)=1$，$p(S)=0$ であり，また，$p(s)$ は s の上昇とともに減少する．

事後のモラルハザードの問題は，保険者が事後的な被保険者の「状態」(s) を見分けられないか，仮に見分けられたとしても，それに依拠した保険給付を指定できないことで発生する．そうした状況を考えるための評価基準として，完全情報下での最適保険について考えよう．このとき，①医療費をどのように被保険者間で分担するか，つまり，リスク分散をいかに図るか，②どの状態の被保険者に医療サービスを消費させるか，という2つの問題を同時に検討する必要がある．後者は4.3.2項では登場しなかった問題であり，医療サービスの生産（供給）にどれだけ資源を配分するかという問題である．

は Zweifel *et al.*（2009, ch. 6），Zweifel and Manning（2000）などを参照のこと．なお，以下の分析では，保険契約における診療報酬の設計の問題は捨象されている．この点については，Zweifel *et al.*（2009, ch. 10），McGuire（2000），Pauly（2000）などのほかに中泉（2003，2004）も参照のこと．モラルハザードや逆選択の問題を考える理論的な枠組みは「契約の経済理論」と呼ばれている．「契約の経済理論」の入門書には，やや高度だが，伊藤（2003），Bolton and Dewatripont（2005），Laffont and Martimort（2002），Salanié（1997）などがある．

そこで, ②の問題が解決され, ある臨界値 s^* 以上の重症度の人たちが医療サービスを消費することになったとする. このとき, ①の問題の解は, 4.3.2 項での考え方を応用して, どの重症度の人についても所得の限界効用を均等にすることになる. 最適なリスク分散は, 保険料＝$p(s^*)C$, 保険給付＝C とすることで, つまり, どの人も事後の可処分所得＝$Y-p(s^*)C$ とすることで実現する. 患者自己負担のない完全カバーの保険が成立し, どの状態にある人も可処分所得は同じ額になる.

次に, ②の問題を考えよう. s^* はどのように決定されるべきだろうか. s^* を少しだけ低下させ, 医療サービスを消費できる人を増やすとする. 1 人当たりで医療費は C だけ増加し, ゆえに保険料が増大して医療サービス以外の財の消費 (所得) が減少する. その結果, 所得のもたらす事後的な効用は減少する. その減少分は 1 人当たりで $u'(Y-p(s^*)C)C$ となる. これはいわば医療サービスの (効用単位で測った) 限界費用である. 一方で, 医療サービスを消費する人が増えたことで, その人たちが新たに得る健康資本の改善は 1 人当たりで bs^* である. これはいわば医療サービスの限界便益である. 後者の改善効果が前者の事後的な効用の減少分を上回るならば, s^* を減少させ, 医療サービスを消費する人を増やすことで期待効用を大きくできる. 逆ならば, s^* を上昇させるべきである. ゆえに, 期待効用が最大になっているとすれば, 両者は均等になる. つまり, $u'(Y-p(s^*)C)C=bs^*$ が成立するように s^* が決定される. 図 4-2 はこれを視覚化している. 右下がりの曲線は医療サービスの限界便益 bs を基準に人々を左から右へと並べたもので, いわば医療サービスに対する需要曲線である. 右上がりの曲線は, 医療サービスの (効用単位で測った) 限界費用 $u'(Y-p(s)C)C$ を表している. この値は限界効用の逓減の下では右にいくほど大きくなる. この 2 つの曲線の交点で, 医療サービスの生産に対する最適な資源配分が実現するのである.

では, どのようにして s^* 未満の人たちの受診を抑制するのだろうか. 保険者が重症度を見分けられ, 重症度に依拠して保険給付を設定できるのであれば, s^* 未満の人たちに対しては保険給付を 0 に設定することで, その受診を抑制できる. 全額自己負担のとき, それらの人たちは受診しないからである.

以上の完全情報下の最適保険を評価基準にして, 事後的なモラルハザードの

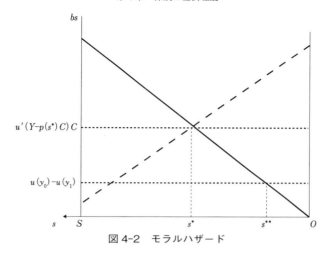

図 4-2　モラルハザード

下での保険のあり方を考察する．保険者は被保険者の重症度を見分けられないか，それに応じた保険給付の設定は不可能である．よって，完全情報下の最適保険のように保険給付を設定すれば，それは破産を意味するか，あるいは，医療サービスの限界費用が限界便益を上回る非効率的な資源配分に帰結する．自己の重症度が s^* 未満の人たちも s^* 以上であると自己申告して自己負担のない医療サービスを受けようとするからである．こうした事態を回避するためには，自己負担の大きさを調整し，人々の過剰な受診誘因を抑制する必要がある．そこで，受診しなかった人へ事後的に保証する所得を y_0，受診した人に保証する所得を y_1 としよう．このとき，保険者が s^{**} 未満の人の受診を抑制しようとすれば，$u(y_0)-u(y_1)=bs^{**}$ となるように y_0 と y_1 の値を設定しなければならない（図 4-2）．$u(y_0)-u(y_1)$ は，いわば効用単位で測った自己負担であり，医療サービスによる健康資本の改善効果がこの自己負担を下回る人たちは受診を控える．

　医療サービス利用を最適化しようとして自己負担を引き上げれば，保険本来の持つリスク分散のメリットは失われる．ゆえに，被保険者の期待効用を最大にする適切な自己負担は，医療サービス利用の効率性（最適性）とリスク分散の間のトレードオフを考慮して決定される．

4.4.2 逆選択

これまでは，あたかも被保険者のリスクタイプをすべて同じものとしてきた．しかし，現実には，多様なリスクタイプの人々が存在する．リスクタイプの多様性を前提にする時に発生し得る市場の失敗が逆選択（adverse selection）である．逆選択とは，本来，保険に加入することが望ましい人々が未加入を選択するか，あるいは，給付範囲の広い保険プランに加入すべき人々が給付範囲の狭い保険プランに加入することを指す．こうした事態が起こり得るのは，各被保険者は自分のリスクタイプを知っているが，保険者は個々の被保険者のリスクタイプを見分けられないという情報の非対称性が存在するからである．被保険者のリスクタイプを見分けられないと，保険者はリスクタイプに応じた保険料の設定ができない．したがって給付範囲に対応する保険料の算定は，加入を選択する被保険者の平均的なリスクに依拠することになる．そのような保険料は，相対的にリスクタイプの低い被保険者には割高になり，リスクタイプの高い被保険者には割安になる．その結果，相対的にリスクの低い被保険者は保険加入を諦めるか，あるいは，より給付範囲の狭くて割安な保険に加入する．これは当該保険プランの保険料を引き上げ，加入者はますますリスクの高いタイプに偏る．その結果，手厚いカバーの保険プランの保険料はさらに上昇し，最終的に市場からの退出を余儀なくされるかもしれない．これを死のスパイラル（death spiral）という．

被保険者は市場に提示された複数のプランから自分の希望のプランを，未加入も含めて，選択する．この被保険者の自己選択（self-selection）を踏まえて，民間の保険者はプランの内容（給付範囲と保険料の組み合わせ）を工夫する．そうした工夫はプラン操作（plan manipulation）と呼ばれる（Cutler and Zeckhauser, 2000）．以下では，プラン操作をめぐる保険者間の競争がどのような帰結をもたらすかを説明する．

4.3.2項のモデルにリスクタイプの多様性を導入する．説明を簡単にするため，モラルハザードの問題は捨象する[7]．リスクタイプには低リスクと高リスクの2通りがあり，後者の罹病率 p_h は前者の罹病率 p_l よりも高いとする．ま

---

7) モラルハザードを考慮に入れて逆選択を論じた文献に Jack（2002）がある．

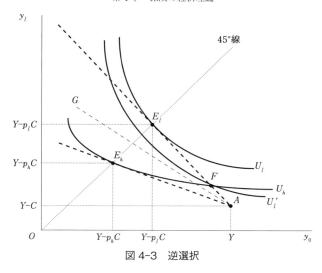

図4-3 逆選択

た，低リスクタイプの比率をλとする．したがって，平均的な罹病率は$p_a = \lambda p_l + (1-\lambda)p_h$となる．

情報の非対称性が存在しないとすれば，リスクタイプごとに，期待利潤がゼロになる条件のもとで，被保険者の期待効用が最大となる保険料と保険給付の組み合わせが競争によって選択される．図4-3を見よう．直線AE_hは，高リスクタイプに対応する期待利潤ゼロ，つまり，保険料$=p_h \times$保険給付となる条件を表す．AE_lは低リスクタイプに対応する期待利潤ゼロ，つまり，保険料$=p_l \times$保険給付となる条件を表す．また，U_hとU_lは，それぞれ，高リスクタイプと低リスクタイプの無差別曲線である．罹病率の違いを反映して限界代替率（無差別曲線の傾きの絶対値）は，低リスクタイプの方が高リスクタイプよりも大きくなる．高リスクタイプと低リスクタイプに対応する競争均衡は，それぞれ，E_hとE_lとなる．どのタイプについても完全カバーの保険が成立し，保険給付がCとなる一方で，高リスクタイプに対する保険料は$p_h C$，低リスクタイプに対する保険料は$p_l C$となる．こうして達成される状態は，どちらかのタイプの期待効用を犠牲にすることなくしては，一方の期待効用を上昇させることはできないという意味で効率的である．

保険者がリスクタイプを見分けられないと，この競争均衡は成立しない．仮

に市場で E_h と E_l の2つのプランが提示されているとすれば，どのタイプもこぞって E_l を選択するために E_l は採算割れを起こし，市場からの退出を余儀なくされる．確認のために直線 AG に注目しよう．この直線は，どのリスクタイプも同じプランに加入する場合に期待利潤がゼロ，つまり，保険料＝p_a×保険給付となる条件を表す．E_l はこの直線よりも右に位置し，明らかに採算割れとなる．

　情報が非対称的である場合の競争の行き着く先（均衡）はどこであろうか．ここでは Rothschild and Stiglitz（1976）による議論を説明しよう．彼らは，どの被保険者も期待効用が最大となるプランを選択すること，また，被保険者のそうした行動を考慮しつつ，各保険者はライバルの行動（参入と退出，参入するとすればどのようなプランを提示するか）を与えられたものとして期待利潤が最大となるプランを提示することを前提した．この時，均衡（彼らの名前を取って，RS 均衡と呼ぶ）では，市場に提示されているどのプランも非負の期待利潤をもたらす一方で，それら以外のプランが非負の期待利潤をもたらすことはない．

　RS 均衡はどのような特徴を持つだろうか．まず，直線 AG 上に位置づけられる．どのタイプの被保険者も加入するというプランは均衡とはなり得ない．仮にそうしたプランが市場で提示されているとしよう．この時，そのプランに対して，低リスクタイプだけを引きつけて正の期待利潤を生み出す，保険給付と保険料がともにより低い，別のプランが存在する．これは，低リスクタイプの限界代替率が高リスクタイプのそれよりも大きくなることによる．期待効用を最大化する低リスクタイプの被保険者は直線 AG 上のプランではなく，このプランを選択するであろう．よって，どのタイプも加入するという直線 AG 上のプランは均衡とはなり得ない．

　RS 均衡が成立するとすれば，それは各タイプが別々のプランに加入する均衡となる．具体的には E_h と F の2つのプランが市場に提示されている状態である．高リスクタイプは E_h に，低リスクタイプは F にそれぞれ加入し，どのプランについても期待利潤はゼロとなる．このとき，高リスクタイプにとって E_h と F は無差別になる．これらの2つのプランがすでに市場に提示されているときに，低リスクタイプだけを引きつけることは不可能である．低リスクタ

イプだけを引きつけようとして，F を通る低リスクタイプの無差別曲線 $U_l{}'$ よりも右上でかつ線分 $E_l F$ よりも左下に位置する，新たなプランを提示するとしよう．ところが，そうしたプランは高リスクタイプにとって E_h よりも魅力的であるため，高リスクタイプも引きつける．その場合の期待利潤が正であれば，保険者はこうした新たなプランを提示する誘因を持つ．よって，E_h と F の 2 つのプランが市場に提示されている状態はもはや RS 均衡とはなりえない．ゆえに，新たなプランにどのタイプも加入するとした場合の期待利潤が非正となることが RS 均衡の成立条件である．これは，直線 AG が F を通る低リスクタイプの無差別曲線 $U_l{}'$ の左側に位置する，低リスクタイプの比率が相対的に低い場合である．図 4-3 はまさにこの状況を表わしている[8]．

　この条件が満たされる場合の RS 均衡で注目すべき点は，低リスクタイプの加入するプランが完全カバーの保険になり得ないことである．高リスクの被保険者が低リスクの被保険者と混じってしまわないように，保険者が保険給付と保険料の組み合わせを工夫する結果，低リスクの被保険者のリスク分散が完全には図れないのである．このように逆選択は市場の失敗の典型であり，保険市場に対する公的介入に一定の論拠を与えるものとなる[9]．

4.4.3　逆選択に関する実証研究

　逆選択に関する実証研究は米国を中心に膨大な研究が蓄積されつつある[10]．ここでは，医療保険における逆選択が典型的に出現したと考えられるハーバード大学の事例を紹介しよう（Cutler and Zeckhauser, 2000）．1990 年代の初頭，

---

8)　RS 均衡が存在しない場合には均衡概念を再考する必要がある．この点についての詳細は Zweifel *et al.*（2009, ch. 5）．また，より専門的には Wilson（1977），Miyazaki（1977），Spence（1978），Hellwig（1987）などを参照のこと．

9)　逆選択のもとでの公的介入の効率性改善効果については Zweifel *et al.*（2009, ch. 5）を，より専門的には Dahlby（1981），Crocker and Snow（1985a, 1985b），Neudeck and Podczeck（1996）を参照のこと．また，Boadway *et al.*（2006）は，効率性と分配の公平性の観点から逆選択のもとでの社会保険の意義を論じている．

10)　（急性期医療を対象とする）医療保険市場における逆選択の実証研究については Cutler and Zeckhauser（2000）を参照のこと．また，最近までのさまざまな保険市場での実証研究を包括的に展望した文献に Cohen and Siegelman（2010）があり，有用である．

ハーバード大学は従業員に対して手厚いカバーを持った PPO と呼ばれるタイプのプランと HMO と呼ばれる相対的にカバーが狭いプランを提供していた．大学はどのプランについても保険料の約 90% を補助していた．そのために PPO に加入する従業員の負担は年間で 500 ドルほどであった．大学は費用削減のために，1995 年，最も安上がりな保険プランの保険料の一定割合だけを補助する形に変更した．保険プラン間の競争による費用抑制を期待したのである．ところが制度変更後，PPO に加入していた相対的に若くて健康な従業員が当該プランを離れたため，PPO は保険料を引き上げざるを得なくなった．その結果，さらに相対的に若くて健康な従業員が当該プランを離れ，保険料がいっそう上昇した．結局，この PPO プランは 1998 年には解散を余儀なくされた．保険本来のリスク分散が阻害され，厚生損失が発生したのである．

　（特に急性期医療を対象とする）医療保険市場の場合，このような逆選択が出現し得ることは多くの研究で明らかにされてきた．ただし，相対的にリスクの高い被保険者が相対的に手厚い保険プランに加入するという「正の相関」が実証されても逆選択を意味するとは限らない．事前のモラルハザードを考えてみよう．リスクタイプが同じであったとしても，カバーの手厚い保険に加入している被保険者の場合，そうでない被保険者に比べて事故のリスクを抑制しようとする誘因は小さくなる．そのために逆選択がなくても「正の相関」が起こり得るのである[11]．

　逆選択の実証に関わってもう 1 つ注目されているのは，そもそも上述の「正の相関」を実証できないか，例えば，生命保険，長期医療・介護（long-term care）保険などでは，逆に「負の相関」の存在が観察される場合があることである．この点を説明する有力な仮説は，被保険者間にはリスクの多様性だけでなく，リスク回避に対する選好にも多様性があるとするものである．リスク回避に対する選好が強い人は，よりカバーの手厚い保険への加入を希望するとともに，リスク回避のための事前の注意を怠らないだろう．この結果，リスクとカバーの間に「負の相関」が生まれることになる．保険プランに対する需要は

---

11)　Chiappori *et al.*（2006）は，保険市場で観察されるこのような「正の相関」という性質の頑健性を理論的に整理し，フランスの自動車保険市場でこれを実証している．

リスクだけでなくリスク回避に対する選好にも依存し，リスクとカバーの関係は，理論的には不確定になる．実証的には保険の対象に依存して異なったパターンが観察されることになる．Cutler *et al.*（2008）は，急性期医療保険の場合には，リスク回避に対する選好の多様性が「負の相関」をもたらす効果を確定できないことを明らかにした．そのことから，多くの実証研究がこの市場における逆選択を支持することになったのではないか，と結論付けている．

4.5　長期保険

4.5.1　最適な長期保険

　これまでは，疾病などの事故の発生は，生起するとすれば1回きりであるとして，保険あるいは保険市場の役割を考えてきた．しかし，我々の生活は多期間にわたり，事故の発生は多数回に及び得る．そうした状況で問題となるのは，時間の経過を通じて，あるいは過去における罹病などの事故との遭遇によって，被保険者の将来のリスクタイプが変化することである．

　こうした状況を分析するために，我々の生涯があたかも2期間から構成されるものとして，4.3.2項のモデルを拡張する．1期目の罹病率をp_1とし，2期目の罹病率はp_{2L}かp_{2H}とする．ただし，$p_{2L}<p_{2H}$とする．また，どの期についても罹病の場合には治療費Cがかかるとする．2期目の罹病率がp_{2L}になるかp_{2H}になるかは，2期目の期首にならないと確定しない．p_{2L}となる確率をλとしよう．2期目の罹病率は1期目に罹病したか否かに依存しうるが，ここではその可能性を無視する．被保険者と保険者の間で1期目の期首に生涯にわたる保険契約を結ぶことができると仮定して，長期最適保険の問題を考える．保険料の現在価値の総和が期待保険給付額の現在価値の総和に等しいという条件が保険者の収支均衡条件となる．このもとで，被保険者は生涯にわたる期待効用を最大にするように各期，各状態の可処分所得を選択する．簡単化のために，利子率を0とすれば，どの期，どの状態についても所得の限界効用が等しくなることが最適解の条件となる．この問題は複雑に見えるが，保険プランの設計という面では4.3.2項での考え方の応用である．1期目の保険料をp_1C，2期目の保険料を$\{\lambda p_{2L}+(1-\lambda)p_{2H}\}C$，保険給付を$C$（完全カバー）とすれば，

最適なリスク分散を実現できる.

4.5.2 時間整合性と保険料リスクの問題

　長期最適保険が成立するための重要な条件は，保険者と被保険者の双方が事前に交わした契約を履行することである．この条件が成立せず，2期目の期首に再交渉が可能であるとすれば，どのような問題が起こるだろうか．2期目の期首には，2期目の罹病率が p_{2L} であるか p_{2H} であるかは確定している．このとき，保険者は，罹病率が p_{2H} である被保険者に対して保険料の値上げを要求するかもしれない．一方，罹病率が p_{2L} であることがわかった被保険者は，保険者に対して保険料の値下げを要求するか，当初の契約を解消して別の保険者から2期目だけの保険プランを購入するかもしれない．このような再交渉の可能性がある場合，当初の長期保険の成立は困難となる.

　再交渉の誘因が当事者に生まれる契約は，時間整合的（time-consistent）ではない，あるいは，再交渉に耐える（renegotiation-proof）ことができないと言われる．毎期，その期のリスクだけをカバーする短期保険は，明らかに再交渉に耐えることのできる契約パターンである．この場合，1期目の保険料は p_1C，2期目の保険料は，罹病率が p_{2L} の被保険者については $p_{2L}C$，罹病率が p_{2H} の被保険者については $p_{2H}C$ となる．ところが，こうした短期保険の場合，被保険者は，将来の保険料の不確実な変動というリスクに直面する．これが保険料リスクの問題（premium risk problem）である（Zweifel *et al.*, 2009, ch. 5）.

4.5.3 時間整合的な保険の可能性

　時間整合性と保険料リスクの問題を解決するためには，契約のあり方を工夫する必要がある．そうした工夫の1つが Pauly *et al.*（1995）による更新保証（guaranteed renewability）のある保険（以下，GR保険）である．GR保険では2期目に罹病率が p_{2L} であることがわかった被保険者の誘因に注目する．これらの被保険者をプランから離脱させないためには，$p_{2L}C$ を超えて保険料を引き上げることはできない．もし引き上げれば短期保険プランに当該の顧客を奪われるからである．したがって，2期目の保険料は $p_{2L}C$ となる．このこと

と1期目の期首におけるプラン間の競争の結果，1期目の保険料は，期待利潤の現在価値が0となるように設定される．1期目の保険料をxと置こう．利子率をrとすれば，期待利潤の現在価値が0となる条件は，

$$x + p_{2L}C/(1+r) = p_1C + \{\lambda p_{2L} + (1-\lambda)p_{2H}\}C/(1+r)$$

である．ゆえに1期目の保険料は$x = p_1C + (1-\lambda)(p_{2H} - p_{2L})C/(1+r)$と求められる．短期保険プランの1期目の保険料と比較して明らかなように，今期の罹病リスクに対する保険料p_1Cに$(1-\lambda)(p_{2H} - p_{2L})C/(1+r)$が加算されている．いわば，事後に罹病率が高いと分かったときに追加的に払う保険料分を前払いした形になっている．

　GR保険は2期目に罹病率が低いとわかった被保険者を引きとめるとともに，罹病率が高くなっても保険料の値上げがない点で保険料リスク問題の回避に成功している．しかし，罹病率が高いとわかった被保険者に対して，保険者は保険料の値上げや更新拒否の誘因を持つ．そうした機会主義的な行動（opportunistic behavior）が法に抵触することなく実行可能であれば，GR保険は機能しないことになる．もっともそうした行為によって保険者の評判が損なわれれば，保険者は将来の顧客を失う．評判効果が働けば，保険者は誠実に行動すると期待される．

　GR保険のもう1つの難点は，若年期の保険料負担が増えることである．若年期ほど収入が低くかつ資本市場での信用が得られずに借入制約をかけられるとすれば，GR保険への加入が困難となる人々も出てくる（Frick, 1998）．しかも，GR保険の保険料は必ずしも加齢とともに減少するわけではない．一般に加齢とともに罹病のリスクが高まると考えられるので$p_1 < p_{2L}$と想定すべきであり，このとき，$p_1C + (1-\lambda)(p_{2H} - p_{2L})C/(1+r) < p_{2L}C$であれば，加齢とともに保険料は上昇する．Herring and Pauly（2006）は，加齢による罹病リスクの推定に基づいて理論的なGR保険の保険料が年齢によってどう変化するかを計測した．その結果は米国の民間保険における実際の加齢に応じた保険料の推移と近似している，と彼らは主張している．

　GR保険には，上述の保険者側の機会主義的な行動の可能性に加えて，被保険者がいったん保険に加入すると，他の保険プランへの変更が難しくなる面が

ある（Zweifel *et al.*, 2009, ch. 5）．当該保険プランが医師や医療機関を指定する場合にはそうしたロック・イン効果が働きやすくなる．それがまた保険者側の機会主義的な行動を誘発するかもしれない．

　ロック・イン問題をも解決する仕組みが保険料保険（premium insurance）である（Cochrane, 1995）．短期保険の場合，2期目の保険料はλの確率で$p_{2L}C$，$(1-\lambda)$の確率で$p_{2H}C$となる．こうした保険料の不確実な変動そのものに対する保険を考える．この場合の最適な保険とは，1期目の期首に支払う保険料を$(1-\lambda)(p_{2H}-p_{2L})C/(1+r)$，2期目の期首に罹病率が$p_{2H}$であることが判明した場合に被保険者に支払う保険給付を$(p_{2H}-p_{2L})C$とするものである．リスクタイプがわかった後，被保険者は自由に保険プランを選択できる．高リスクゆえに保険料が上がってしまう事態を気にする必要もない．保険料保険は，1期目に支払う保険料の総額はGR保険と同じになるが，ロック・イン問題を回避できる点でGR保険よりも優れている．

　とはいえ，保険料保険が機能するためには，事後的なリスクタイプに依拠した保険給付の指定が可能でなければならず，多大な取引費用が発生する．保険者が事後的なリスクタイプを見分けられなければ逆選択が起こる．理想的と思われる保険料保険が民間保険市場で観察されない背景にはこうした問題があると考えられる．

第5章

医療需要の実証分析

5.1 医療需要の実証分析の意義

「医療需要」と一口に言っても，日本において「医療経済学」もしくは「健康経済学」[1] が分析の対象としてきた財やサービスは多岐にわたる．発症以降に必要となる医薬品や医療サービスは無論のこと，発症以前の段階での生活習慣病や感染症の疾病予防（一次予防）と病気の早期発見のための健診（二次予防），予後における後遺症や再発防止など社会復帰を目的とした保健指導やリハビリテーション（三次予防）[2] にいたるまで，「健康」を生産するために我々が投入する有形・無形の財はすべて分析対象となる．医療需要の分析対象となる財・サービス市場は，一般的な消費財とは異なる多様な性質によって特徴づけられることが多く，過去の実証分析ではそうした理論の妥当性が検証されてきた．

また，家計生産関数において消費者であると同時に「健康」の生産者でもある我々にもそれぞれ異なった特性や個性があり，それらは医療需要に影響を与える．例えば，年齢，性別，人種，世帯構成などの人口統計学的な特性，教育やソーシャル・ネットワーク，賃金や所得，貯蓄や資産，就労状況などの社会的・経済的特性，初期（出生）時点を含む異時点での健康資本の賦存量，そし

---

1) 「医療経済学」に対する「健康経済学」という用語法については大日（2003）を参照．

2) 予防医学の定義については，日本学術会議第7部・予防医学研究連絡委員会（2000）を参照．

て割引率や危険回避度などで，いくつかの属性については第3章の理論モデルでも既に考察されている．したがって，医療を需要する側である我々はそれぞれに個性を有する異質（heterogeneous）な存在であるが，すべての属性が必ずしも観察可能なわけではない．医療需要の実証分析の難しさと面白さは，「医療」という一般的な消費財と比べて特徴的であると考えられている財・サービス市場において，異質な属性を有する消費者がどのように意思決定を行うかを，限られた情報に基づいて定量的に検証することにある．本章ではまず医療需要の実証分析の経済学的・政策的意義を論ずる．次節では実際の分析を行う際の統計的課題について触れ，先行研究が用いた分析手法のいくつかを紹介する．最終節では，日本における今後の実証研究のあり方について考察を加える．

5.1.1　医療需要の実証分析の経済学的・政策的意義

世界保健機構（World Health Organization：WHO）が2000年に公表した報告書の中で，日本の国民健康達成度は総合評価で世界一とされている．また，健康達成度が高いわりに日本の医療費が低いことから，その効率的な医療供給体制や医療政策を高く評価している（同報告書）．しかしながら，将来を見据えた場合，日本の医療政策は，国民皆保険という理念と世界一と評された国民の健康達成度を維持するという，一見当たり前のようで難しい政策課題に直面している．

逼迫する財政下にあって，国民皆保険制度を将来にわたって持続可能なシステムとして機能させるためには，医療費の保険給付分を抑制し財政を健全化する必要がある．他方，人口の高齢化，医療技術の進歩，疾病構造の変化など，医療費増加の原因と言われている現代的課題と取り組みつつ，少なくとも現在と同じ国民の健康水準を維持し続けるためには，それなりの費用がかかる．こうした要因がそれぞれどの程度医療費の増加に寄与するかという問題自体，重要な検証課題である．議論を単純化すると，これは医療費抑制か健康水準かという「トレード・オフ」（一方を優先させると他方を犠牲にせざるをえない二律背反性を伴う）問題を孕む．この問題の本質こそが，医療需要の実証分析の鍵となる価格弾力性の推計と深く関わっている．以下，図5-1を参照しながら，

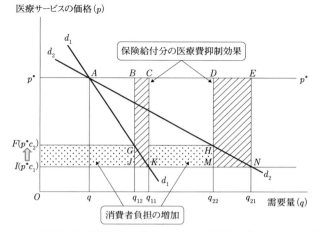

図 5-1 医療需要の価格弾力性の違いによる保険給付，自己負担，厚生損失

需要のメカニズムについて考えてみよう．

　所得が一定とすると，財やサービスの価格が高い場合は，消費者の需要量は減少し，価格が低い場合は増加する．例えば図 5-1 の d_1-d_1 や d_2-d_2 は，需要量が価格のみに依存する最も単純な需要曲線を示している．この 2 つの需要曲線は需要の価格弾力性が異なる．第 2 章で説明されたとおり，価格弾力性とは，1% の価格上昇（下落）に対して需要量が何 % 減少（増加）したかを示す．価格弾力性が絶対値で 1 より小さい場合は需要曲線の傾きが急（非弾力的）で，1 より大きい場合は緩やか（弾力的）になる[3]．図 5-1 を見ると，d_1-d_1 よりも d_2-d_2 の方の傾きが緩やかであり，直感的にも，価格に対する反応は d_1-d_1 よりも d_2-d_2 の方が大きいことがわかる．

　図 5-1 は医療需要に特徴的な点を 2 つ示している．第 1 に，診療報酬点数制度による公定価格を反映して，供給曲線が横軸に水平な p^*-p^* として描かれている[4]．第 2 に，国民皆保険制度の下，我々が実際に直面している価格は p^*

---

3)　価格と需要量とは負の相関があるため，価格弾力性は負の値を取る．したがって，弾力性の大きさを論ずる場合は，絶対値とする．

4)　診療報酬点数制度下では，医療サービスは供給量にかかわらず限界費用（p^*）が一定であると仮定されているため，供給曲線は通常の右上がりの形状ではなく，横

ではなく，自己負担率（例えば c_1）に応じた自己負担額（p^*c_1）である[5]．

　仮に医療保険が存在せず，消費者が財やサービスをすべて自己負担で賄わなければならないとしよう．すると，需要曲線の形状にかかわらず，我々が直面する価格は p^* であり，需要量は q である．したがって，四角形 p^*AqO の面積で示される総医療費は自己負担額と等しくなる．保険が導入され自己負担率が c_1 に決まると，消費者は自己負担額分だけ支払えばよいから，その直面する価格は $I(=p^*c_1)$ となり，需要曲線の形状により需要量が変わってくる．価格弾力性が非弾力的な d_1-d_1 では q_{11}，弾力的な d_2-d_2 では q_{21} で需要量が決まる．つまりは，保険が導入された場合の総医療費は，d_1-d_1 では $p^*Cq_{11}O$，d_2-d_2 では $p^*Eq_{21}O$ と，価格弾力性によって大きく異なる．また，d_1-d_1，d_2-d_2 の各需要曲線で，総医療費のうちの自己負担額は，$IKq_{11}O$，$INq_{21}O$ であるから，残りの面積である p^*CKI と p^*ENI が保険給付額となる．

　保険給付を抑制するためには，自己負担率や診療報酬点数を引き上げることで，消費者が直面する価格を操作し需要量を抑制するのが最も手っ取り早い政策手段であるように思える．しかし，図 5-1 で見てきたように，価格政策の医療費抑制効果は需要の価格弾力性に大きく依存する．いま，自己負担率を c_1 から c_2 に引き上げたとする．価格は $I(=p^*c_1)$ から $F(=p^*c_2)$ に上がり，需要量は抑制されるが，その効果は価格弾力性により異なる．価格弾力性が非弾力的な d_1-d_1 では q_{11} から q_{12} へと需要量がわずかしか減らないのに対して，弾力的な d_2-d_2 では q_{21} から q_{22} へと大きく減少する．つまり，自己負担率の引き上げに伴い，d_1-d_1 で $BCKJ$，d_2-d_2 で $DENM$ へと医療費の保険給付分が抑制される一方，消費者負担分はそれぞれ $FGJI$，$FHMI$ が増えることになる．

　以上のことから，弾力的な需要曲線と比べると非弾力的な場合の方が，自己負担率の引き上げ効果が小さいことがわかる．医療需要の価格弾力性が非弾力的である場合，保険負担分の医療費抑制効果が小さい反面，自己負担率の上方改訂は需要量をあまり大きく犠牲にせず消費者に対する負担増も少ない．他方，医療需要が弾力的な場合は，医療費抑制効果が大きく財政の健全化には寄与す

　　　軸と平行な水平方向への直線として描くことができる．
　5)　健康保険ごとの実際の自己負担率の改正経過については，澤野（2000）および井伊・別所（2006）を参照．

ると考えられるが，消費者の需要量は大幅に減り消費者へ転嫁コストが大きい．
健康水準が医療サービス需要と正の相関を持つならば，需要曲線が弾力的であった場合，過度な需要抑制政策は健康水準に負の影響を及ぼす可能性もあり，消費者の健康資本という観点から見ても自己負担率引き上げのコストは大きい．ここでもう1つ重要な経済学的概念がある．それは社会における厚生損失の大きさである．詳細についてはミクロ経済学の教科書に委ねるが，d_1-d_1 では，保険給付額 $p*CKI$ を支出すると，消費者余剰は $p*AKI$ だけ増加することとなる．前者は後者よりも大きいため，$p*CKI$ から $p*AKI$ を差し引いた三角形 ACK の分だけ社会的厚生が失われていることになる．図5-1から明らかなように，d_1-d_1 よりも弾力的な d_2-d_2 では，消費者余剰（$p*ANI$）が大きい分，保険給付額（$p*ENI$）も多く，厚生損失（AEN）はより大きくなる．

　需要の価格弾力性は，医療費抑制と健康資本を含む消費者負担とのトレード・オフ，さらには価格政策の社会的厚生への影響を知る上で，経済学的にも政策的にも重要な概念である．しかしながら，価格弾力性は先験的に決まっておらず，財やサービスによって異なる．多岐にわたる医療需要について，個別に実証的検証を行わなければ，実際に需要曲線が弾力的なのか，非弾力的なのかを観察することはできない．政策の効果を事前に予想することも，事後的に評価することもできない．日本では，自己負担率の改訂が全国一律で，しかもそう頻繁には行われないため，価格政策としては，自己負担率よりも診療報酬点数の改訂の方が，現実味があるかもしれない．いずれにせよ，消費者である患者の窓口負担を重くするという意味で，自己負担率と診療報酬点数の引き上げが同じような効果を持つとしよう．この時，ある特定の医療サービス需要の価格弾力性を事前に知ることなく大幅な上方改訂が行われると，そのサービスの価格弾力性が弾力的であるならば，過度の需要抑制を引き起こしてしまい，消費者は費用面でも健康面でも多大な犠牲を払わなければならない．逆に，需要が非弾力的であるような医療サービスに対して小幅な改訂を行ったとしても，保険給付分での医療費抑制効果はあまり期待できない．価格弾力性の大きさを先見的に知ることができない以上，医療需要の実証分析は必要不可欠かつ有益な政策手法である．実証研究がもたらすエビデンスに基づかない政策立案は，その効果の方向性や規模を大きく見誤る危険性を孕んでいる．財政的余裕がな

い今日の日本において，そうした政策が近い将来支払わなければならない社会的費用はあまりにも大きい．

5.2 医療需要の実証分析における統計的課題と分析手法

5.2.1 集計された医療情報による分析の問題点：推計結果の不安定性

日本では，1961年に国民皆保険が達成されて以来，診療報酬制度による価格統制によって，すべての国民に対し同じ「質」の医療サービスに対する「平等な」アクセスが保障されているという前提がある．そのため，国や地方自治体による個票ベースでの医療情報収集の費用効果を考えた場合，データの収集に見合うだけの公共と個人双方の利益につながるような有効性が見出されにくい．それもあり，つい最近にいたるまで，ミクロ・レベルで医療情報を収集し整備しようという気運が高まることはなく，そうしたデータ制約の中で，研究者は県や市区町村など地方自治体や医療圏ごとに集計された医療情報に頼らざるをえなかった．結果，日本では，こうした集計データを用いた優れた先行研究が多数存在する[6]．大概の場合，集計データは広く一般に公開されており，研究者にとってはアクセスやコスト等の面で魅力的な情報である．そうした意味では，まだまだ有効活用が可能な集計データが日本には存在しており，ファクト・ファインディングを主要な目的とする研究にとっては数多くの分析可能性が残されている．

しかしながら，Feldstein（1977）やNewhouse *et al.*（1980）が指摘するように，集計情報を用いた医療需要分析は異時点間の推計結果が不安定になるという限界がある．Newhouse *et al.*（1980）に倣って説明しよう．2つの異なる財やサービス（または，2人の消費者）の需要曲線が次のように定義できるとしよう．

$$q_1 = \alpha_0 + \alpha_1 p_1 + u_1 \tag{5-1}$$

---

6) 前田（1978, 1983），妹尾（1985），田中・西村（1984），西村（1987, 1991, 1997），小椋（1990），漆（1997），藤野（1997），姉川（1999），中西（2000），南部・島田（2000），澤野（2000），他多数．

$$q_2 = \beta_0 + \beta_1 p_2 + u_2 \tag{5-2}$$

$q_i\,(i=1, 2)$ は，2 財の需要量，$p_i\,(i=1, 2)$ は，2 財の価格，$u_i\,(i=1, 2)$ は，それぞれの誤差項であるとする．これらの需要曲線を集計すると，

$$Q = A_0 + A_1 (p_1 + p_2) + U \tag{5-3}$$

となる．(5-1) 式と (5-2) 式から，$Q = q_1 + q_2$，$A_0 = \alpha_0 + \beta_0$，$A_1 = (\alpha_1 p_1 + \beta_1 p_2)/(p_1 + p_2)$，$U = u_1 + u_2$ である．A_1 はこれらの需要曲線の平均的な価格弾力性を示している．A_1 について，$a_1 = \beta_1$ であるか，もしくは，2 財の価格シェア，$p_1/(p_1 + p_2)$，または，$p_2/(p_1 + p_2)$，が一定である，という条件を満たさない限り，異時点間においても安定した推定結果は得られない．

先駆的な Phelps and Newhouse（1974）をはじめとする数多くの先行研究が示すように，医療需要における価格弾力性は財やサービスによって異なる．また，日本では全国一律の自己負担率であるが，個々の消費者は多様な属性を有しており，価格変化に対する反応がそうした属性と無関係とは考えにくい．つまり，$a_1 = \beta_1$ である可能性は極めて低いと考えるべきだろう．また，診療報酬の改訂は，医療需要に関わる財やサービスの価格シェアが常に一定になるように調整されるわけではなく，$p_1/(p_1 + p_2)$ や $p_2/(p_1 + p_2)$ が一定であるという条件も現実味に欠ける．日本の場合は，民間保険依存型の米国とは異なり，国民皆保険であるため，Newhouse *et al.*（1980）が最も強調する点である，個々の消費者の自己負担率の平均化による推定バイアスからは免れている．しかし，日本の先行研究の結果から見ても，それぞれの財やサービスの特性の違い，そして，消費者属性からくる価格に対する反応の違いはやはり存在し，医療需要の価格弾力性をより厳密に推定するためには，個票データの集積と整備が不可欠であることは間違いない．

5.2.2 「観察」データの問題点：セレクション・バイアスと内生性

近年，日本においても，個票を使った実証分析の重要性が認識されると同時に，研究者によるデータ収集に対する不断の努力もあって，診療報酬明細（レセプト）や診断群分類（Diagnosis Procedure Combination：DPC）データ，

88　　第II部　医療市場のメカニズム

研究者独自の調査など，ミクロ・レベルでの実証研究については枚挙にいとまがない[7]．2009年における統計法改正は，こうした流れを後押しするものであり，官庁統計の利便性が向上することで今後さらなる実証研究の蓄積が期待される．しかしながら，医療需要の実証分析は，個票さえ使えば事足りるものではない．以下では，個票データを用いた場合の統計的課題について述べる[8]．

医療情報が「観察」データである以上，個々の消費者属性に結果が大きく依存し，純粋な政策効果を推定することは統計学上非常に難しい．さらに，医療情報の場合はカルテなどからの情報収集の際，頻繁に起こりうる欠損値の問題も深刻である（Meng, 1997）．したがって，さまざまな属性が観察可能，あるいは欠損値や予測不可能な諸要因による影響がある場合には観察不可能，な形で影響し，分析結果を偏らせる．いわゆるセレクション・バイアスの問題である．

本項では，米国保険財務庁[9]と米国医学会の呼びかけにより収集されたCollaborative Cardiovascular Project（通称CCP）データ[10]を用いた先行研究を事例として，観察データにおけるセレクション・バイアスの実態とその調整方法の1つを紹介する．この研究の問題意識は，価格弾力性の推計を目的とした

---

7)　Bhattachara *et al.*（1996），山田（1997），井伊・大日（1999），鴇田他（2000），金子（2000），澤野（2001），Ii and Ohkusa（2002），井伊・大日（2002），鴇田他（2002），塚原（2002），山本（2002），澤野・大竹（2003, 2004），Kan and Suzuki（2006），増原（2004a, 2004b），縄田他（2006），Noguchi *et al.*（2008），縄田・川渕（2010）．

8)　個票を用いた先駆的な医療需要の実証分析を集積した井伊・大日（2002）では，ミクロ・データの収集方法を，①プロスペクティブな観点からの「実際の行動記録（日記的記録）」，②レトロスペクティブな観点からの「実際の行動記録（回顧的記録）」，③「自然実験」，④仮想市場法を応用した「仮想的質問」，⑤「社会的実験」の5つに類型化し，正確性と有効性，費用面と倫理面から，それぞれの手法の長短を明らかにしている．

9)　当時のHealth Care Financing Administration（HCFA），現Center for Medicare and Medicaid Services（CMS）．

10)　1994-1995年に急性心筋梗塞疾患で入院したメディケア受益者全数について，専門家の合意により標準化された100指標以上の詳細な医療情報が各医療施設のカルテから患者1人当たり100ドルという非常に高額な予算をかけて収集された（Ellerbeck *et al.*, 1995；Normand *et al.*, 1996）．

第 5 章 医療需要の実証分析　　　　　　　89

医療需要の実証分析とは目的を若干異にするが，観察可能，もしくは，観察不
可能な要因が推定結果を偏らせる可能性を示唆するのに適した事例である．表
5-1 は，McClellan and Noguchi（1997）における Table 1 と Table 2 を翻
訳・要約したものである．中心的な分析対象は，入院後 90 日以内[11]における
心臓カテーテル検査（catheterization：CATH）[12]の実施状況である．CATH
は，当時，急性心筋梗塞疾患におけるハイテク治療であった経皮的冠動脈形成
術[13]と冠動脈バイパス手術[14]の起点となる検査法で，米国では，1980 年代か
ら 1990 年代にかけて，こうしたハイテク治療が著しく急性心筋梗塞疾患患者
の死亡率を低下させた一方，医療費の急騰をもたらした（McClellan and No-
guchi, 1998）.

　表 5-1 によると，調査対象者 18 万 178 人のうち 8 万 3,855 人（47%）が入
院後 90 日以内に CATH を受けている．CATH の実施状況によって患者を 2
つのグループに分けると，観察データにおけるセレクション・バイアスの実態
が浮き彫りになる.

　通常のメディケア診療報酬データで観察できる変数群 A について，患者属
性による異質性を見ると，男性，アフリカ系米国人以外の患者，また，年齢が
若い方が，CATH を受ける確率の高い傾向にある．また，再狭搾の必要性か
らと推測されるが，入院後 1 年以内の総医療支出と総入院日数については，
CATH を受けた患者の方が 1 万 626 ドル高く，3.3 日長くなっている．次に，
CATH を受けなかった患者の死亡率は，受けた患者と比較すると，入院後い
ずれの期間においても圧倒的に高く，入院後 24 時間以内の死亡率の差（9%）
は入院後 1 年以内では 33% に上昇する.

　CCP でのみ観察が可能な入手コストの高い変数群 B を見ると，副疾患の有
無や重症度については，ほとんどの詳細な検査指標において，健康状態の良い
患者の方が積極的に CATH を受ける比率が高いことを示している．ここでは

---

11)　CCP 患者の入院時より CATH を受けるまでの期間中央値が約 90 日である.
12)　心臓内の冠動脈を造影する検査方法.
13)　冠動脈狭窄病変に対し，バルーン・ダイラテーション・カテーテルを用いて直達
　　的に拡張させ，再開通を図る治療法.
14)　開胸手術によって心臓への血流を回復させる冠動脈バイパス手術.

第 II 部　医療市場のメカニズム

表 5-1　入院後 90 日以内の CATH 実施の有無及び CATH 病院への相対的
距離別，急性心筋梗塞疾患患者の患者属性・治療属性・効果に関する基本統計量

1994-1995 年 CCP 及びメディケア診療報酬データ

変数の定義(%)	セレクション・バイアスの調整前		セレクション・バイアスの調整後[注1]	
	90 日以内の CATH 実施無 (N=96, 323)	90 日以内の CATH 実施有 (N=83, 855)	CATH 病院への相対的距離 ≦ 中央値 (N=91, 229)	CATH 病院への相対的距離 > 中央値 (N=88, 949)
A　メディケア診療報酬 データで観察可能				
患者属性				
女性	53. 8	41. 0	48. 2	47. 5
年齢(標準偏差)	78. 2(9. 2)	71. 6(7. 8)	75. 1(9. 1)	75. 1(9. 3)
アフリカ系米国人	7. 4	5. 8	7. 4	5. 9
都市ダミー	71. 1	73. 2	87. 7	56. 0
患者効果				
入院後 1 年以内の総医療支出(ドル)	11, 651	22, 278	16, 804. 4	16, 395. 7
入院後 1 年以内の総入院日数	14. 8	18. 1	16. 4	16. 3
入院後 24 時間以内の死亡	10. 0	0. 9	5. 5	6. 0
入院後 1 年以内の死亡	47. 8	14. 9	32. 2	32. 8
B　メディケア診療報酬 データでは観察不可能， CCP データでのみ観察可能 重症度と副疾患を示す 指標の要約				
Killip 分類 I 度[注2]	55. 7	72. 7	63. 1	64. 1
Killip 分類 II 度[注2]	9. 0	9. 7	9. 4	9. 2
Killip 分類 III 度[注2]	34. 0	16. 9	26. 4	25. 6
Killip 分類 IV 度[注2]	1. 3	0. 6	1. 1	1. 0

出所：McClellan and Noguchi（1997），Table 1 及び Table 2 を筆者が翻訳・要約した.

注 1)　第 1 に，各医療施設における年間の総 CATH 数から中央値を計算し，中央値（3 件）よりも検査数の多かった医療施設を CATH 病院，それ以外を Non-CATH 病院と定義した．第 2 に，患者と医療施設双方の郵便番号から各患者について最も近い距離にある CATH 病院と Non-CATH 病院との距離を計算し，その距離の差（近接する CATH 病院との距離－近接する Non-CATH 病院との距離）を CATH 病院からの相対的距離として定義した．第 3 に，CATH 病院からの相対的距離の中央値を計測し（−0.5 マイル），相対的距離が −0.5 マイル以下の患者グループと −0.5 マイルよりも遠い患者グループとに分けた.

注 2)　Killip 分類とは，急性心筋梗塞疾患患者の臨床的症状により死亡リスクを以下の 4 つに分類する指標．Killip 分類 I 度：肺うっ血やショックがない；Killip 分類 II 度：軽度の肺うっ血または III 音ギャロップのみ；Killip 分類 III 度：肺水腫；Killip 分類 IV 度：血圧低下及びショック状態が見られた患者である.

急性心筋梗塞の重症度を示す総括的な指標である Killip 分類[15]に注目する. CATH を受けた患者の 8 割を超える患者が, 重症度の最も低いあるいは比較的低い Killip 分類が I 度ないし II 度であるのに対し, 治療を受けなかった患者では約 65% にすぎない. Killip 分類から, CATH を受けた患者と比較すると, 受けなかった患者の重症度が高いことがわかる. 以上の結果は, 患者属性や重症度や副疾患などの点で, CATH の実施にセレクション・バイアスがあることを示唆している. 変数群 B については, 米国保険財務庁の日常業務からは把握できない高コストの医療情報であり, 実証研究にはこうした観察不可能な属性の存在がつきものであることを強調しておく. 今ここで, 入院後 1 年以内の総医療支出（または総入院日数）を医療需要と考え, これらを被説明変数とした下記のような推定式を想定する.

$$q_i = \alpha_0 + \alpha_1 d_i + \alpha_2 x_i + u_i \tag{5-4}$$

この推定式で, q_i は i 番目の患者の医療需要（入院後 1 年以内の総医療支出, もしくは総入院日数）を, d_i は CATH の実施状況（実施は 1, それ以外は 0）, x_i は患者属性, α_0（定数項）, α_1, α_2 は推定パラメータ, u_i は誤差項を示している. （5-4）式において問題となるのは, CATH の実施状況に関する内生性の問題である. CATH を起点とするハイテク治療は高額であるため, 高所得者や民間保険加入者などそもそも医療需要の高い患者の方が CATH の実施率が高い可能性がある. CCP は詳細な医療情報については収集したものの, 所得や民間保険への加入状況などのデータは存在せず観察不可能である. また, 前段で述べたように, 通常のメディケア診療報酬データでは, 重症度等の把握は出来ず, 詳細な医療情報自体も観察不可能である. したがって, CATH の実施率に影響するこうした患者の諸属性は, x_i では調整することができず, u_i として吸収される. 基本統計量で見る限り, CATH 実施群の方が, 総医療費が高く入院日数も長い. これが純粋にハイテク治療の影響なのか, それとも, CATH 実施群の患者属性によるもともとの医療需要の高さが影響しているのかを識別する必要がある. 推定式（5-4）式を最小二乗法で推計すると, d_i と

---

15) Killip 分類は, 急性心筋梗塞疾患患者の臨床的症状により死亡リスクを 4 つに分類する指標である.

u_i は正の相関を持つことから, d_i の推定パラメータ α_1 に正のバイアスがかかることになる.

こうした内生性問題を有する「観察」データから実験的な変動を抽出し, サンプルを疑似的にランダマイズする計量手法として, 操作変数による調整を紹介する[16]. 操作変数 (z_i) の選定に当たっては, 次の2つの仮定が鍵となる. 1つめは, $E(u_i|z_i)=0$ であり, 操作変数 z_i は外生変数であり最終的な医療需要とは直接的な相関がないことを意味する. 外生変数とは, 被説明変数である医療需要や内生変数である CATH の実施などのように, 推定式 (5-4) 式の体系の中でその構造に依存して決まるのではなく, 外部から所与として与えられる変数である. 2つめの仮定は, $E(d_i|z_i) \neq E(d_i)$ である. z_i が医療需要とは無相関であるが CATH の実施とは相関があり, z_i によってサンプルは疑似的に, ハイテク治療とハイテク治療以外へ無作為に振り分けられることを示す. この仮定は $E(x_i|z_i=1)=E(x_i|z_i=0)$ と, セレクション・バイアスを疑似的に調整する条件として書きかえることもできる.

この研究では, 操作変数として患者と最も近距離にある CATH 病院と Non-CATH 病院との相対的距離を用いている (McClellan and Newhouse, 1997). CATH 病院は, 年間の実施率が中央値を超える医療施設を, Non-CATH 病院は実施率が中央値以下の病院を指す. 実際に患者が入院した医療施設ではなく, 最も近距離にある CATH 病院と Non-CATH 病院との距離を計算し, その距離の差を CATH 病院からの相対的距離として定義し, 操作変数とした. 前段で述べた操作変数の2つの仮定が満たされているか検証するため, 相対的距離の中央値を計測し, 中央値以下の患者グループと中央値よりも遠い患者グループとに分け, その結果を表5-1に示した. セレクション・バイアスの調整前と比較すると, 患者属性, 重症度・副疾患, 医療需要と患者のアウトカムである死亡率について2つのグループの間でその平均値に差異がなく, サンプルが操作変数によって疑似的にランダマイズされていることがわかる[17].

---

16) 川口 (2008) では, ここで紹介する操作変数推定法を含む労働政策を評価するための計量経済学の手法が丁寧にまとめられている.

17) ただし, アフリカ系米国人と都市ダミーについてはバランスしていない. 人種と都市ダミーの2つの属性は操作変数と相関があるため, 疑似的にランダマイズする

適切な操作変数が運よく発見できれば，あとは推定式（5-4）式を二段階推定法なり，一般化モーメント推定法（General Method of Moments：GMM）なり，ヘキット推定法なりで推定すればよい[18]．

　しかし，トリートメント（この事例ではCATHの実施）による差異が小さい場合，操作変数推定法による推定値はしばしば頑健性に問題が生ずること，$E(u_i|z_i)=0$, $E(d_i|z_i) \neq E(d_i)$ という2つの仮定を完璧に満たす適切な操作変数を見つけることが非常に難しいこと，有限サンプルにおけるバイアスが存在することなどに留意する必要がある．

5.2.3　「実験」的手法：データの稀少性と政策効果の識別問題

　医療需要の実証分析のゴールド・スタンダードは，何らかの外生的なショックを利用した「実験」的手法であろう．その中でも王道と言えるのが，消費者がまったく関与できない外生的ショック（例えば，異なる水準の自己負担率など）を人為的に与えて，被験者をその外生要因の対象となる対象群と対象とならない非対象群とに無作為に分け，グループ間の効果の差を計測する社会的実験（医療分野で言えば，無作為抽出化臨床比較試験（Randomized Clinical Trial：RCT））や準無作為化試験（quasi-randomized controlled trial：QCT）である．

　医療需要については，歴史上一度だけ米国において大規模な社会的実験が行われた．米国のRAND研究所が，米国国内の6地域から無作為に選出された2,000世帯に対して1971年から1982年にかけて行ったHealth Insurance Experiment（HIE）である．実験についての詳細は，Newhouse（1993）や井伊・大日（2002）にまとめられている．ここでは結果の一部を紹介する．表5-2から，入院治療を除けば，自己負担率が高い方が，医療需要が弾力的であることがわかる．特に，急性期外来，急性期・慢性期以外の外来，歯科治療で

　　ことができない．

18)　医療経済学の分野では，地理的情報（Geographic Information System：GIS）に基づく操作変数以外にも，病院間でのvariance（McClellan and Staiger, 2000a, 2000b）や入退院曜日（Dobkin, 2003）を操作変数として用いた研究がある．こうした計量手法についての詳細は，Wooldlidge（2001）やAngrist and Pischke（2008）に譲る．

94　　　　　　　　　第II部　医療市場のメカニズム

表 5-2　RAND 研究所による医療保険に関する社会的実験の結果（1971-1982 年）

患者の自己負担率	患者の自己負担率別医療需要の価格弾力性						
	外来治療				入院治療	外来・入院総計	歯科治療
	急性期治療	慢性期治療	その他	外来総計			
0-25%	−0.16	−0.20	−0.14	−0.17	−0.17	−0.17	−0.12
25-95%	−0.32	−0.23	−0.43	−0.31	−0.14	−0.22	−0.39

出所：Newhouse, J. P. *et al.* (1993) *Free for all? Lessons from the RAND Health Insurance Experiment*, Cambridge, MA, Harvard University Press, p. 121.

は自己負担率による弾力性の違いが明白である．ただし，慢性期外来と入院治療に関しては，価格弾力性が自己負担率には依存していない．全般的にみても自己負担率の変化が医療需要に与える効果はあまり大きくはなく，医療需要は自己負担率に対して非弾力的である．

　こうした社会的実験は，それが社会全体に関わるマクロ政策の場合は無論のこと，ミクロ・レベルでの治療評価ですら，莫大な費用がかかる上に，高齢者や重症度の高い患者，低所得者など，リスクの高い人々が実験から除外される可能性が高く，倫理的にも問題が発生しやすい[19]．したがって，純粋な「実験」と比べるとセレクション・バイアスが生ずる可能性は否めないが，どうしても観察によるデータを用いた分析や仮想市場法などによる「補完」が必要となる[20]．

　観察データを用いた場合も，「実験」に近い環境を設定することが可能である．自然実験と呼ばれる方法は，大規模な制度変更を利用し，その前後で人々

---

19)　こうした「実験」の実施については，ランダム化，二重盲験，concealment（津谷喜一郎氏によると「隠蔵」），フォローアップの適切性等，実験の方法やデザイン自体の厳密性が厳しく問われる自然科学系（津谷，2003）と社会科学系とでは，若干考え方に違いがあるだろう．

20)　紙幅の関係上，本章では詳述を避けるが，社会的・自然実験以外に，「実験」的な手法の1つとして，仮想市場法があげられる．仮想市場法はその正確性に深刻な問題があるとされてきたが，昨今，回答者に対する誘因整合性に配慮する疑似的な統御実験と計量経済学の手法の飛躍的な発展によって，仮想市場法の正確性が向上しつつある（Flynn *et al.*, 2007）．仮想市場法を応用した需要研究として，鈴木・大日（2000），井伊・大日（2002），大日編（2003），齋藤・鈴木（2006）などがある．

の行動がどのように変容するかを観察する手法である．自然実験に際して最も適した分析手法は，差の差の（Differences-in-Differences：DD）推定である（Ashenfelter and Card, 1985）．今，何らかの制度変更なり新たな政策がとられて，そうした変更に影響を受ける対象群 A と影響を受けない非対象群 B が存在するとする．単純に，変更後における対象群と非対象群との違いを比較したとしても，それが制度変更によるインパクトか，両方のグループ間にあるもともとの違いか，という内生性の問題が生じ，それらを識別することができない．さらには，対象群のみを対象として，変更前後の違いを時系列的に観察したとしても，今度はその違いが外生的ショックによる効果なのか，それとも単に時間的経過によって自然に生じた違いなのかを判別できない．DD 推定法とは，変更前後で対象群が受けた平均的な影響（$\bar{q}_{A,2}-\bar{q}_{A,1}$）から非対象群に起こった平均的な変化（$\bar{q}_{B,2}-\bar{q}_{B,1}$）を差し引くことで，対象群と非対象群の間にもともとある固有の違いと時間経過による経年的変化からくる推定のバイアスを取り除くという方法である．したがって，推計量（$\hat{\alpha}_1$）は最も単純に，$\hat{\alpha}_1=(\bar{q}_{A,2}-\bar{q}_{A,1})-(\bar{q}_{B,2}-\bar{q}_{B,1})$ と表現できる[21]．

　井伊・大日（2002）が指摘するように，自然実験では，制度改正の前後で周到な準備の下に計量経済学の知識を有する専門家によって調査が設計・実施されることが望ましい．同一個人の行動変容を追跡してパネル化することが可能であればさらに理想的である．日本でも 1997 年と 2003 年における健康保険自己負担率引き上げ，各時点での診療報酬点数の改定，公的介護保険制度の導入，老人保健法の改正や後期高齢者医療制度の導入など，自然実験に適した状況が何度もあったが，ことごとく機会を逸してきた．本当に厳密な意味での自然実験は日本ではまだ実施されていない．しかし，それでも，制度改正前後におけるレセプトなどの「観察」データを蓄積したり[22]，また，独自調査を行って制度変更前後のことについてレトロスペクティブに情報を収集したりと，研究者がそれぞれにデータ収集や方法論を工夫することによって，医療需要に関する

---

21)　詳細については，Wooldlidge（2001）を参照のこと．

22)　熊谷・泉田（2007）は，制度改定の前後でどの位の期間を分析対象とすべきかという自然実験にとって重要な問題について実証的に取り組んでいる．

23)　前田（1978, 1983），小椋（1990），妹尾（1985），西村（1991, 1997），漆（1997），

数多くのエビデンスが蓄積されている[23]．RAND 研究所による社会的実験の結果と同様，日本での先行研究においても，医療需要は非弾力的であるとする結果が大勢を占めている．日本におけるこうした結果が真の価格弾力性を示しているならば，保険適用の医療サービスに対して小幅な改訂を行ったとしても，医療費適正化という観点からの医療費抑制効果はあまり期待できない．しかし，日本ではデータの制約上，ほとんどの実証研究は，前段で述べた DD 推定法の枠組みでいうと，非対象群に対する効果は観察不可能であり，変更前後で対象群が受けた平均的な影響（$\bar{q}_{A,2} - \bar{q}_{A,1}$）を推定するにとどまる．最終的な結論を得るには，例えば，メキシコの医療制度改革に伴う Julio *et al.*（2006）のように，分析者が制度変更に伴う自然実験を周到に準備する機会を得て，より精緻な分析を行う必要があろう．

　最後に，実験か観察かによらず，医療需要の実証分析においてしばしば問題となるのが，情報の非対称性が原因となって起こる供給者（もしくは医師）誘発需要である．この問題については，第 8 章において詳細な理論的考察と実証研究のレビューがなされている[24]．そこで，ここでは実証モデルとして，消費者による受診に対する意思決定を first part，受診を選択した場合の医療需要（医療費や入院日数など）を second part とする Two-Part モデルを用いる研究が多いことを指摘するにとどめる（脚注 23）参照）．

河井・丸山（2000），澤野（2000），吉田・伊藤（2000），井伊・大日（2002），朴（2001），増原他（2002），Yoshida and Takagi（2002），増原・村瀬（2005），増原（2004a），吉田・山村（2003），増原他（2005），澤野（2004），泉田（2004a，2004b），鈴木（2005a，2005b），他多数．特に，増原（2004a，2004b）では，DD 推定法によらず，ポワソンモデルに誤差項を含めた Negative Binominal や Finite Mixture モデルによって，未受診者と受診者，制度改正後における潜在的な low user と high user との行動変容の違いを観察する計量モデルをレセプトデータによって検証している点で興味深い．増原による方法論の検討は，「情報の非対称性」から生ずる供給者誘発需要を識別する Two-Part モデルという観点からも重要である．

24）　供給者誘発需要については，Yuda（2013）にまとめられている．

5.3 今後の実証分析のあり方をめぐって

5.3.1 医療情報の標準化と複雑性

エビデンスに基づく政策立案・医療に対して，保健医療行政が担う最も重要な役割の 1 つであり，また最大の挑戦は，専門家による医療評価と医療の質の計測に対する合意に基づき，①消費者である患者属性も含めた医療情報収集の内容と方法，②データを記録する際のコードあるいは言語，③医療の評価基準に適合した指標の選択とその定義，④データを蓄積・伝達する IT 環境について，医療情報の標準化を促すため，社会全体の理解と協力が得られるよう働きかけることにある．

日本の医療情報の標準化については，20 年近く前から標準病名集や標準コードを作成され，その普及に努力が払われていたが，国としての方針が明確でなく，普及しなかった．しかし，2001 年 3 月に「保健医療情報システム検討会」に医療情報の標準化が 21 世紀の医療提供のあるべき姿へ向けての重要な柱の 1 つと位置づけられてから，その重要性が強く認識されるようになった．

医療情報の標準化に関して社会的合意と理解を得ることが難しい背景として，医療情報が非常に複雑で多岐にわたることがある．主要な医療情報資源としては，①レセプト，②DPC データ，③各医療施設によって蓄積されるカルテ・ベースでの臨床データ，④医育機関や研究所により収集される疫学データ，⑤患者調査，社会医療診療行為基礎調査，医療施設調査，病院報告，国民生活基礎調査・健康票など，行政目的に沿って収集される官庁統計，⑦健康教育や予防接種など行政施行により収集されるデータ，⑧婚姻，離婚，出生，死亡などを記録した人口動態調査，⑨国勢調査，が考えられる．

こうした「観察」を基本とした情報資源から得られる医療情報にはそれぞれ長所と欠点があり，正確で公正なエビデンスを得るためにはデータをクロスセクションで比較可能にし，かつ複数時点でリンクさせることにより，相互に補完することが不可欠である．個別の医療情報を比較可能にし相互に連携させるためには，データの内容と収集方法を標準化するともに個人情報の保護に十分な配慮をしながらも，個人を共通の認証番号で特定しなければならない．本章で考察してきたように，医療需要の実証分析がさまざまな問題設定の検証に耐

えうるためには消費者である患者の諸属性を統計的に調整することが必要不可欠である.

5.3.2　医療情報の整備へ向けて：新たなる挑戦

過去における自然実験の絶好の機会に対し国家レベルでのデータの収集と整備がまったく議論の俎上にのぼらなかった背景として，医学者や社会科学者による実証研究の努力と蓄積を，地方自治体や国家規模で統合する求心力が弱いことがある．医療情報の全国規模での整備とデータベースの作成に向け，情報の標準化と個人情報を保障する体制を確立していく上で，克服すべき課題は多い（野口，2002）.

第1に，ある特定の課題に対する問題設定を行う場合，行政のみならず医療情報の整備にあたる専門家に求められているのは，研究デザインの企画段階から，収集される医療情報の選択，収集方法，収集されたデータの分析とまとめを行う最終的な作業にいたるまで，すべての段階における品質管理を怠らないことである.

第2に，長期的な医療情報の標準化とその活用に対する社会的合意形成のためには，個人情報の研究目的での利用にあたり，情報提供者と被提供者との間の長期的な信頼関係を築くこと，そして，データの管理・運用にあたる行政や各研究施設での守秘義務の徹底とそのための体制づくりは無論のこと，エビデンス創りに関わるすべての関係者は情報提供者に対し説明責任を負うことを自覚する必要がある.

最後に，医療情報を整備していく上で，そのさまざまな段階に関わる人材の育成が重要な課題であろう．技術的にも道義的にも医療情報の効果的な管理と運用を遂行することのできる研究者や技術者を教育するための長期的な投資を行うことが，有効かつ公正なエビデンスを創るデータベースの作成につながるのではないだろうか.

日本でも，過去十数年にわたり社会疫学，人口学や経済学を中心とした社会科学の専門家や厚生労働省によって，こうした試みが行われている．例えば，東京都老人総合研究所が実施している『中年期の生活の送り方に関する調査』，日本大学総合学術センターによる『健康と生活に関する調査』，厚生労働省に

よる『中高年者縦断調査（中高年者の生活に関する継続調査)』，日本福祉大学
健康社会研究センターを中心とした『愛知老年学的評価研究（Aichi Geronto-
logical Evaluation Study：AGES)』，独立行政法人経済産業研究所が一橋大学
経済研究所，東京大学経済研究科と共同して実施している『くらしと健康の調
査（Japanese Study of Ageing and Retirement：JSTAR)』などである．こう
したプロジェクトでは，調査設計に数多くの専門家が参加するとともに，いず
れも調査開始時点からパネル化を前提としていたことから，実施主体となる地
方自治体や被験者との長期的な信頼関係を構築するために多大な努力を払って
いる．また，一部を除き，いずれもデータの公開を原則としている．したがっ
て，今後は幅広く研究者に活用されることによって，政策に対して有益なエビ
デンスが得られることが期待されると同時に，若い研究者がこうしたデータの
収集や分析に携わることによる教育効果も期待できる．いずれにせよ，日本に
おける医療情報の整備は，官民ともにまだ緒についたばかりであり，今後の発
展に期待するところ大である．

第6章
医療サービス生産とその計量分析

6.1 はじめに

　医療費の抑制が求められている中，規制当局にとって，医療サービスの生産に資源が無駄なく使われているのか，つまり医療サービスの生産が効率的に行われているのか，という問題は重要である．生産が効率的に行われていなければ，医療費は上昇することになるからである．

　日本の医療政策を見た場合，地域医療計画の名の下で病床規制が行われ，また急性期を扱う医療機関と慢性期を扱う医療機関というような機能分化が進められようとしている．病床規制は病院の規模を制限することになり，機能分化は病院の提供する医療サービスの種類を制限することになる．病院を医師，看護師，建物，医療機器などを用いて医療サービスを生産する主体として捉え，病院の生産関数や費用関数を推定し，規模の経済性や範囲の経済性を計測することによって，このような政策を資源配分の効率性の点から評価することができる．

　また，地域医療計画は実質的な参入規制という側面も持っているため，競争を制限する効果を持っているかもしれない．さらに病院にはさまざまな所有形態があり，地方自治体が経営している自治体病院では赤字となっている病院が多く，しかも補助金が投入されている．競争の制限や補助金の投入により，病院経営の規律付けが弱まって，資源を無駄に使用していることが考えられるかもしれない．これについては，病院の生産関数や費用関数を用いて，どの程度の非効率性が実際に生じているのかを計測することで確かめることができる．

102   第II部 医療市場のメカニズム

そこで，本章では医療サービスの生産構造について扱う．まず医療サービス
の生産を理解するための経済学的な基礎である生産関数と費用関数について説
明する．次にそれらを用いて計測される規模の経済性と範囲の経済性について
述べる．そして，効率性分析で計測される効率性の概念について説明し，それ
らの計測手法の概略を述べる．

6.2 生産構造のミクロ経済学的基礎

6.2.1 生産関数

病院は，労働や資本などの生産要素を用いて，医療サービスという生産物の
生産を行っていると考えることができる．労働は医師，看護師，その他医療ス
タッフ，事務員などのことであり，資本は医療機器や病院の建物などのことで
ある．その他にも治療に用いられる薬剤，病院で用いられる電気なども生産要
素である．投入した生産要素とそれにより生産できる最大の生産量との技術的
関係を表したものを生産関数という．

以下の説明を簡単にするため，病院は労働（x_1）と資本（x_2）の2つの生産
要素を用いて医療サービスという1つの生産物（y）を生産するとしよう．こ
の場合の生産関数を式で表せば，

$$y = f(x_1, x_2) \qquad (6\text{-}1)$$

となる．（6-1）式は図6-1のように描くことができる．

通常，生産要素の増加により生産量は増加する．生産要素の投入量を2倍，
3倍にしたとき，生産量が2倍，3倍よりも大きくなる規模に関して収穫逓増，
生産量がちょうど2倍，3倍になる規模に関して収穫一定，生産量が2倍，3
倍よりも小さくなる規模に関して収穫逓減の3つのパターンを考えることがで
きる．図6-1は，規模に関して収穫逓減の場合を描いたものである．

図6-1の生産関数をある産出量$\bar{y}$で切断したときの切り口を図のようにx_1
x_2平面に投影すると1つの曲線が描かれる．この曲線は，ある一定の産出量$\bar{y}$
を生産するために必要な生産要素の組み合わせを描いたものであり，等量曲線
と呼ばれる[1]．この図の描き方からわかるように産出量ごとに1つずつ等量曲

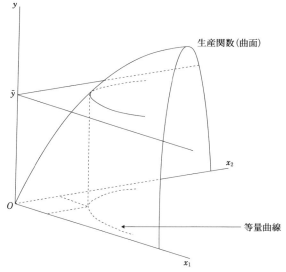

図6-1 生産関数と等量曲線

線を描くことができる．この等量曲線は右下がり，原点に対して凸，交わらないという性質を持っている．また，右上に描かれている線ほどより高い生産量に対応している．

6.2.2 費用関数

次に生産量とその生産量を生産するために必要な最小の費用との関係を考えてみよう．ここでは生産要素として労働と資本の2つだけを用いるとしているので，費用は労働費用と資本費用を加えたものとなり，

$$C = w_1 x_1 + w_2 x_2 \tag{6-2}$$

---

1) ここでは労働と資本が完全ではないが代替的である場合の図を描いている．完全に代替可能な場合や代替不可能な場合も考えられる．そのようなときの等量曲線は西村（1990）の第6章を参照されたい．生産要素間には補完的な場合も存在し，生産要素間に代替的な関係があるのか，補完的な関係があるのか，それがどの程度なのかは，生産関数や費用関数を推定し，代替の弾力性を計測することにより確認できる．

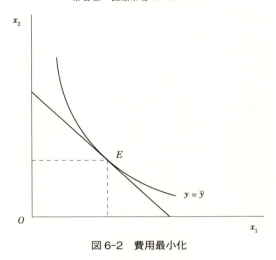

図6-2 費用最小化

のように表すことができる．C は費用，w_1 は労働の価格，w_2 は資本のレンタルプライスを表している．病院は生産要素市場で決まる生産要素価格には影響を与えることができず，生産要素価格を所与であるとして行動すると仮定する．(6-2) 式の費用をある値に定めると，この式は図 6-2 に示しているように直線として描くことができる．この直線はある一定の費用により購入可能な労働と資本の組み合わせを表しており，等費用線と呼ばれる．

病院が，生産量を一定にしておいて，費用を最小化するように生産要素の投入量を決定すると想定しよう．図 6-2 に描かれている曲線は，ある一定の生産量 $\bar{y}$ を生産するときの等量曲線である．この生産量を生産する費用を最小化するためには，なるべく左下にある等費用線を選ぶ必要があるが，等量曲線と離れてしまえば生産することができなくなる．したがって，等費用線が等量曲線と接するとき，この生産量を生産できる最小の費用となる．図では点 E で表されている．これより生産費用を最小にする労働と資本の投入量は，生産量，労働の価格，資本のレンタルプライスによって決まる．この関係を式で表せば以下のようになる．

$$x_i = x_i(y, w_1, w_2) \quad (i=1, 2) \tag{6-3}$$

第 6 章　医療サービス生産とその計量分析　　　105

（6-3）式を（6-2）式に代入すると，ある生産量とそれを生産するための最小の費用との関係は次の（6-4）式のように表される.

$$C = w_1 x_1(y, w_1, w_2) + w_2 x_2(y, w_1, w_2) = C(y, w_1, w_2) \qquad (6\text{-}4)$$

これが費用関数である[2].

6.2.3　長期と短期

これまでの説明では，すべての生産要素の投入量を変更できるとしていた. このような時間の長さを経済学では長期と呼ぶ. これに対して一部の生産要素の投入量を変えることができない時間の長さを考えることができる. 例えば病院の建物を増築することができないような期間のことである. このような時間の長さを短期と呼んでいる[3]. このとき投入量が変えられない生産要素を固定的生産要素，投入量が変えられる生産要素を可変的生産要素と呼ぶ. ここでは，可変的生産要素が労働，固定的生産要素が資本であるとして話を進める[4].

　資本の投入量が変えられないということは，x_2 が一定であることを意味する. このとき（6-1）式を

$$y = f(x_1, \bar{x}_2) \qquad (6\text{-}5)$$

のように表すことにする. $\bar{x}_2$ は x_2 が一定であることを示している. （6-5）式の生産関数を x_1 で解くと，

$$x_1 = g(y, \bar{x}_2) \qquad (6\text{-}6)$$

2）　費用関数には，生産量と生産要素価格について非減少関数であること，生産要素価格は費用に対して 1 次同次であること，費用は生産要素価格に関して凹関数であることという性質がある. 詳細は西村（1990）などのミクロ経済学の教科書を見てほしい. 実証研究においては，これらの性質が満たされているか確認することが必要である.

3）　具体的に何ヵ月とか何年とかを表すものでない点は注意してほしい.

4）　ミクロ経済学の教科書では，通常労働を可変的生産要素，資本を固定的生産要素として説明している. また，病院の費用関数を推定した研究も医療スタッフなどの労働を可変的生産要素としている. しかし，可変的生産要素を何にするのかは，分析者の目的などにもよると思われる.

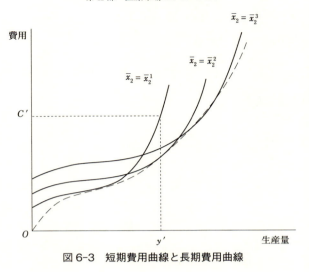

図 6-3　短期費用曲線と長期費用曲線

を得ることができる．この (6-6) 式を (6-2) 式に代入して

$$C = w_1 g(y, \bar{x}_2) + w_2 \bar{x}_2 \tag{6-7}$$

を得る．これが短期費用関数である．(6-7) 式において $w_1 g(y, \bar{x}_2)$ は可変的生産要素にかかる費用なので可変費用，$w_2 \bar{x}_2$ は固定的生産要素にかかる費用なので固定費用と呼ばれる．

短期費用関数のグラフを短期費用曲線という．1つの資本量に対して1つの短期費用曲線を描くことができる．そこで，資本量を $\bar{x}_2^1$, $\bar{x}_2^2$, $\bar{x}_2^3$ の順に増加させていった場合について，それぞれの短期費用曲線を描いたのが図 6-3 である．図では資本量が3つの場合について描いているが，資本を連続して変化させるとそれぞれに対応した短期費用曲線を描くことができる．

長期においては資本も可変的生産要素となる．長期費用関数は，(6-7) 式の短期費用関数が最小となるように資本量を決定し，その資本量を (6-7) 式に代入することで求めることができる[5]．この長期費用関数を式で表せば

---

5) 可変費用関数が推定されていて，資本のレンタルプライスのデータがあれば，費用を最小にする資本量を求めることができる．求めた資本量と現在の使用している

$C(y, w_1, w_2)$ のようになる．図 6-3 では，生産量を y' としたとき，資本量を $\bar{x}_2{}^1$ とすると費用は C' かかることになる．これは最小の費用ではない．資本量を $\bar{x}_2{}^2$ としたときの短期費用曲線が最も下に位置しているので，費用が最小になっている．y' 以外の生産量でも同様に考えると，それぞれの生産量において短期費用曲線の中から最も下のものを選択することになる．このように選んでいくと，長期費用関数のグラフである長期費用曲線は短期費用曲線の包絡線として描ける．図 6-3 では，長期費用曲線は点線で描かれている．

6.3 規模の経済性と範囲の経済性

6.3.1 規模の経済性

生産量 1 単位当たりの費用を平均費用と呼ぶ．平均費用は生産量とともに変化する．縦軸に平均費用，横軸に生産量をとり，平均費用を図に描くと一般的には U 字型となる．図 6-4 は長期平均費用を描いたものである．生産量の増加とともに長期平均費用が逓減していくことを規模の経済性があるという[6]．長期平均費用が最も小さくなる生産量 y_E までは生産量が増加すると長期平均費用が逓減している．ここまでが規模の経済性が存在している領域である．y_E を超えると生産量の増加とともに長期平均費用も逓増していく．この領域では規模の不経済性があると言われる．

ある需要量において規模の経済性が存在するならば，その需要量の生産を分割して別々の企業で行うよりも，まとめて 1 つの企業で行った方が費用を低くすることができることを意味している．もし，ある医療サービス市場を考え，その市場における需要量において規模の経済性が存在するとき，この市場に複数の病院があるならば，それらの病院は統合した方が望ましいことになる．

規模の経済性の有無を計測することの 1 つの意義は，病院の産業構造の解明

資本量を比較することによって，現在の資本量が過少なのか，過剰なのかを判断することが可能である．公益事業を対象としている研究で，このようなことが行われている．例えば，日本の電力事業の研究として Nemoto *et al.*（1993）がある．

[6]　実証分析において可変費用関数を推定した場合には，規模の経済性の計測に注意が必要である．これについては Friedlaender and Spady（1981）の pp. 144–145 を参照されたい．

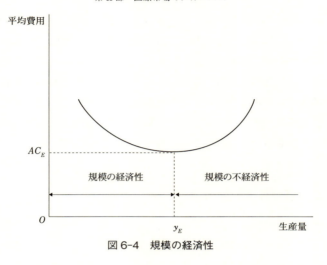

図 6-4 規模の経済性

に役立つことであろう[7]．規模の経済性や規模の不経済性が存在するならば，長期平均費用が最も小さくなる生産量を生産していないことを意味している．図 6-4 では，長期平均費用が最も小さくなる生産量は y_E であり，このときの平均費用は AC_E である．完全競争市場においては，価格が AC_E よりも小さいときは供給されないし，AC_E より大きいときには超過利潤が生じて参入が起こるため，結局，病院は y_E だけの医療サービスの生産を行う．もし，規模の経済性や規模の不経済性が存在し，y_E の医療サービスの生産が行われていないのであれば，日本の場合，病床規制のような病院に対しての実質的な参入規制や診療報酬のような価格規制が原因として考えられる．

6.3.2 範囲の経済性

例えば内科と小児科のように複数の医療サービスを病院が生産しているとする．1 つの病院で一緒に生産した方が別々の病院で生産するよりも費用が低くなる場合には，範囲の経済性が存在すると言われる．内科と小児科という 2 つの医療サービスのみを病院が生産しているとすると，次の (6-8) 式が成り立

---

7) 以下の説明は中西 (1998) を参考にしている．

つときに範囲の経済性が存在している[8].

$$C(y_1, y_2) < C(y_1, 0) + C(0, y_2) \qquad (6\text{-}8)$$

ここで y_1 は内科の医療サービス，y_2 は小児科の医療サービスとする．

範囲の経済性が生じる原因としては，共通して用いられる生産要素の存在が考えられる．例えば，CT のような医療機器を考えてみた場合，個々の病院で1台ずつ所有しているよりも，統合して1台にした方がよいというようなことが考えられる．このような場合には，費用は別々の病院で生産する時よりも同じ病院で生産した時の方が低くなる可能性がある．病院の建物や事務職員についても医療機器と同様に共通して用いられる生産要素と考えられるであろう．(6-8) 式の不等号が反対であれば範囲の経済性は存在しておらず，分割することにより費用を下げることが可能となる．

範囲の経済性は，医療政策においても重要な情報を与える．例えば，規制当局が病院を高度な医療機能を担う病院とそれ以外の病院に機能分化を進めることを考えよう．高度な医療サービスとそれ以外の医療サービスの間に範囲の経済性があれば，機能分化することにより，かえって医療サービスの生産のための費用は高くなってしまう．むしろまとめて生産させた方が医療費を抑制することができるのである．

6.3.3 日本の実証研究

規模の経済性も範囲の経済性も費用関数を推定することによって計測される．日本の病院について規模の経済性と範囲の経済性を計測している研究の例としては漆・中西（1994）と漆・青木（1994）がある．前者は民間病院を対象とした研究であり，後者は公立病院を対象とした研究である．両者ともトランスログ型可変費用関数を推定した研究であり，産出として外来患者数と入院患者数，固定的生産要素として病床数を用いている．投入要素として前者は総雇用者数と中間投入，後者は医師などの5種類の労働と医薬品，その他医療材料，その他物的材料を用いている．

---

8) 長期と短期の範囲の経済性は Cowing and Holtmann（1983）を参照されたい．

110　　　第Ⅱ部　医療市場のメカニズム

　これらの研究によれば，民間病院には規模の経済性が存在せず，また範囲の経済性の存在を示す積極的な証拠がないとしている．また公的病院については，規模の経済性は存在せず，範囲の経済性の存在を否定することはできないとしている．したがって，日本の病院の場合には，規模の経済性は存在せず，範囲の経済性については不明であるという結果となっている．

6.4　効率性計測の概念

6.4.1　技術効率性

　これまでは，病院が生産関数や費用関数の上で生産活動を行っているという想定の下での話であった．しかし，現実には病院は政府により規制が課されていて競争が十分でないこと，自治体病院には補助金が投入されていることなどの理由によって，必ずしも生産関数や費用関数の上で生産活動を行っていないのではないかと思われる．このような場合には，病院の生産活動は効率的に行われておらず，非効率性が発生しているであろう．そして，それを計測することが考えられる．

　まず，効率性には技術効率性がある．生産技術に基づけば，ある一定量の生産要素を投入すればある一定量の生産量が生産できるはずである．このような関係が満たされていないときに技術効率性という概念が登場する．この技術効率性を計測するためには2通りの計測の仕方がある．1つは投入指向型モデルによる計測であり，もう1つは産出指向型モデルによる計測である．

　投入指向型モデルでは，生産する生産量を一定としたとき，現在の生産要素の投入量に対して，どのくらい少ない生産要素の投入量でこの生産量を生産できるのか，ということによって技術効率性を計測するものである．一方，産出指向型モデルでは，生産要素の投入量を一定としたとき，現在の生産量に対して，どのくらい多くの生産量を生産することができるのか，ということにより技術効率性を計測するものである．

　図6-5には，1つの生産要素を用いて1つの生産物を生産する生産関数の場合について，それぞれの指向型モデルによる技術効率性の計測の仕方を描いている．図中の曲線は生産関数を表している．

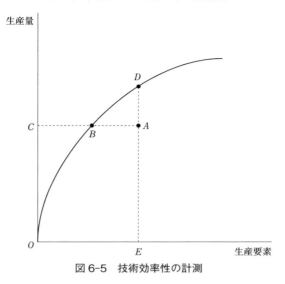

図 6-5 技術効率性の計測

点 C における生産量を生産するならば，生産要素の投入量は点 B で表される水準でよい．実際には，この生産量の生産を点 A で表される生産要素の投入量を用いて行っているとすると，投入指向型モデルによる技術効率性は，

$$\frac{BC}{AC} \tag{6-9}$$

で計測されることになる．効率的に生産を行っている場合には，生産関数上で生産を行うので，(6-9) 式は 1 となる．(6-9) 式は 1 より小さくなるほどより非効率になることを示している．

一方，点 E の生産要素の投入量では点 D の水準の生産量を生産することができる．実際には，この生産要素の投入量を用いて点 A で表される生産量しか生産していないとすると，産出指向型モデルによる技術効率性は，

$$\frac{AE}{DE} \tag{6-10}$$

で計測される．図からわかるように，(6-10) 式は効率的な時に 1 となり，1 より小さくなるにつれてより非効率になることを示している．

規模に関して収穫一定の場合，図 6-5 に示されている生産関数は直線となり，

投入指向型モデルによる技術効率性と産出指向型モデルによる技術効率性は同じ値となる．しかし，図6-5のように規模に関して収穫一定でない場合には，投入指向型モデルによる技術効率性と産出指向型モデルによる技術効率性は同じ値にはならない．

6. 4. 2　配分効率性と費用効率性

　ある病院が，2種類の生産要素を用いて1種類の生産物を生産すると仮定する．図6-6には，生産量$\bar{y}$を生産する場合の等量曲線を描いてある．この病院は，点Aの生産要素の組み合わせを用いて医療サービスを$\bar{y}$だけしか生産していないとしよう．この場合，$\bar{y}$を生産するために最小限必要な生産要素の組み合わせは，原点Oと点Aを結んだ線上では点Bとなる．よって，投入指向型モデルによる技術効率性（TE）は，

$$TE = \frac{OB}{OA} \qquad (6\text{-}11)$$

により計測できる．

　図6-6には，点Dで等量曲線と接する等費用線も描かれている．この等費用線の傾きは，(6-2) 式からわかるように，第1生産要素と第2生産要素の市場価格比を表している．よって，この市場価格の下では，点Dが費用を最小化する生産要素の投入量の組み合わせを示している．

　すると，この病院が経営を改善することによって，点Aから点Bへ生産要素の組み合わせを変更して技術効率的に生産を行ったとしても，費用を最小化するようには生産していないことになる．点Bから点Dへとさらに生産要素の組み合わせを変化させることができれば，この病院は費用を最小にすることが可能である．したがって，点Bにおいては費用を最小化するように生産要素の比率を選んでいないために，配分非効率性が発生しているのである．線分OA上で考えると，点Dと同じ費用を示しているのは点Cであるので，生産要素の配分効率性（AE）は，

$$AE = \frac{OC}{OB} \qquad (6\text{-}12)$$

で表すことができる．

第6章 医療サービス生産とその計量分析　　113

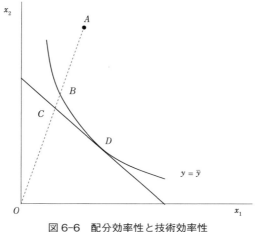

図 6-6　配分効率性と技術効率性

　さらに，費用最小化した時の費用と現実にかかっている費用との比率である費用効率性（CE）を定義することができる．そして，費用効率性は投入指向型モデルによる技術効率性と生産要素の配分効率性に分解できる．これは図 6-6 の記号を用いれば，

$$CE = \frac{OC}{OA} = \frac{OB}{OA} \times \frac{OC}{OB} = TE \times AE \tag{6-13}$$

と表すことができる．

6.5　効率性計測の手法

6.5.1　包絡分析法

　効率性を計測する方法の1つに包絡分析法（Data Envelopment Analysis：DEA）がある[9]．ここでは生産関数により技術効率性を計測するとして説明を行う．図 6-7 には，1つの生産要素を投入し，医療サービスを生産する場合を想定している．図の黒丸には，それぞれの病院の生産要素の投入量とそれに

---

9) DEA にはさまざまなモデルがある．ここではそれらを紹介することはできないので，Cooper *et al.*（2007）を参照してほしい．

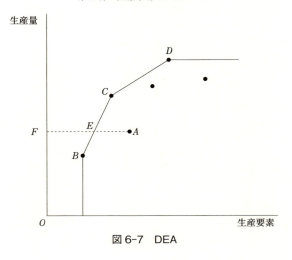

図 6-7　DEA

より生産される医療サービスの生産量の組み合わせを表している．

　DEA は線形計画法によって部分的に線形な生産フロンティアを求める方法である．このようにして作る生産フロンティアは，効率的な病院を結び合わせたものとなる．図 6-7 では点 B，点 C，点 D を結んだものが生産フロンティアとなる．ただし，生産フロンティアを求めるときには，規模に関する収穫についてあらかじめ仮定しておく必要がある[10]．図 6-7 では，生産フロンティアを規模に関して収穫可変であると仮定して描いている．

　この生産フロンティアに基づいて技術効率性が計測されるが，投入指向型モデルによって技術効率性を計測するのか，産出指向型モデルによって技術効率性を計測するのかによって，その値は異なる．もし，図 6-7 の点 A で示される病院の技術効率性を投入指向型モデルによって計測するならば，

$$\frac{EF}{AF} \tag{6-14}$$

となる．このように DEA では，生産フロンティアの規模の経済性の仮定の他

---

10) 代表的なモデルとして，規模に関して収穫一定を仮定する CCR モデルと規模に関して収穫可変を仮定する BCC モデルがある．どちらの名前も手法を開発した研究者の頭文字を取ったものである．

第6章 医療サービス生産とその計量分析　　　115

に，技術効率性の計測を投入指向型モデルによって行うのか，産出指向型モデルによって行うのかを分析者が選ばなければならない．

　技術効率性の計算方法の詳細は Cooper *et al.*（2007）などの DEA の教科書に書かれている[11]．また，ここでは技術効率性の測定についてのみ説明したが，費用効率性も計測できる[12]．これについては Coelli *et al.*（2005）の第7章や Cooper *et al.*（2007）の第8章などを参照して欲しい．

6.5.2　確率的フロンティア法

　DEA はオペレーションズ・リサーチの分野で開発された手法であるが，同時期に経済学の分野でも効率性を計測する手法として確率的フロンティア法（Stochastic Frontier Analysis：SFA）が開発された．ここでは確率的生産フロンティアを用いて説明する[13]．説明を簡単にするために，以下のような1つの生産要素を投入して医療サービスを生産するモデルを考える．

$$y_i = f(x_i ; \beta) + v_i - u_i \qquad (6\text{-}15)$$

ここで，y_i は医療サービスの生産量，x_i は生産要素の投入量を表している．β は技術を表すパラメータであり，推定するべきものである．また v_i は通常の誤差項であり，x_i 以外の y_i に影響を与える要因や測定誤差などを表すものである．一方，u_i は非負の確率変数である．これは非効率性を表す項であり，分析にあたっては半正規分布，指数分布などに従うと仮定される．添え字の i は第 i 番目の観察値を示している．DEA との違いは，生産フロンティアの形状と非効率性の分布をあらかじめ仮定する必要があることである．

---

11)　DEA が行えるソフトウェアの一例をあげると，Coelli（1996b）による DEAP がある．これは DEA 専門のソフトウェアである．また，計量経済学のソフトウェアである Limdep/NLOGIT（Econometric Software, Inc.）には DEA を行うコマンドがある．統計ソフトウェア R でも分析可能である．これについては Bogetoft and Otto（2011）を参照してほしい．

12)　DEA で費用効率性を計測するためには，生産要素の投入量と生産量の他に生産要素価格が必要である．投入指向型モデルによる技術効率性と費用効率性とが計測できれば，（6-13）式より生産要素の配分効率性を求めることができる．

13)　もちろん費用関数に SFA を適用することも可能である．

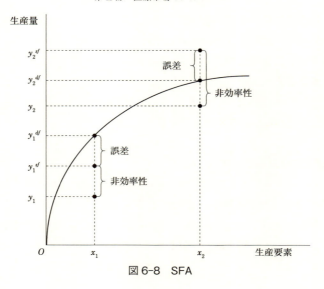

図6-8 SFA

　(6-15) 式について，図6-8を用いて説明する[14]．第1番目の病院と第2番目の病院について考える．まず図の実線は，(6-15) 式の $f(x_i; \beta)$ の部分であり，確定的な生産フロンティアを表している．第1番目の病院は，生産要素を x_1 だけ投入して，y_1 の医療サービスを生産しているとしよう．この生産量は観察可能であるが，この生産量には誤差と非効率性が含まれている．y_1^{df} を生産フロンティア上の生産量，y_1^{sf} を非効率性を含まず誤差を含んだ生産量とする．このとき誤差は $y_1^{sf} - y_1^{df}$ で表され，負となっている．また非効率性は $y_1^{sf} - y_1$ で表される．ただし，y_1^{df} と y_1^{sf} は観察不可能な生産量である．第2番目の病院は，生産要素を x_2 だけ投入して，y_2 の医療サービスを生産しているとする．y_2 は観察可能であるが，y_1 と同様に誤差と非効率性が含まれている．y_2^{df} は生産フロンティア上の生産量，y_2^{sf} は非効率性を含まず誤差を含んだ生産量であるとする．y_1^{df} と y_2^{sf} は観察不可能である．このとき誤差は $y_2^{sf} - y_2^{df}$ で表され，正となっている．非効率性は $y_2^{sf} - y_2$ で表される．

---

14) この説明は Coelli *et al.* (2005) の第9章を参考にしている．

第 6 章　医療サービス生産とその計量分析　　117

通常は（6-15）式を最尤法で推定する．その場合には，産出指向型モデルにより技術効率性を計測していることになる．（6-15）式により計測されるものは $v_i - u_i$ であり，個別の病院の非効率性 u_i ではない．実際には，個別の病院の非効率性は，条件付き期待値 $E[u_i|v_i - u_i]$ として計算することになる．SFA の推定方法や技術非効率性の推計方法については，Coelli *et al.*（2005）の第 9 章や Kumbhakar and Lovell（2000）の第 3 章を参照されたい[15]．

6.5.3　シャドウ価格を用いた方法

確率的フロンティア法を費用関数に適用することにより，費用効率性を計測することはできる．しかし，費用効率性を技術効率性と配分効率性に分解することは，それほどやさしい作業ではない．そこでシャドウ価格を用いた方法が考えられる．これは配分効率性に関わるパラメータを直接推定してしまう方法である．

ここで 2 つの生産要素を投入し，1 つの生産物を産出するような病院を考える．シャドウ価格を用いた方法では，病院が直面している生産要素価格では費用を最小化しておらず，シャドウ価格で費用最小化していると想定する．病院が直面している生産要素価格を $w = (w_1, w_2)$ とし，w_i を第 i 財の観察された価格と呼ぶことにする．ここでパラメータ θ_i を導入し，観察される価格に乗ずることによって $\theta w = (\theta_1 w_1, \theta_2 w_2)$ を作る．$\theta_i w_i$ を第 i 財のシャドウ価格と呼ぶ．θ_i は観察される価格とシャドウ価格の間の乖離を表しており，配分効率性に関わるパラメータである．このとき，この病院のシャドウ費用関数は，投入指向型モデルによる技術効率性も考慮すると，

$$C = C\left(y, \frac{\theta w}{\phi}; \beta\right) = \frac{1}{\phi} C(y, \theta w; \beta) \tag{6-16}$$

と表すことができる．ϕ は投入指向型モデルによる技術効率性を表しており，

---

15)　SFA が行えるソフトウェアとしては，例えば次のようなものがある．SFA 専用のソフトウェアとしては Coelli（1996a）により作成された Frontier がある．Limdep/NLOGIT（Econometric Software, Inc.）と Stata（Stata, Inc.）は，計量経済学用のソフトウェアであるが，SFA を行うためのコマンドを備えている．統計ソフトウェア R でも SFA が推定できる．これについては Bogetoft and Otto（2011）を参照してほしい．

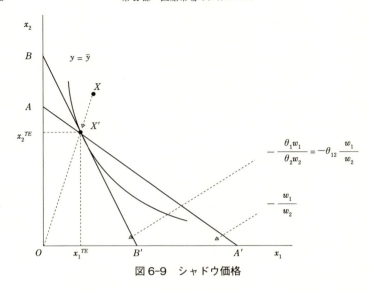

図6-9 シャドウ価格

技術効率的でないならば1よりも小さくなる.

(6-16) 式の ϕ と θ について，図を用いて説明しよう．図6-9において，点 X で表されている生産要素の組み合わせを用いて一定の生産量 $\bar{y}$ を病院が生産しているとする．したがって，この病院は技術的に非効率な状態で生産をしている．点 X から点 X' に生産要素の量を減少させることができれば技術効率的な状態で生産できるので，図では技術効率性は OX'/OX で表される．これは (6-16) 式の ϕ である．そして，この病院が費用最小化行動をとっていない場合，点 X' における費用は生産量 $\bar{y}$ を生産するための最小な費用ではない．この病院の観察される費用は，線分 AA' として図では示されている．点 X' を中心にして，この等費用線 AA' を回転させ，線分 BB' のように等量曲線に接するようにすれば，点 X' において費用が最小化されることになる．等費用線 AA' の傾きは $-w_1/w_2$ であり，等費用線 BB' の傾きは $-\theta_1 w_1/\theta_2 w_2$ である．すると θ_1 と θ_2 の値は別々には定まらず，θ_1/θ_2 が定まるだけであるので，$\theta_1/\theta_2 = \theta_{12}$ とする．これが (6-16) 式の θ であり，配分効率性に関係する．$\theta_{12} > 1$ のとき第2生産要素と比較して第1生産要素は過少に用いられており，$\theta_{12} < 1$ のとき第2生産要素と比較して第1生産要素は過剰に用いられている．$\theta_{12} = 1$

のとき生産要素は配分効率的に使用されていることを意味している.

したがって, この方法では, 技術を表すパラメータ β, 技術効率性を表す ϕ の値, および生産要素の配分効率性に関係する θ_{12} の値を推定することになる. 推定方法については Kumbhakar and Lovell (2000) の第 6 章を参照されたい[16].

6.5.4　日本の実証研究

日本の病院の非効率性を計測した研究は, 1990 年代から行われるようになってきた[17]. 日本の病院を扱った DEA の研究は, 単に効率性を計測するだけではなく, 効率性がどのような要因により影響を受けるのかについて分析している. 青木・漆 (1994) と Aoki *et al.* (1996) は民間病院と自治体病院の技術効率性を計測している. これら 2 つの研究では, 自治体病院の方が民間病院よりも技術効率的であることを示している. また後者は病院間の競争の程度が高まると技術効率性が高まることを示している. 中山 (2004) では自治体病院の技術効率性が計測されている. そして, 補助金の割合が多くなればなるほど非効率になること, 病院の立地が不採算地区にある場合に非効率になること, また看護の基準が手厚くなればなるほど非効率になることを示している. 野竿 (2007) も自治体病院の技術効率性を計測している. 特にソフトな予算制約の問題や地方議会が自治体病院をモニタリングできているかについて検証しているのが特徴であり, 自治体病院を運営する自治体や病院自身の自助努力が肝要であるとしている. これらの研究により計測される各病院の技術効率性の平均値は 70% 台後半から 90% 台中ごろとなっている.

SFA により日本の病院の効率性分析をしている研究には次のようなものがある. Fujii and Ohta (1999) では, 産出を患者数, 生産要素を従業者数と資本とし, いくつかの外的環境についてのコントロール変数を含めて自治体病院の費用フロンティアを推定している. 河口 (2008) も入院患者数と外来患者数

---

16)　推定は TSP (TSP International) などの計量経済学用のソフトウェアを用いれば可能である.

17)　ここで取り上げている研究は, 経済学を専門とする研究者が関わっているものであり, すべての研究を取り上げているわけではない点には注意して欲しい.

を産出，職員と病床を生産要素として自治体病院の費用フロンティアを推定している．高塚・西村（2006）は病院の産出物として退院患者数を用いているところに特徴があり，生産要素を医師，看護師，償却資産として，自治体病院の生産フロンティアを推定している．高塚・西村（2008）はオーダリングシステムの導入により自治体病院の効率性が高まるかを分析している．産出物として退院患者数，生産要素として医師，看護師，償却資産を用いている．非効率性に影響を与える変数を含めて生産フロンティアを推定している．これらの研究において計算された各病院の費用効率性の平均値は同じ自治体病院を扱っているのであるが，産出物の違いや推定方法の違いによって大きく異なっている．

シャドウ価格を用いた方法により日本の病院の技術効率性と配分効率性を同時に計測した研究はほとんどなく，病院は技術効率的に生産していると仮定し，配分効率性だけを計測している．Nakanishi *et al.*（1996）は総合病院を対象にして，資本を固定的生産要素とし，医師，正看護師，准看護師を可変的生産要素とする可変費用関数を推定している．その結果，医師と正看護師に過剰雇用，准看護師に過少雇用があることを示している．またそれに伴う配分非効率性は費用を40%増加させていることを示している．田口（2005）は自治体病院を対象とした研究であり，医師，正看護師，准看護師，資本を生産要素とする長期費用関数を推定している．その結果，医師と正看護師の間に配分の非効率性は発生していないが，その他の生産要素間には配分非効率性が発生していることを示している．そして，この非効率性によって9%の費用上昇を招いているとしている．

医療サービス生産における効率性の研究については，Newhouse（1994）により問題が指摘されている．医療サービスの生産量の計測と品質の調整の問題や除外変数によるバイアスの問題などである．彼の批判の中には，ケースミックスにより品質調整がされていても指標によっては効率性を正確に計測できないことを指摘しているものもある．日本の病院を扱った研究の場合，データの制約のために生産される医療サービスの品質は調整されていないものがほとんどである．これは，残念ながら日本の病院を分析する場合には，公表された統計資料だけで，それらに対処することは非常に難しいのが現状であるからである．そのような中で河口他（2010）の研究は，医療サービスの品質を制御する

とともに患者特性を加味して生産物を正確に捉えようとしたものである．そして SFA により効率性を計測している．誰もが利用できるデータを用いた研究ではないが，欧米の研究水準に追いつくためだけではなく，医療サービスの効率性をより正確に計測し，医療政策に生かすためには，このようなデータが整備され，広く研究者に公開されることが望まれる．

最後に本章では，病院についての研究でもよく用いられている Malmquist 生産指数については紙幅のために扱えなかった．この生産指数の説明は，例えば Coelli *et al.*（2005）の第 11 章にある．本章で紹介した効率性の計測手法についての最近の展開については，Fried *et al.*（2008）を参照されたい．また，Hollingsworth（2008）では，医療分野における効率性分析の動向が紹介され，医療分野における効率性分析を見るための注意点が記述されている．

第7章

医療スタッフの労働市場
労働経済学の基本的枠組み

　この章では医療スタッフの労働市場に関わる労働経済学[1]の基本的枠組みを伝統的な競争的市場モデルを中心に説明することを目的とする. 7.1節では,労働需要（短期）と労働供給がどのように決まるのか説明する. 7.2節では,医療スタッフの概況,労働市場の均衡および労働力不足がどのように発生するのか説明する. 7.3節では,教育訓練,内部労働市場,効率賃金などのトピックスについて紹介する.

7.1　労働需要（短期）と供給

7.1.1　短期の労働需要と賃金

　サービス価格が上昇すれば,サービス生産は拡大し,**派生需要**である労働サービスへの需要も増大する. しかし,資本（建物,検査機器,医療設備等）に関しては,短期的に投入量を自由に変えることはできず固定されている. その場合,賃金率について右下がりの**労働需要曲線**は,労働サービスを1単位追加的に増やすことで得られる追加的な収入,すなわち労働サービスの**限界生産物価値**（pMP_L）が,サービス生産拡大によって,どのように変化していくのか考えることによって説明可能である.

　サービスを生産する際の利潤最大化[2]問題は（7-1）式で表わされる. $Q=$

---

　1)　労働経済学の邦文テキストとして樋口（1996）,大竹（1998）,太田・橘木（2004）,大森義明（2008）,看護師の労働市場に特化したものとして角田（2007）等が参考になる.

$F(L, \bar{K})$ はサービスの生産関数を表わし，労働（L）・資本（$\bar{K}$）サービスを投入した時のサービス生産量 Q との関係を表わす．ここでは資本サービスの量が固定されていることを示すため K に上線が付されている．p は生産されるサービスの価格，w は賃金率（L の要素価格），r は資本レンタル料率（K の要素価格）である．

$$\text{Max } \pi(L, \bar{K}) = pF(L, \bar{K}) - (wL + r\bar{K}) \tag{7-1}$$

上の式は利潤（左辺 π）が，総収入（右辺第 1 項）と総費用（右辺第 2 項）の差であることを表わしている．また，Max とあるのは利潤 π を最大化（maximize）するという目的があることを表わすための略号である．資本サービスの総費用（$r\bar{K}$）は固定されているが，労働サービス投入量を増やせば総費用は増大する．

さてサービス生産をする際，どのようにして利潤 π が最大化されるか考えよう．労働サービス（L）の投入量を増やしていけば 1 単位ごとに賃金率 w が費用としてかかるが，生産量も増えるので総収入は増えていく．一方，労働サービスを 1 単位追加的に増やすことで得られる追加的な収入，すなわち労働サービスの限界生産物の価値（pMP_L）は最初大きいが労働サービスの投入量が増えるにつれ減少（**限界収入逓減**）していくものと仮定する．

このような関係を表わしたのが図 7-1 で，横軸に労働サービスの投入量，縦軸に労働サービスの投入量に対する総費用と総収入の関係を示している．総費

---

2) なお，医療法で非営利性の原則が定められている日本の医療機関が実際に利潤最大化を意識的に行っているかどうか議論の余地があるかもしれない．しかしベンチマーク・ケースとしてこのような極めて単純化されたモデルの性質を把握しておくことは有用であろう．もちろん現実の医療機関の行動をより忠実に描写するため，医療サービスの生産量と質との間のトレード・オフ関係を比較考量するような，あるいは医療スタッフの賃金や病院内の機器利用の割当などを勘案するようなモデルも考えられる．こうした要素を織り込んだ理論分析として，米国の医療経済の文脈ではあるが，Newhouse（1970），Pauly and Redisch（1973），Harris（1977）等の古典的文献があげられる．これらのエッセンスを邦文で解説したものとしては大森正博（2008）第 5 章が簡潔で参考になる．また，非営利性の原則により，医療機関が非効率的である可能性について検討した研究サーベイとしては Sloan（2000），邦文サーベイでは，井伊・別所（2006）VIII-4 項や遠藤（2006）が参考になる．

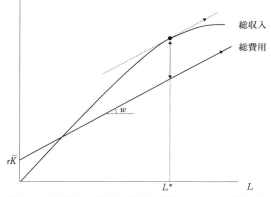

図7-1 総収入・総費用曲線と労働サービスの投入量

用曲線と総収入曲線の傾きは L^* に対応する点で等しい．そして，その点で総費用から総収入を差し引いた差である利潤（π）は最大（図7-1の双方向の矢印で示された幅）になり，L^* より労働サービスを増やしても減らしても利潤は減少する．総収入曲線の傾きは，労働サービスの限界生産物価値（pMP_L）を表すが，L が大きくなるにつれてこの傾きが小さくなることが，限界収入逓減の仮定に対応する．

また総費用曲線の傾き，すなわち限界費用は労働サービスを1単位増やす費用（w）に等しいので，利潤が最大化される労働サービス量 L^* では以下の関係（限界原理）が成立する．この（7-2）式が表しているのは（7-1）式（利潤）を労働サービス L について偏微分した結果が0に等しいという関係である．すなわち，利潤最大化のため，労働サービスの限界生産物の価値が賃金率と等しくなる所で，最適な労働サービス量（L^*）が決められることを表わしている．

$$pMP_L(L^*, \overline{K}) = w \qquad (7\text{-}2)$$

労働サービスの**限界収入逓減**を仮定すると，横軸に雇用量（L），縦軸に労働サービスの限界生産物の価値（pMP_L）を取った場合，右下がりの曲線[3]が

---

3) 厳密には，ここでは労働サービスの平均費用より限界収入が低い部分のみを考慮する．

126　　　　　　　　　第II部　医療市場のメカニズム

描かれる．また（7-2）式より，利潤を最大化する最適雇用量において，常に労働サービスの限界生産物の価値と賃金率は等しいので，結果として，この右下がりの曲線は横軸に雇用量，縦軸に賃金率を取った場合の右下がりの**労働需要曲線**と一致する．

7.1.2　労働供給

　次に労働供給がどのように決定されるのか考えよう．一般に賃金が高くなれば人々は労働供給を増やすと考えられるが，理論的には労働供給を減らす場合も考えられる．

　人々が労働するのは，労働サービスの提供により所得（賃金 w）を得ることで財・サービス（C）を購入・消費でき，効用が高くなるからである．財・サービスの購入量は，所得の制約を受ける（**予算制約**）．一方，1日の可処分時間（T）は限られているので，労働サービスの提供時間（労働時間：h）の増加は，その分だけ労働者の余暇時間（l）を減少させるので，労働者の効用は低くなる（**時間制約**）．このように，ごく単純化された設定では，労働者は予算制約と時間制約という2つの制約条件と所与の賃金率（w）と財・サービス価格の下，自分の効用を最大化するよう，余暇時間（その表裏にある労働時間）と財・サービスの購入量を決定する経済主体としてモデル化できる．

　このモデルに基づき，賃金が上昇した場合の影響について説明する．なお単純化のため，所得はすべて財・サービスの消費に使い切り，貯蓄しないものとする．また財・サービスは1種類（合成財）しかなく，価格は p とする．さらに日常生活を維持するための必要時間（睡眠や家事など）はすべて余暇時間に含めて捉え，余暇時間が長くなる（＝労働時間が短くなる）ことは効用を増加させるものとする．労働時間の長さは，フルタイム就労などの制約はなく，労働者が自由に決められるものとする．2つの制約は（7-3）式と（7-4）式のように表わされる．ここで S は資産収入や配偶者の収入等，自分が勤労しなくても得られる所得，すなわち**保証所得**である．

$$時間制約：T=l+h \tag{7-3}$$

$$予算制約：pC=w(T-l)+S \tag{7-4}$$

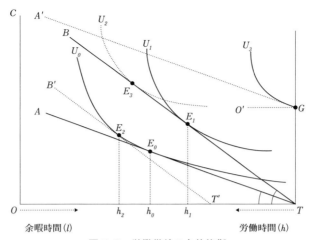

図 7-2 労働供給の主体均衡

予算制約を書き換えると

$$pC + wl = wT + S \tag{7-5}$$

となる．(7-5) 式の右辺は総時間 (T) をすべて労働サービスに割り当てた場合の潜在的な総収入を表わす．左辺の第 1 項は財・サービスへの支出，第 2 項は余暇時間を賃金で評価した金銭的価値である．労働者の効用を高める 2 つの要素は，ここでは財・サービス量 (C) および余暇時間 (l) であり，この 2 つの要素に対する無差別曲線，予算制約，そして賃金率の関係を表わしたのが図 7-2 である．

まず保証所得 (S) が 0 の場合，次に保証所得 (S) が $p \times TG$ 分ある場合の両方を考えよう．

図 7-2 は横軸の幅が総可処分時間 (T) となっており，原点 O から右方向に余暇時間の増大を，T から左方向に労働時間の増大を測っている．縦軸は，財・サービス量 (C) を示している．U は同じ効用水準を達成するための余暇時間と財・サービス消費の組み合わせ，すなわち余暇時間と財・サービス消費の無差別曲線を示している．**実質賃金率** w/p は OTA で表わされるものとする．また保証所得が 0 である場合の予算制約線 TA は，労働時間を増やすにつれ，購入可能な財・サービス量 (C) が増大する関係を示している．予算制

約線 TA と無差別曲線 U_0 が接する点 E_0 で労働時間 h_0 が決まる.

ここで賃金率が上昇し,新たな賃金率が OTB で表わされるとすれば,予算制約線 TB と,より高い効用水準に対応する無差別曲線 U_1 が接する点 E_1 で労働時間 h_1 に決まる.この図 7-2 では賃金率は上昇したが労働時間は減少 ($h_1 < h_0$) している.

なぜ,このようなことが起きるのか,TB と平行で無差別曲線 U_0 と E_2 で接する補助線 $T'B'$ を使って検討しよう.賃金率の上昇は,たんに労働サービスの価格上昇ばかりでなく,余暇時間の価格上昇も意味している.つまり,財・サービスと余暇の相対的な価格が変化したことになる.そのため,U_0 と同一の効用水準を達成するためには,相対的に高くなった余暇を減らし,代わりにより多くの財・サービス消費を選択する必要がある.これを**代替効果**と呼び,図中の点 E_0 から E_2 への移動がその効果を表わす.労働時間は,この代替効果により h_0 から h_2 へと増大する.

一方,賃金率の上昇により,同一労働時間でも所得は増大するので,労働者はより多くの余暇時間と財・サービス消費を増大させることになる.これを**所得効果**と呼び,図中の点 E_2 から E_1 への移動がその効果を表わす.労働時間はこの所得効果による余暇時間増大のため,h_2 から h_1 へと減少する.

以上のように,賃金率上昇の効果は,**所得効果**と**代替効果**の 2 つの効果に分解することができる.そして賃金率上昇が労働時間を増大させるか,あるいは減少させるかは,代替効果と所得効果のどちらが大きいか,無差別曲線の形状による.例えば,U_2 のような無差別曲線の場合,賃金率上昇は労働時間を増大させる.したがって賃金率の上昇による最適労働供給時間の変化はデータにより確認すべき問題となる.

次に保証所得が $p \times TG$ 分あるケースを考えよう.この場合,個人の予算制約は GA' であり,保証所得が 0 の場合の予算制約 TA を TG 分だけ上方に平行移動させる.この図では G 点において U_0 から U_3 までの効用より,さらに高い効用の無差別曲線 U_3 と接しており,この個人にとっては就業しないことが最適労働供給となる(**端点解**)[4].つまり,結婚等[5]により**保証所得**が高くな

---

4) 現実には雇用主側から決まった労働時間(フルタイム就労等)を就業条件として提示される場合が多い.このような条件下においても,むしろ就業しない場合の効

ると就業確率は低下する.

ただし保証所得があっても賃金率 $O'GA'$ が上昇していけば，この個人をやがて非就業から就業へと行動変化させる賃金率が存在するはずである．このような個人が就業し始める最低限の賃金率を**留保賃金率**と呼ぶ．「市場賃金率＜留保賃金率」の場合，人々は非就業を選択し，「市場賃金率≧留保賃金率」の場合，就業を選択する.

この留保賃金率は，保証所得以外に，家族内での育児・介護の必要性等にも影響される．世帯内に要介護者あるいは子どもがおり，介護・育児サービスが入手困難である場合，その個人の留保賃金率は上昇し，同じ市場賃金率を提示されたとしても非就業が選択される[6].

以上，個人の最適労働供給時間の選択を説明してきた．代替効果の方が大きい場合，労働者全体を集計し，横軸に労働供給量，縦軸に賃金率を取れば，賃金率の上昇に伴い，労働供給量も増大する右上がりの**労働供給曲線**を描くことができる.

7.1.3　補償賃金仮説

労働者の効用水準は，賃金率のみならず，賃金率とセットで提示される仕事内容からも影響を受ける．例えば，変則的な就業時間，訴訟リスク[7]，職務上の感染リスクなど，不快と感じる要素の多い職場環境では，より高い賃金率が

用水準が高くなり，就業しないことが最適な労働供給選択（一種の端点解）となる可能性もある.

5)　看護師や介護職などは有配偶女性の多い職種として知られている．有配偶女性の労働供給は，「ダグラス＝有沢の法則」と呼ばれる経験則に従う．この経験則に基づけば，賃金率上昇が世帯主に起こった場合，その他の世帯員（有配偶女性等）の就業率は低くなるが，世帯主の就業率は変化せず，労働供給人員全体としては減少する．一方，賃金率上昇がその他の世帯員に起こったなら，労働供給人員は全体として増大する.

6)　興味深いことに早見（1996）は一般女性と比較した場合の看護師の労働供給の特徴として子どもの存在が制約とならず（ただし5歳以下の子どもの存在については就業確率の低下要因），就業確率を上げることを指摘する.

7)　データの取り方の変更に注意する必要があるが，医事関係訴訟事件（新受）は2000年で795件，2004年で1110件とピークを迎える（ただし2004年までの数値は，各庁からの報告に基づき概数）．その後減少し2009年では733件である．平均

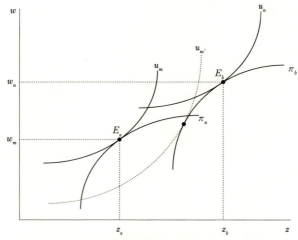

図7-3 異なる仕事の不快度と賃金率の組み合わせの均衡

提示されなければ、労働者は別の仕事に就くだろう[8]．こうした、不快度と生産に関し技術特性の異なる複数のタイプの企業と、不快度と賃金率に関し選好が異なる複数のタイプの労働者とのマッチングを、均等化差異からモデル化したものが**補償賃金仮説**である（Rosen, 1974, 1987）．

労働者にとっての仕事の不快度を表わす指数を z とし，その値が大きいほど，労働者の効用は低下するものとする．単純化のため，タイプ m と n の2種類の労働者が存在し，無差別曲線が各タイプの労働者について u_m あるいは u_n と示されるものとする．ここでタイプ m の労働者は，等しい効用水準を維持するためには，1単位の不快度（z）の上昇に対し，より高い賃金率が提示されなければならないものとする．

また A と B の2タイプの企業が存在し，各タイプの企業について等利潤曲線が π_a と π_b と示されるものとする．ここで，タイプ A の企業は，1単位の z

---

審理期間は2009年で25.2ヵ月であり，2000年の35.6ヵ月から短縮された（裁判所，2010）．

8) 登録看護師の賃金率と労働供給に関する各国の先行研究を展望した Shields (2004) は，看護師の労働供給が賃金率の上昇に対し非弾力的であることを指摘する．その上で，看護師の労働供給は，職場における保育サービス提供，昇進・訓練機会，同僚との関係等，非金銭的な職場環境により大きく影響されると指摘する．

を引き下げる場合，等しい利潤を維持するために必要な賃金率減額は相対的に小さく済むものとする.

こうした仮定の下，2種類のタイプの労働者と2種類のタイプの企業は，図7-3のように等利潤曲線と無差別曲線が接する点，すなわちE_aとE_bの2点で各々z_aとw_m，z_bとw_nという組み合わせでの雇用契約を結ぶ．ここで，点線で描かれた$u_{m'}$とπ_bにも接点があるが，u_mの方の効用水準が高いので，この点はタイプmの労働者には選択されない.

以上では単純化のため，2種類の企業と2種類の労働者しか考慮しなかった．しかし，複数のタイプの労働者と複数のタイプの企業の存在を仮定すると，2つの均衡点（E_aとE_b）を含むような，滑らかな曲線が得られる．この曲線を**ヘドニック賃金関数**と呼ぶ．ヘドニック賃金関数の傾きは，仕事の不快度の1単位上昇に対して支払わなくてはならない賃金プレミアム，すなわち**補償賃金**を表わしている.

もし，より快適な職場環境を重視するような労働者が増大すると，不快な職場環境への労働供給は減少し，そうした職場環境では賃金率を引き上げないと労働者を確保できなくなる．したがって，**ヘドニック賃金関数**の傾斜はきつくなるよう変化する．また人手を確保するのが難しい状況でも同様の結果となる.

以上，他の条件が一定であれば（つまり労働者の学歴・職歴などの能力をコントロールした上），単調な仕事，不安定な仕事，肉体的・精神的負荷，不規則な就業時間，就業時間外の緊急の呼出し，職務上の訴訟リスク，感染リスク等，一般的な労働者がおよそ不快と感じるような職場環境であるほど，賃金率は高くなる傾向にあることを，**補償賃金仮説**は説明する[9].

例えば，この仮説に基づけば，職場環境の苛酷さに比して急性期病院の医師の賃金が相対的に低い理由として，そうした職場で働く医師はより多くの急性期の症例に接し医師としての技能を磨きたいという選好を持ち，豊富な技能習

---

9) 生産性が低い（賃金率の低い）労働者は不快な職場環境を甘受する傾向があるため，労働者の生産性を考慮せず賃金関数を推計すると職場環境が賃金率に与える効果を過小評価する可能性がある．こうした実証上の問題については Hwang *et al.*（1992）が参考になる．補償賃金仮説に基づいた，日本における医師や介護労働者の研究として，佐野・岸田（2004）や高久（2009）等があげられる.

132　　第 II 部　医療市場のメカニズム

得機会と低賃金がセットになっている職場を選択している，と考えることも可能である．とは言え，現実に観測される賃金格差がすべて補償賃金格差により説明される訳ではなく，賃金格差を説明する 1 つのモデルである．7.3 節では，さらに賃金格差を説明するモデルとして，人的資本理論，内部労働市場，効率賃金仮説を紹介する．

7.2　医療スタッフ労働の「不足」

7.2.1　医療スタッフの概況[10]

　医療スタッフの中，医師・歯科医師・薬剤師・看護師・准看護師として働いている人々の労働条件，就業者数，女性比率を示したのが表 7-1 である．労働条件については，産業計・大学・大学院卒（一般労働者）についても男女別に示している．

　比較対象となった職種の中，2008 年現在で最も多いのが看護師の 88 万人（人口 10 万対 687 人）で，その次に准看護師の 38 万人（人口 10 万対 294 人），医師の 29 万人（人口 10 万対 225 人）と続く．これら各職種の合計は全就業者の 3% にあたる．医師や歯科医師の女性比率は近年一貫して上昇しているが 2 割である[11]．一方，看護師，准看護師の女性比率は 9 割を超える．

　次に労働条件に注目すると，比較対象となった職種の中，きまって支給する現金給与額（超過労働給与額を含む）が最も高いのは男性医師であり 94 万円/月である．また比較対象となった職種中，男性医師の平均年齢は最も高く，また超過実労働時間数が最も長くなっている[12]．

---

10)　日本における医療スタッフ「不足」の現状およびその要因についてのコンパクトな解説として遠藤（2007）や山本（2009）等が参考になる．

11)　医師の女性比率は診療科により大きく異なる．医師の女性比率が 5% 未満であるのは，いずれも外科系である（厚生労働省『平成 20 年　医師・歯科医師・薬剤師調査』）．

12)　医療スタッフの過重な勤務実態については他の統計も参考になる．例えば国立保健医療科学院政策科学部『医師の需給に係わる医師の勤務状況調査』（厚生労働省，2006a）によれば，病院常勤の医師の週当たり平均労働時間は男性で 64 時間，女性では 61 時間となっており，『賃金構造基本調査』の平均値と比較して長い．また当直等，勤務医の労働基準に関する課題については，水島（2010）が平易に解説して

第 7 章 医療スタッフの労働市場　　133

表 7-1　各職種の労働条件，就業者数，女性比率

		人口 10万対（人）	女性比率	きまって支給する現金給与額（千円）	所定内実労働時間数	超過実労働時間数	年　齢	勤続年数
医　　　師	男性	225	18.1	938.2	166	12	42.3	5.5
	女性			735.8	165	9	36.1	3.8
歯科医師	男性	78	20.2	561.6	172	2	35.4	5.8
	女性			539.8	158	6	34.0	4.6
看　護　師	男性	687	94.9	323.2	161	6	35.3	7.3
	女性			316.6	161	7	36.4	6.8
准看護師	男性	294	93.8	283.8	164	4	37.7	8.7
	女性			275.4	161	5	44.8	9.8
薬　剤　師	男性	210	60.9	396.5	168	11	39.3	8.1
	女性			340.8	166	9	36.8	6.9
大卒・院卒（産業計）	男性	—	—	422.3	163	11	40.8	12.3
	女性			300.6	161	10	33.6	6.3

出所：厚生労働省『平成 20 年　医師・歯科医師・薬剤師調査』，『平成 21 年　賃金構造基本調査』．
注 1)「—」は元資料に掲載のない数値である．
注 2)『賃金構造基本調査』の集計対象は，常用労働者 10 人以上を雇用する事業所の一般労働者である．一般労働者とは，短時間労働者以外の常用労働者をいう．

　産業計の大卒・院卒の一般労働者と比較した場合，男性では医師と歯科医師のみ，きまって支給する現金給与額は高い．しかし女性について比較すると，准看護師を除き，いずれの職種でも，きまって支給する現金給与額は，産業計の大卒・院卒の一般労働者より高くなっている．
　先にも述べたように，こうした給与額の差（賃金格差）は単に超過労働給与額（時間外勤務手当，深夜勤務手当，休日出勤手当，宿日直手当，交替手当）などの賃金制度上の割増額だけではなく，肉体的・精神的負荷，不規則な就業時間，就業時間外の緊急の呼出し，職務上の感染リスク等などに対応した補償賃金仮説（7.1.3 項参照），および 7.3 節で説明する人的資本投資，内部労働市場，効率賃金仮説など，さまざまなモデルから説明可能である．

7.2.2　競争的労働市場における需給の均衡
　医療スタッフの不足（あるいは過剰）について，従来さまざまな需給見通し

　おり参考になる．

が行われてきた．直近では，医師の供給の伸びは長期的に需要の伸びを上回り，2022年に需要と供給が均衡し，マクロ的に必要な医師数は供給されると推計されている（厚生労働省，2006b）[13]．看護師については，2025年において，需要に対する供給比率はシナリオによって79.9％から98.1％の数値を取るが，いずれも供給を需要が上回ると推計されている（厚生労働省，2010b）[14]．

　こうした需給バランスの予測は，需要量と供給量を，現時点の患者数，病床数，受診率，入職率，離職率などの情報に基づき，いくつかの仮定を設定した上，目標となる将来時点まで伸ばしていき，各々の数量を比較考量することによって行われることが多い．

　経済学的な意味での医療スタッフ不足（あるいは過剰）の概念は，医学的見地に基づく医療スタッフ不足の概念と異なる．医学的見地からは，何らかの方法で潜在的患者のニードを推計し，そこから必要とされる医療サービスに対応した医療スタッフへの需要を割り出し，それと現行の医療スタッフとの差を不足（あるいは過剰）と理解する．健康に対する我々の欲求は限りないので，それをニードと見なせば，そうしたニードに必要な医療スタッフはかなり大きなものとなる．しかし，経済学の枠組みでは，これとは異なり，競争的労働市場における医療スタッフの需給均衡を参照点として出発し，医療スタッフ不足（あるいは過剰）を議論する．本項でも，このアプローチから説明する．

　図7-4は横軸に雇用量，縦軸に賃金率を取り，労働供給曲線（S）と労働需要曲線（D）を示している．7.1節で検討したように，賃金率が高いほど労働供給が増大し，反対に賃金率が低いほど労働需要が増大する一般的なケースにおいて，労働供給線は右上がりに，労働需要曲線は右下がりに描かれる．賃金率（他に医療サービス価格，資本サービス価格）を所与とすれば，各医療機関は労働需要曲線上で利潤を最大化する．同様に，賃金率（他に合成財価格）を

---

13) 引用した推計は平成18年度厚生労働科学研究費補助金（医療技術評価総合研究事業）「日本の医師需給の実証的調査研究（主任研究者：長谷川敏彦氏）の『医師の需給推計について（研究総括中間報告）』の数値に基づいている．とはいえ直近の「必要医師数実態調査」によれば，現員医師数と必要求人医師数の合計は現員医師数の1.11倍となっており，また，地域別，診療科別に見ると現場での人手不足感は強い（厚生労働省，2010a）．

14) 伏見清秀氏・小林美亜氏による推計．

第 7 章　医療スタッフの労働市場

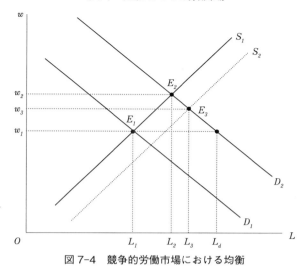

図 7-4　競争的労働市場における均衡

所与とすれば，各労働者は労働供給曲線上で効用を最大化する．このような労働供給側・労働需要側双方が賃金率を所与として効用最大化・利潤最大化行動している労働市場を競争的労働市場と呼ぶ．

労働供給曲線が S_1，労働需要曲線が D_1 である場合，需給が一致する点 E_1，すなわち賃金率 w_1，雇用量 L_1 で労働市場は均衡する．ここで労働市場に何らかのショック[15]がもたらされ，労働需要曲線が右にシフトし D_2 になったとしよう．労働市場は新たに需給が一致する点 E_2，すなわち賃金 w_2，雇用量 L_2 で均衡する．

このように労働需要側と労働供給側が賃金率を所与として行動し，また賃金率が需要あるいは供給の変動に対し十分伸縮的である限り，労働需要量の総和は常に労働供給量の総和に一致するよう労働市場は機能する[16]．その結果，医

---

15) 例えば 2006 年度診療報酬改定において，入院患者 7 対看護師 1 の基準を満たす病院に対し，従来の最高額より 3 割高い診療報酬（入院基本料）を支払う新基準を導入した．このような制度変更は看護師に対する医療機関の労働需要曲線を右にシフトさせるようなショックをもたらしたと考えられる．

16) 例えば医学部の定員制が存在し，もしその定員（＝労働市場への新たな参入）と

136　　　　　　　第Ⅱ部　医療市場のメカニズム

療スタッフの労働力に過不足は生じない.

7.2.3　競争的労働市場[17]と医療スタッフの「不足」

　競争的労働市場において,労働市場がその時点において均衡していても「労働力不足」と理解されてしまう可能性があるのは主に2つのケースである.

　第1は需要曲線のD_2へのシフトに伴う賃金のw_1からw_2への上昇である.需要関数のシフトがあっても賃金率の上昇によって労働需給は均衡する.しかし,その上昇が他職種と比較して相対的に大きいと,「労働力不足」と理解される可能性がある[18].とはいえ,他職種と比較して相対的賃金の上昇が大きくとも,医療スタッフの労働市場として,その時点で均衡していることに変わりはない.同様に医療スタッフの供給が増大し,供給曲線のS_1への右シフトに伴い,均衡賃金がw_2からw_3へと下落した場合も,労働市場としては均衡していても他職種と比較した相対的な均衡賃金の下落が大きいために,「労働力

　　　医師の離職数とが常に一定で釣り合っているなら(現実には日本の医師数は1998年から2008年の間に15%増加),労働供給関数を一部垂直線に近い形状にする効果を持つ.このようになるのは,どのような賃金水準でも労働供給が一定となるからである.それでも賃金率は右下がりの労働需要曲線との交点に定まり,労働市場として均衡する.もちろん,賃金率が一定水準未満になれば医師は別の仕事に転職し,医師の労働市場からは退出してしまうので,結局,その部分について労働供給曲線は右上がりとなる.

17)　労働需要が1つの雇用主のみに独占されている場合,その労働市場は買手独占状態という.そうした場合も,賃金が上昇しない中,労働力不足と理解される可能性がある.しかし,本章では紙幅の都合により,その説明を割愛する.詳細は邦文文献としては角田(2007)第Ⅵ章を参照されたい.買手独占市場モデルを想定し,日本の介護労働市場を分析した論文として,周(2009)などがあげられる.

18)　なお医療・介護スタッフを含む,サービス部門の相対賃金については,「ボーモルのコスト病(Baumol's Cost Disease)」と呼ばれる問題の定式化(Baumol, 1967 ; Baumol *et al.*, 1985)が有名である.教育,演劇,行政,医療・対人社会サービスなどの労働集約的な部門の生産性上昇は,資本蓄積や技術進歩に後押しされた製造業部門の生産性上昇より遅いため,もし賃金が生産性に基づいて決まるとすれば長期的には相対的に低い水準に抑えられる.その結果,上記サービス部門における,労働サービス供給は途絶えてしまう.しかし,特に医療・対人社会サービス等,価格に対して非弾力的な需要があるとすれば,労働サービスはこれらのサービス部門により多く割かれることになり,財・サービス2部門の成長率の平均である経済全体の成長率は低下する,というのがその主張の骨子である.

過剰」として理解される可能性がある.

第2は**準固定費用**の存在である.労働需要の増大を賄うため必要な労働サービス量を1人当たりの労働時間を調整した場合と,雇用人員を調整した場合とでは,同じ総労働時間数（労働サービス量）の増大であってもかかる費用は異なる場合がある.その理由は,雇用者を1人増やすには,労働時間にかかる賃金率（費用）とは別に,採用,教育・訓練費用,通勤手当,福利厚生費など,労働者1人ごとにかかってくる費用,すなわち**準固定費用**が存在するためである.この準固定費用が大きい場合,労働需要の増大に対し,労働者の増員ではなく,相対的に費用のかからない労働時間調整（残業など）で対応することになる[19].このような**準固定費用**の存在の結果,労働市場が均衡していても,労働者1人当たりの労働時間が増大し,そのことにより「労働力不足」と理解される可能性がある.

一方,経済学的な意味で労働力の需給不均衡が生じるのは,競争的労働市場の前提が何らかの理由で成立していない場合である.例えば極端なケースとして,労働需要曲線が D_2 へとシフトしたにもかかわらず,賃金率が何らかの理由により w_1 で固定されている場合が考えられる.その場合,労働供給は L_1 である一方,労働需要は L_d であるため,$L_d - L_1$ 分だけの**超過需要**,すなわち労働市場の不均衡という意味での「労働力不足」が生じる.

7.3 人的資本投資,内部労働市場,効率賃金仮説

7.3.1 教育の収益率

医療サービスの生産要素として,病院・診療所などの建物,検査機器や医療設備などの資本から生み出されるサービス,そして医療スタッフが提供する労働サービスに大別される.新技術に対応した医療機器など資本への**物的資本投**

---

19) 医療機関が労働者を長時間働かせれば,限界生産物の低下（より具体的には単位時間当たりの治療実績,割増賃金,医療事故発生等の追加的費用）という代償を支払うことになる.労働需要が増大した場合,新規採用を増やさず準固定費用を節約するかどうかは,医療機関が,こうした労働時間の延長（限界生産物の低下）と雇用人員数の増加（準固定費用部分の増加）とのトレード・オフ関係を考慮することで決まる.

資は，治療実績等，資本1単位当たりの生産性を上昇させる．同様に，労働サービスを提供する人間は，天賦の才能を基礎に，教育・訓練により技能や知識を獲得・発達させていく．労働サービスを提供する人間に対する教育・訓練の実施は，労働サービス1単位当たりの生産性を上昇させる．このような人間に体化された能力・知識は，**物的資本**と対比し，**人的資本**として捉えることができる（Becker, 1975）．その人的資本の生産性を向上させる教育・訓練は**人的資本投資**と見なせる．

　このように人的資本理論では，教育・訓練投資などの人的資本投資により，労働サービスの限界生産力が上昇し，それに伴い賃金率が上昇すると考える．つまり教育，仕事経験や勤続年数が長くなると賃金が上昇する一般的な観察事実を人的資本理論は説明する[20]．

　教育は経済的な**便益**を生じさせる一方，費用もかかる．例えば医師や看護師など医療スタッフになるための教育を受けるには，入学金や授業料等の**直接費用**がかかる．それ以外にも間接費用として主要なものに，教育を受けている間はフルタイムでは働けないので，もしその間に教育を受けずに働いていれば得られた収入機会を失うことも考えられる．こうした教育を受けなければ得られたであろう放棄所得を**機会費用**と呼ぶ．

　教育を受けることによる将来の便益と費用（直接費用＋機会費用）負担を比較考量し，もし便益が上回っていれば，人々は教育を受けることを選択（教育需要）することになる[21]．このような条件は（7-6）式のように表わされる．

$$\sum_{t=a+1}^{T} B_t \Big/ (1+\rho)^t \geq \sum_{t=1}^{a} C_t \Big/ (1+\rho)^t \tag{7-6}$$

---

20)　もちろん教育訓練は人的資本の生産性を向上させるばかりでなく，そもそも労働者の能力と仕事とのマッチングを向上させる役割も果たしている．例えば医学部や看護学部への進学自体，その後の仕事の選択と密接に結びついている．また卒業後も研修等を通じて，自分の能力により適合した専門的な職務へと振り分けられていく．こうした振り分け（スクリーニング）による労働者の能力と仕事とのマッチング向上も教育訓練の重要な側面と言えよう．

21)　ただし，大学教育の内部収益率が教育需要に対する影響について先行研究を検討した小塩・妹尾（2003）によれば時系列データに基づく実証分析では説明力がほとんどないか，あっても限定的であると結論付けており，理論と実証分析結果との間には乖離があり，この解明は教育経済学における1つの課題となっている．

右辺は教育を受けることによる費用（C_t：直接費用＋機会費用）の合計，左辺は教育訓練を受けることによる便益（B_t：所得の増分）の合計を示している．教育は a 年間受けるものとする．教育を受けた後（$a+1$ 年後）から T 年まで就業するものとする．ρ は割引率であり，将来の費用・収益を現在価値に換算するために用いられる．（$1+\rho$）の t 乗になっているのは年単位で複利計算しているためである．

教育を受けることの便益の合計の現在価値が，費用の合計の現在価値を上回っている限り，教育を受けることを選択する．左辺と右辺が等しくなるような ρ を**内部収益率**と呼ぶ．内部収益率は，教育費用 1 単位について教育を受けた人が得る便益の割合を表わす[22]．

教育の収益率を議論する際，**私的収益率**と**社会的収益率**を区別することがある．**私的収益率**は便益に教育の結果上昇した税引き後所得を，費用に入学金や授業料，教育期間中の逸失収入など私的費用のみを考慮する．一方，**社会的収益率**は，便益には教育の結果上昇した税引き前所得以外に教育の外部経済効果を含め，費用に私的費用のほかに教育に対する政府の補助金等を考慮する．

この区別が重要になるのは**社会的収益率**が前節で検討した医療スタッフ「不足」の実証的ベンチマークとして使用されることがあるからだ．具体的には，社会的収益率を計測し，それが適当な参照値を上回れば，医療スタッフ「不足」と判定することがある[23]．

7.3.2 一般的人的資本と企業特殊的人的資本

人的資本は，**一般的人的資本**と**企業特殊的人的資本**に大別される[24]．**一般的**

---

22) 荒井（1995）は 1980 年代前半のデータで私立大学医学部・歯学部出身者の内部収益率を 9% と推計している．また，吉田（2009）は私立大学医学部の内部収益率は 3% であるが，近年の入学金や学費の引き下げにより，偏差値の高い医学部では収益率は 5% になると推計している．入学金や学費の引き下げの背景として，医師の収益率が低下したことを指摘している（吉田，2009, pp. 177–178）.

23) 例えば医師不足に関し，吉田（2010）は医師の社会的収益率は 3% 程度と概算した上で，これを長期実質金利の 3% と比較すれば医師不足の強い証拠にならないと述べている（吉田，2010, pp. 36–38）.

24) これらは単純化のための大別であり，現実には人的資本は産業特殊的人的資本や職種特殊的人的資本等，企業間，産業間，職種間ではさまざまな次元・水準での特

人的資本は，どのような医療機関においても労働サービスの限界収入を上昇させる．前項で説明した教育による技能・知識は**一般的人的資本**の一例である．また標準化された医療・看護技術の習熟等は，一般的人的資本と考えられる[25]．**企業特殊的人的資本**は，特定の医療機関においてのみ労働サービスの限界収入を上昇させる人的資本として定義される．例えば，その医療機関内の人的ネットワークの習得，その医療機関向けに特別に開発されたクリニカル・パスやそれに対応した医療・看護技術の習熟等は，当該医療機関における企業特殊的人的資本と考えられ，当該医療機関を辞めて別の医療機関に転職すれば陳腐化する度合いの高い人的資本である．こうした人的資本の区別は単純化されているが，教育訓練にかかる費用の労使間での負担割合，転職行動，長期雇用関係への影響を考える際，重要である．

まず**一般的人的資本**に対する**一般訓練**（g）を考えよう．単純化のために，訓練を受ける期間（t期）と，受けた後の期間（$t+1$期）の2期間があるものとする．訓練を受けない場合の賃金（労働サービスの限界収入）はw_0で2期間一定であるとする．訓練を受ける場合，訓練期間中の労働者の限界収入（MR^g_t）は低下し，訓練を受けなかった場合の賃金未満の水準（$MR^g_t<w_0$）となるものとする．さらにt期は訓練費用（c^g_t）がかかる．訓練を受けた後の期間の賃金率は，一般的人的資本の増加に伴う労働サービスの限界生産力（MR^g_{t+1}）の上昇により，教育訓練を受けない場合の賃金率と比較して高くなる（$w_0<MR^g_{t+1}$）．

この**一般訓練**にかかる費用（c^g_t）は以下の理由で労働者が全額負担することになる．定義により一般訓練による一般的人的資本は，どの医療機関においても賃金を上昇させる．当該医療機関がt期の一般訓練費（c^g_t）全額を負担し，さらに$t+1$期に労働者が他の医療機関に転職してしまった場合，その訓練費用を回収することができない．また当該医療機関が$t+1$期においてMR^g_{t+1}未満の賃金を支払うことにより，その差額で訓練費用を回収しようと

殊性があると考えられる．

25）　厳密な定義に従えば，一般的人的資本は医療部門に限らず，他産業・他職種においても労働サービスの限界生産性を上昇させるが，ここでは便宜のため，医療部門における説明に特化している．

しても，労働者は MR^g_{t+1} に等しい賃金 w_{t+1} を支払う医療機関に転職してしまう．結局，一般訓練の費用は労働者が t 期に全額負担し，t 期には $MR^g_t - c^g_t$ に等しい賃金 w^g_t を受け取り，$t+1$ 期に訓練により上昇した労働サービスの限界収入 MR^g_{t+1} に等しい賃金 w^g_{t+1} を受け取るような賃金設定が合理的となる[26]．

例えば，こうした仮説に基づけば，研修医の賃金が極端に低い理由として，そうした研修は一般訓練の性格が強く，またその費用が高いためと解釈することが可能である．また，2004 年度から施行された臨床研修制度による適正な給与支給の義務化は，こうした一般訓練の費用負担に伴う低賃金問題を解決する 1 つの政策的対応と位置付けられる．

次に**企業特殊的人的資本**に対する**企業特殊訓練**の費用，および訓練期間（t期）と訓練期間後（$t+1$ 期）の賃金設定について考えよう．労働者側の観点からすれば，企業特殊訓練は定義上，当該医療機関においてしか限界収入を引き上げない．そのため企業特殊訓練の費用を t 期に全額負担した場合，$t+1$ 期に解雇された場合，転職しても w_0 以上の賃金は得られず，労働者は企業特殊訓練の費用を回収できない．その結果，企業特殊訓練を受けようとする誘因は低くなる．同様に当該医療機関側の観点から見ても，企業特殊訓練の費用を全額負担した場合，労働者に転職されると，その費用を回収できなくなる．

以上のように問題は $t+1$ 期に雇用が維持されないことにあるので，労使が雇用関係を維持するよう訓練費用負担および賃金設定する必要がある．1 つの方法は企業特殊訓練に対し労使が分担投資することである．

このような訓練費用への分担投資は雇用関係を長期化させると考えられる．労働者は訓練負担が一部軽減されるため t 期に企業特殊訓練を受ける誘因が働き，さらに $t+1$ 期に w_0 より高い賃金が期待できるため転職しない．また医療機関も t 期に訓練費用を一部負担しており，それを $t+1$ 期に回収するため，

26）　現実には一般訓練にかかる費用を雇用主側が負担しているいくつかの証拠と，それを説明する理論モデルもある（Acemoglu and Pischke, 1999 等）．しかし，本章では紙幅の都合で，それについては扱わない．こうしたサーチ理論に基づく，教育・訓練をめぐる近年の理論的研究の動向については，やや高度な内容であるが，邦文では今井他（2007）第 4 章に簡潔にまとめられており参考になる．

$t+1$ 期に労働者を解雇しない.

なお実証分析では,年齢,教育年数や仕事の経験年数を一般的人的資本の蓄積の代理指標,同じ職場での勤続年数を企業特殊的人的資本蓄積の代理指標と見なし,賃金率に対する各々の効果を計測することで各資本の蓄積について議論することが多い[27].

7.3.3 内部労働市場

雇用主側にとって,労働者の能力を正確に把握することは難しい.例えば,労働者を新規に雇い入れる場合,応募してきた各労働者の能力を正確に把握するには費用がかかる.そのような費用を節約するための1つの方法が**内部労働市場**である(Doeringer and Piore, 1971).この内部労働市場の考え方では,労働市場を1次部門と2次部門とに区別する.内部労働市場は1次部門において見られ,長期的な雇用関係と相対的に高い賃金を提供する.一方,2次部門は短期的な雇用関係と相対的に低い賃金を提供する[28].

内部労働市場は一般的にヒエラルキー構造をした仕事およびそれに対応した賃金および長期的雇用で特徴づけられる組織である.新規採用は主に新卒者に限られており,新規採用者には最も低い職位(かつ低い賃金)のポストが与えられる.上位職位のポストが空いた場合には中位職位の労働者を,さらに中位職位のポストが空いた場合には下位職位の労働者を昇進させて順々に埋める.昇進により賃金も上昇する.あるいは同じヒエラルキーでの別の職務での異動も行われる.すなわち,組織内部に労働市場が存在しており,最も低い職位以外は内部労働市場で調達される.

このような内部昇進や内部異動の利点は,組織内に労働者の能力に関する情報が蓄積され,中位・上位職位の労働者を外部労働市場から中途採用する場合と比較して,労働者の能力に関する情報を安価に入手できることである.なぜ

---

27) 人的資本理論に基づく,こうした推計の定式化は Mincer(1974)が行った.そのことから,教育,経験年数,勤続年数などで賃金率を説明する推計式を,特に「ミンサー型賃金関数」と呼ぶ.

28) 内部労働市場,職務配置,昇進に関わる包括的な説明は Milgrom and Roberts(1992)が訳書もあり参考になる.

なら誰を昇進させるべきかの情報は，長期的な雇用関係を通じて蓄積された同じ職位の人々の相対的な能力情報（序数的情報）のみで事足りるからである．

病院間の転職を繰り返す医師のキャリア[29]も医局ネットワークを1つの労働市場として捉えれば，内部労働市場と似通った構造となっている．もっとも医療スタッフが，すべて内部労働市場に属するとは言えない．看護師の労働市場には2次部門があり，結婚・出産・育児を契機として仕事を辞めて再就業する看護師は，2次部門にいる割合が高いという実証分析結果もある（中西・角田，1996）．

7.3.4 「非」効率賃金仮説

医療スタッフのような高い職業倫理と高度な専門性が支配し，労働サービスの質が人々の生死を左右しかねない職種では，労働者の能力を雇用主側が正確に把握できない問題はとくに深刻となる．こうした問題は一種の**効率賃金仮説**の変形（「非」効率賃金仮説）としてモデル化できる．標準的な効率賃金仮説[30]では，雇用主にとって労働者サービスの質や怠業は観察が難しく，市場賃金より賃金率を高く設定することで労働サービスの質向上や怠業抑制が担保される．したがって，より低い賃金でも労働供給をしようとしている求職者が存

---

29) 日本における医師のキャリア形成については吉田（2009）第5章が簡潔にまとめており参考になる．

30) 一般に賃金は労働の限界生産物価値に等しい水準に決定される．しかし特定の状況下で企業は，労働者に対し，それより高い賃金率を設定する可能性があることを，標準的な効率賃金仮説では説明する．主に4種類の説明がある．第1の説明は，労働者の怠業を部分的にしかモニタリングできない場合，市場賃金より高く労働者の賃金を設定し，解雇された場合の機会費用（すなわち市場賃金より高い賃金を失うこと）を生み出すことで，企業は労働者の怠業を防止できるというものである（Shapiro and Stiglitz, 1984）．第2の説明は，採用費用や訓練費用がかかる場合，企業は市場賃金より高く労働者の賃金を設定し，離職を抑制するというものである（Stiglitz 1974）．第3の説明は，労働者の留保賃金と生産性が相関しており，労働者の能力が企業にとって直接観察できない場合，市場賃金より高い賃金を提示することで，より優秀な労働者を集めることができる，というものである（Weiss 1980）．第4の説明は，市場賃金より高く労働者に支払うことで，その企業は市場賃金により引き出せる以上の生産性を従業員から得られるという説明である（Akerlof, 1982）．

在し，雇用主が賃金を引き下げられる状況にあったとしても，サービスの質や怠業が雇用主によって観察不可能である場合，サービスの質低下[31]や怠業を招くことを恐れ，賃金の引き下げは行われないことになる．

しかし，この（標準的な）効率賃金仮説は，医療スタッフ「不足」を前提として議論する際，必ずしも直接適用することができない．こうしたことから，医療スタッフについては，医療機関側から労働サービスの質を完全には把握できないことを前提に，賃金の引き上げが逆に労働サービスの質低下をもたらすような理論モデルも提示されている．

例えば医療機関側からは観察できない高品質な労働サービスと低品質な労働サービスが混在している状況を考える．高品質な労働サービスを提供する労働者は賃金上昇ばかりでなく労働サービス提供自体からも効用を得るため，相対的に賃金が低くても就労すると仮定する．ここで，サービス供給量を増大させるために賃金を引き上げると，低品質な労働サービスを提供する労働者の就労が増え，その比率を上昇させ，平均的サービスの質を低下させる可能性がある（Heyes, 2005）．また，質の高い労働サービスを提供しようとする内発的動機自体が，賃金が高くなることによりクラウディングアウトを起こす（押し出され，消滅する）可能性も指摘されている（Frey, 1993；1997；Kreps, 1997；Le Grand, 2003）．

限られた財源をどのように効率的に用いるのかという観点から，職場環境や賃金率と，医療機関側からは不完全にしか観測できない医療スタッフの労働サービスの質との関係の分析は，日本においても今後重要な研究課題と考えられる．また，その前提として医療機関ごとの医療スタッフに関する情報（卒年，経験年数，収入，世帯属性，医局との関係，職歴等）と診療報酬明細（レセプト）データを接合したような新たなデータ・セットの整備も必要である．

---

31) イングランドにおいて全国一律の看護師の賃金規制の結果，市場賃金よりも規制された看護師の賃金が相対的に下がる地域が生じた．それにより労働サービスの質の低下が生じ，その影響は，看護師の相対賃金の10%低下で，心筋梗塞による緊急入院患者の死亡率7%上昇と評価されている（Propper and Van Reenen, 2010）．

第 III 部

経済合理性の枠組みを超えて

第 8 章

誘発需要と情報の非対称性

8.1 情報の非対称性と誘発需要仮説

　本章では，医療サービスが持つ重要な性質の1つである情報の非対称性（asymmetric information）に関する議論を紹介する．情報の非対称性とは，需要側と供給側で，消費財に関する情報に格差があるような状況を示す．特に医療分野においては，診断や治療などに関する医学的な知識は，患者（需要者）よりも医師（供給者）の方がはるかに多くの情報を保有している場合が多い．これまでの章で紹介されてきたモデルでは，医師は患者の効用を最大にする医療サービスを供給することが暗黙のうちに仮定されている．しかしながら，情報が非対称である場合，患者は提供された医療サービスが自身にとって本当に最良なものなのかどうかを判断することができない．もし医師[1]がこのことを把握していれば，例えば，自身の金銭的なインセンティブに従って過剰な医療を提供するかもしれないし，また，患者の関心事よりも社会の関心事（例えば，医療過誤）に応じて必要以上の医療を提供するかもしれない．このうち，

---

1)　米国の場合，医師はオープンシステムで働いており，病院と医師への支払いは別であるため，医師は患者の代理人であると同時に経済主体として活動する．しかしながら，日本では，保険による支払いは医療機関という法人に対してなされる．厚生労働省の『平成20年　医師・歯科医師・薬剤師調査』によれば，国内の医療機関に従事しているおよそ7割が勤務医であり，彼らは固定給であるため金銭的なインセンティブを持つとは考えにくい（Grytten and Sørensen, 2001）．したがって，本章のこれ以降で登場する「医師」は，「法人としての医師」として解釈するのがよい．

前者の例に関連する医師の行動を取り扱ったテーマが，医師誘発需要仮説（Physician-induced demand（PID）hypothesis）と呼ばれる議論であり，McGuire（2000）で は，"Physician-induced demand exits when the physician influences a patient's demand for care against the physician's interpretation of the best interest of the patient." と定義されている．医師によって誘発された医療サービスは，患者の利益（健康の改善）には貢献しない可能性が高いため，それに伴って発生する医療費は，社会的な損失であると言える．それ故に，今日までにも，多くの研究者が誘発需要の存在について検証を重ねてきたが，未だに一致した見解は得られていない．しかしながら，誘発需要の存在は，さまざまな医療政策に対して，多くの政策的含意を有するため，この存在をめぐる議論は，学界だけではなく，医療政策担当者の間でも，非常に重要なテーマの1つとして位置付けられている．

　ただし，医療サービスの成果（例えば，患者の健康の改善度）を一元的に計測するのは非常に困難であるため，多くの研究では，「医師や医療機関が負の所得ショックに直面した際に，彼らはどう反応をするのか」，具体的には，「地域内の競争激化や医療制度改革といった医師や医療機関を取り巻く環境の変化が，診療密度や医療費といった医療供給量にどのような影響を与えてきたのか」を評価することによって検証されてきた．しかしながら，これらの変数間に相関関係があることが，即座に，誘発需要が存在することを意味するわけではない．なぜならば，診療密度や医療費は，人口増や高齢化の進展，疾病構造の変化，医療へのアクセスの程度，医療技術の進歩などの多面的な要因によって変動するためである．また，誘発需要の発生は，その国の医療を取り巻く環境によって大きく左右されるという指摘もある（河口，2009，4章）．したがって，誘発需要が実際に存在するか否かは，上述のさまざまな要因から誘発需要の影響のみを抽出して検証する必要がある．本章では，そのような観点を重視しながら，誘発需要に関する議論をまとめている．本章の構成は以下の通りである．8.2節では，医師の医療供給行動を簡潔にまとめているMcGuire（2000）のモデルを紹介する．8.3節では，誘発需要に関する代表的な実証研究を概観し，それらに付随する分析上の問題点とそれらへの対応例を紹介する．8.4節では，実際の診療では，データ上，誘発需要との識別が困難な診療を取

り扱った研究例を紹介する．8.5 節は，本章のまとめとして，日本における誘発需要の研究例についてまとめる．

8.2 McGuire モデル

第 2 章で述べられているように，医療サービスは，通常の消費財とは異なるさまざまな性質を持つ財であるため，通常のミクロ経済学のフレームワークを用いて分析を行うことは困難である．例えば，地域や専門，医療の質などの違いにより，居住地域周辺に分布している医師や医療機関は，患者にとって完全に代替できるものではない．本節では，こうした環境にある財を分析する際に，しばしば採用される独占的競争モデル[2]（monopolistic competition model）を医療サービス需給の分析に応用した McGuire（2000）のモデルを紹介する[3]．

まず，医師は患者に対する医療サービス供給量 x のみを決めることができるとし，その際に 1 単位当たり一定の費用 c が発生するものとする．一方で，患者は，医師から提供された医療サービスをすべて需要するものとし，その際に便益 $B(x)$ を得る[4]．また，患者は医療サービスの対価 p を医療機関に支払う．ただし p は政府や保険者などの第三者機関が決定する固定価格（診療報酬点数）であり，$p > c$ を満たすとする[5]．このとき，患者の純便益 $NB(x)$ は，$NB(x) \equiv B(x) - px$ と定義することができ，患者は純便益の水準によって，自

---

2) 独占的競争とは，供給者は製品差別化によって自己製品の独占市場を持つが，類似した財を供給する多数の供給者が存在するため，それらとは競争関係にあるような市場のことを示す．詳細な解説については，中級以上のミクロ経済学の教科書を参照されたい．

3) この他の誘発需要の代表的な理論モデルには，医療供給密度の変化による影響を分析した Evans（1974），プリンシパル＝エージェント関係のフレームワークを用いている Dranove（1988）や Xie *et al.*（2006），そして診療報酬改定の影響を分析した McGuire and Pauly（1991）などがある．

4) この便益 $B(x)$ には，健康の改善度だけではなく，患者への指導や教育の効果，タイムコスト，苦痛などの医療サービス利用に関するさまざまな便益や費用が含まれるものと仮定する．また，議論を簡単にするため，他財の需要や所得，医療サービスの種類，及び医療保険の存在は捨象している．なお，吉田（2009，2 章）では，本節のモデルに医療保険を加えた拡張版が紹介されている．

5) これは医師の市場への参加制約である．

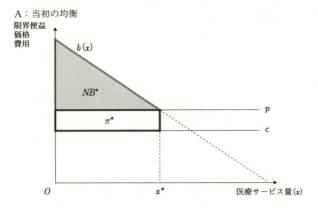

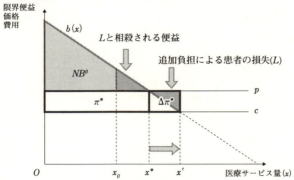

注1) McGuire (2000) Figure 2, 3 より，筆者作成．

図 8-1　McGuire モデル

身が通院する医療機関を選択する．こうした状況の下で，患者の便益が最大になる医療サービスの水準 x^* は，図 8-1A のように示される．ただし，$b(x)$ は患者の限界便益である[6]．このときの患者の純便益は NB^*，医師が患者1人を

---

6) 限界便益とは，医療サービス x の消費が一単位追加的に増加した場合に，患者が得る追加的な便益と定義される．つまり，$b(x)=B'(x)$ であり，$b(x)$ は $b'(x)<0$，$b(0)>0$ であるとする．なお，ここで需要関数ではなく，便益関数を用いられている理由は，医師の利潤最大化行動が，需要関数には現れないであろう価格と供給量の組み合わせを考えているためである（McGuire, 2000）．

第8章 誘発需要と情報の非対称性　　　151

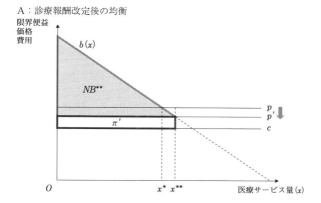

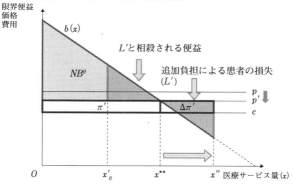

注1) McGuire (2000) Figure 2, 3を参考に，筆者作成．
図8-2　McGuireモデル（診療報酬削減改定の影響）

診療することで得られる利潤 π^* は $\pi^* = (p-c)x^*$ となる．

ここで，この地域に同質の医師が新規参入してくるケースを考えてみよう．このとき，既存医師の一部の患者は参入医師のところにシフトするため，既存医師の総利潤は減少する．このとき，既存医師は，所得損失を補うために需要を誘発するが，ここでこの医師が直面する問題は，「どの水準まで追加的に医療サービスを供給するか」というものである．誘発需要は，患者自身の健康の改善には貢献しないため，この場合には，患者には，負担 L だけが追加的に発生することになり，これは純便益と相殺される．また，患者は純便益がある

水準（これを NB^0 とする）を下回ると，現在通っている医師から，別の医師の医療機関に移ってしまうため，既存医師は最低でも NB^0 以上の便益が得られる x_0 以上の医療サービスを提供する必要がある．具体的には，図 8-1B のように，患者の純便益がちょうど NB^0 になるような医療サービス x' を供給して，追加的な利潤 $\Delta\pi^*(=(p-c)\times(x'-x^*))$ を得る．

このモデルを応用して，診療報酬点数のマイナス改定が行われたケースを考えてみよう．いま，政府が医療サービス価格を p から p' に変更したとする（つまり，$p'<p$）．この時，図 8-2A にあるように，患者の純便益 NB^{**} は以前よりも増加するが，医師の利潤 $\pi'(=(p'-c)x^{**})$ は以前より減少する．こうした利潤減を経験した医師は，図 8-1B のケースと同様に，患者の純便益がちょうど NB^0 になるように x'' まで需要を誘発し，追加的な利潤 $\Delta\pi'(=(p'-c)\times(x''-x^{**}))$ を得る（図 8-2B）．一方で，患者には追加的な負担（L'）が発生し，純便益 NB^{**} の一部と相殺されてしまう．結果として，このときに患者が得る純便益は，最低限の医療（x_0）を受けた時と同じ水準である $NB^0(=NB^{**}-L')$ にまで減少してしまう．

8.3 誘発需要の実証分析[7]

前節の McGuire モデルで示されたように，医師によって誘発された医療サービスは，必ずしも患者の健康増進や便益につながらない可能性があるため，こうした医療サービス供給に伴って発生する医療費は，社会的な損失であると言える．したがって，実際のデータを用いて，誘発需要の存在を科学的・統計的に検証することは，さまざまな医療政策に対して，多くの重要な政策的含意を提供することができると言える．本節では，誘発需要に関する代表的な実証研究を概観し，それらに付随する分析上の問題点とそれらへの対応例を紹介する．

---

7) 本節の内容は，中級以上の計量経済学の知識を前提としている．例えば，川口（2008）は，応用計量経済学の基礎理論を，労働政策の評価への応用も含めた形式で解説を行っており，非常に参考になる．

8.3.1 地域内の競争激化と誘発需要

古くから指摘されている誘発需要の要因の1つは，地域内の競争の激化によるものである．すなわち，地域内の患者の発生確率が変わらない場合，医療供給密度（人口当たり医師数や同病床数など）が増加すれば，既存医師の所得や既存の医療機関の利潤は減少する．そこで，医師や医療機関はそれを補塡するために過剰な医療を提供する，というものである．こうした議論は，Roemer（1961）によって，多くの疾病において，人口当たり病床数と入院率・平均在院日数の間に正の相関関係があることが発見されたことから，Roemer 効果と呼ばれている．すなわち，病床は空けておくよりも，そこに患者を入院させた方がより多くの収入を得ることができるため，医師は患者の入院率や平均在院日数の延長に影響力を行使しているという解釈である．図 8-3A・B は，2008年度の都道府県別の1人当たり医療費と医療供給密度（10万人当たり医師数，同病床数）の関係を示したものであるが，これらの変数間には，いずれも正の相関があるので，Roemer 効果は日本でも存在するように見える．すなわち，競争が激しい（医療供給密度が高い）地域の1人当たり医療費が高い理由は，誘発需要によるものであるという解釈ができそうである．

しかしながら，これらの正の相関関係は，誘発需要が存在していなくとも観察される場合がある．その第1の例は，医療費の高い地域に医師が集まるという逆の因果関係の存在である．この逆の因果関係と誘発需要を識別するために，Fuchs（1978）や Cromwell and Mitchell（1986）などは，操作変数法[8]を用いて検証を行い，いずれも誘発需要の存在を確認している[9]．第2の例は，医療供給密度の増加は，患者の医療機関へのアクセスを改善させるため，それによって需要が増え，結果としてその地域の医療費が増加するという因果関係の存

---

8) 操作変数法とは「説明変数の動きのうち外生的な要因によって変動している部分だけを使って，説明変数から被説明変数への因果関係を推定する方法」である（川口，2008）．

9) しかしながら，この対応方法には，いくつかの批判がある．具体的には，(1) 要素価格の変動が不十分な操作変数を用いていること（Auster and Oaxaca, 1981），(2) 省略変数バイアスの存在（Phelps, 1986；Gruber and Owing, 1996），(3) 越境受診の影響（Dranove and Wehner, 1994），そして (4) 分析方法の妥当性に関する疑念（Dranove and Wehner, 1994）である．

A：1人当たり医療費と10万人当たり医師数

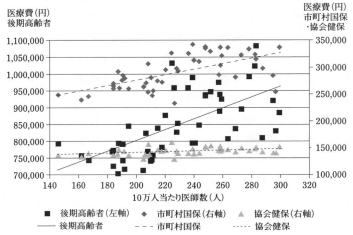

B：1人当たり医療費と10万人当たり病床数

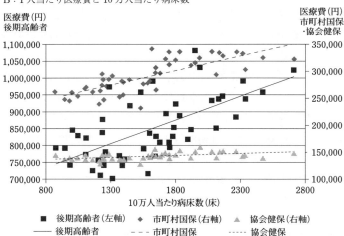

注1) 以下のデータを用いて，筆者が作成．
　　医療費（市町村国保・後期高齢者）：『平成20年度国保医療費の動向』，国民健康保険中央会．
　　医療費（協会健保）：『都道府県医療費の状況（平成20年度）』，全国健康保険協会．
　　10万人当たり医師数：『平成20年　医師・歯科医師・薬剤師調査』，厚生労働省．
　　10万人当たり病床数：『平成20年　医療施設（静態・動態）調査』，厚生労働省．
注2) それぞれの相関係数は，以下の通りである．
　　A：後期高齢者：0.649，市町村国保：0.625，協会健保：0.425．
　　B：後期高齢者：0.645，市町村国保：0.774，協会健保：0.505．

図8-3　1人当たり医療費と医療供給密度（都道府県別）

第 8 章 誘発需要と情報の非対称性 155

在である．これらの影響を識別するために，Rossiter and Wilensky（1983, 1984）などは，医療需要を，患者主体的な需要と医師の裁量的な需要に分けて分析を行っている[10]．これらの研究では，医療供給密度が後者に正で有意な影響を与えていることが，誘発需要が存在を示唆するとしている[11]．第 3 の例は，医療供給密度の水準によっては，誘発需要がなくとも，医療供給密度と医療費の間に正の相関関係が観察されるケースである．例えば，無医村に新たに医療機関ができれば，超過需要が解消されるため，結果として，その地域の医療費は増加する．この因果関係と誘発需要を識別するために，Grytten and Sørensen（2001）などは，医療供給密度の高低で，サンプルを分けて分析を行っており，競争が激しい高密度地域において，医療供給密度が医療サービス量や診療密度に正で有意な影響を与えていれば，誘発需要は存在するとしている．

このように，医療供給密度によるアプローチは，誘発需要と他の要因との識別が難しいため，誘発需要の存在を精確に検証することが困難であることがうかがえる．また，医師誘発需要の一連のメカニズムを医療供給密度だけを代理変数として考慮すること自体にも，限界がある可能性も否定できない．

8.3.2 医療制度改革と誘発需要

医療費の高騰化は，近年の先進諸国が抱える共通の政策課題であり，多くの国々ではそれを抑制するために，診療報酬点数のマイナス改定や実質的にそれを含む医療制度改革を実施している．日本でも，2000 年代の前半から半ばにかけて，診療報酬本体部分のマイナス改定が行われた．しかし，こうした改革は，医師の収入や医療機関の利潤に直接影響を及ぼすものであるため，所得の減少を経験した医師の中には，誘発需要を行って所得補填する者も存在するかもしれない．もし，こうした動きが一部にとどまらなければ，こうした政策の効果は，政策当局が想定していたものよりもはるかに小さく抑えられることに

---

10) こうした分析方法は，Two-part model と呼ばれている．例えば，Manning *et al.*（1987）や Escarse（1992），Pohlmeier and Ulrich（1995），Deb and Trivedi（2002），増原（2004b），湯田（2007）などがある．

11) Two-part model で医療需要関数の推定を行う場合の注意点は，Manning（1998），Mullahy（1998），Manning and Mullahy（2001），Buntin *et al.*（2004）などで議論されている．

156　第 III 部　経済合理性の枠組みを超えて

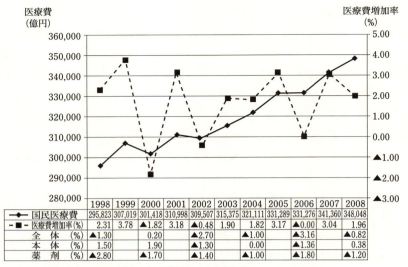

注1）『平成20年度　国民医療費』（厚生労働省）より，筆者作成．
注2）▲は，マイナスを示す．

図 8-4　国民医療費の推移と診療報酬改定

なる．実際に，Rice（1983），Hurley and Labbele（1995），Nguyen and Derrick（1997），Yip（1998），Giuffrida and Gravelle（2001），Iversen（2004），Nassiri and Rochaix（2006）などでは，誘発需要の影響によって，こうした制度改革が，医療費の削減にはつながっていないことを示唆する結果が得られている[12]．

図 8-4 は，日本の近年の国民医療費と診療報酬点数改定の推移をまとめたものである．一般的に，診療報酬点数が 1% 増加すると，医療費は約 3,600 億円増加すると言われているため，それを踏まえれば，2002 年度と 2006 年度の医療費は前年に比べて 4,000 億円程度減少するはずである．しかしながら，両年度の医療費は，前年とほとんど変わらない水準で推移しており，また翌年には，医療費は再び増加に転じている．こうした医療費の推移は，一見すると誘発需要によるものであると説明できそうである．

---

[12]　もちろん，診療報酬点数の削減改定があっても，特に変化は見られなかったということを確認している研究も存在する（例えば，Dafny, 2005）．

第 8 章　誘発需要と情報の非対称性　　157

　しかしながら，こうした医療費の推移は，誘発需要が存在していなくとも観察される場合がある．例えば，この時期に進展した人口の高齢化に伴う医療費の自然増が，マイナス改定の影響と相殺されたため，医療費が図 8-4 のように推移したかもしれない．また，自己負担率が定率の医療保険制度では，診療報酬点数のマイナス改定は，自己負担額の下落を意味する．したがって，マイナス改定後に医療費が減少しなくても，それが誘発需要によるものなのか，それとも直面価格の下落による患者の需要増によるものなのかを正確に識別することは難しい．また，Evans（1974）や McGuire and Pauly（1991）などの理論モデルでは，医師は所得と余暇からは効用を得るため，誘発需要を行うインセンティブを持つが，誘発需要を行うこと自体が不効用をもたらすため[13]，最終的にこれらは相殺されると仮定されている．すなわち，マイナス改定後に供給量や医療費が減少しなくても，それが誘発需要の存在を否定するものなのか，それとも，単にこれらの効果が相殺されただけなのかを識別することは困難である．

　このような制度改革というイベントを分析に用いる最大の利点は，これらが医師にとって完全に外生的な環境変化であるため，医療供給密度の変化を用いた分析の際に問題となった因果関係の識別問題を克服できることにある．しかしながら，こうしたアプローチをもってしても，誘発需要と他の要因との識別が難しいため，その存在を精確に検証することが困難であることがうかがえる．

8. 3. 3　誘発需要の識別問題への対応

　近年の実証研究では，特殊な環境変化を利用して，誘発需要の影響だけを推定する分析が試みられている．ここでは，本節のまとめとして，それらの研究例を紹介する．まず，誘発需要の存在を支持する結果を得ている研究には，地域の出生率の減少が，高収益の帝王切開手術件数に与える影響を分析した Gruber and Owing（1996），診療報酬が削減された Medicare 患者に対する診療密度の変化と，相対的に高収益となった民間保険患者への手術を積極的に行うかどうかを検証した Yip（1998），新卒医師と退職間際の医師をサンプルから

---

13)　例えば，誘発需要という行為が，医師としての使命感や倫理観に反するといった良心の呵責を感じる場合などがあげられる．

除外することによって，医師密度の内生性の問題に対応した Delattre and Dormont（2003），ノルウェーで試験的に導入された包括払い制度の導入が，診療密度に与えた影響を分析している Iversen（2004），ケベック州における通時的な診療相対価格の変化を，パネルデータを用いることによって規制の変化だけなく，医師の異質性も考慮して分析を行った Nassiri and Rochaix（2006）などがある．一方で，誘発需要の存在に否定的な見解を示している研究には，医師を開業医と勤務医という異なる金銭的なインセンティブを持つグループに分けて分析を行った Grytten and Sørensen（2001），医師本人や配偶者などの非診療所得や資産額が，診療密度に与える影響を検証した Grytten *et al.*（2001）や Carlsen *et al.*（2009），そして，ノルウェーで 2001 年に導入された患者リスト制度が，患者のプライマリーケアへのアクセスに与えた影響と，プライマリーケア医師の医療サービス生産に与えた影響を分析している Grytten and Sørensen（2007, 2008）などがある．

8.4　誘発需要に関するその他の重要な議論

8.4.1　患者の健康への貢献度に関する議論

　Labelle *et al.*（1994）は，それまでに発表された誘発需要に関する研究では，誘発需要とされる診療が患者の健康水準に与える影響についてほとんど議論がなされていなかったことを指摘した上で，それらを考慮した誘発需要の概念的なフレームワークを構築した．具体的には，「エージェンシー関係の有無」と「提供された医療サービスの効果の有無」という 2 つの尺度を用いて，医療サービスを表 8-1 のように分類した[14]．その上で，誘発需要として分類されるべき医療サービスは，IVa（効果がなく浪費的な医療サービス）と IVb（効果がなく有害な医療サービス）に含まれるものであるとした[15]．また，彼らは，こ

---

14)　これは，医師個人と患者個人，及び特定の医療サービスを整理したものであるが，医療制度内の配分効率性を議論するためには，これを社会全体に拡張する必要がある．その場合には，それぞれの質問を，「医療サービスは，国民の健康水準の改善に貢献しているか？」と「社会的な意思決定者が医師と同じ情報を持っている場合，社会はその医療サービスを需要するか？」に置き換えることが有用である（Labelle *et al.*, 1994）．

第 8 章　誘発需要と情報の非対称性　　　159

表 8-1　Labbele *et al.*（1994）による医療サービスの分類

		医療サービスの効果「提供された医療サービスは，患者の健康水準の改善に貢献しているか？」		
		Yes	No	
			効果なし	有　害
エージェンシーの効果「患者が医師と同じ情報を持っている場合，患者はその医療サービスを需要するか？」	Yes	I	IIIa	IIIb
	No	II	IVa	IVb

注 1）Labbele *et al.*（1994）Figure 1 より，筆者作成.

うした誘発需要への対策には，追加的な診療を提供するインセンティブを取り除くような支払い方式の導入（例えば，出来高払いの支払い方式を，固定給や上限制，及び定額支払い方式に変更する）や，医療サービスの効果に応じた診療報酬体系の設定が効果的であると述べている.

8. 4. 2　防衛的医療

　防衛的医療（defensive medicine）とは，医療提供者が医療過誤や訴訟などの法的責任に対する不安を避けるために，本来は必要のない診療や検査を実施することを指す．こうした医療は，患者の健康の改善にはあまり貢献しないと考えられるため，誘発需要と同様に過度な医療給付を生じさせていることになる[16]．防衛的医療に関する代表的な研究には，医療過誤を訴えられるリスクが帝王切開の実施確率に与える影響を分析した Localio *et al.*（1993）や Dubay

---

15）　I と IIIa，IIIb の医療サービスは，そもそも情報の非対称性が生じていないため，誘発需要には含まれない．また，II については，患者の健康水準を改善させる（8. 2 節のモデルで解釈すると，*NB* が増加する）医療サービスが提供されるため，これも誘発需要には含まれない.

16）　なお，Danzon（2000）や宮本（2009，11 章）は，医療過誤や防衛的医療に関する経済分析をサーベイしている．特に宮本（2009，11 章）では，近年に日本で起こった医療事故にも触れている.

et al. (1999), 医療提供者の医療過誤に対する法的責任を軽減する法改正が, 診療密度と患者の術後の健康状態に与える影響を検証した Kessler and McClellan (1996, 2002a, 2002b) などがある. このうち, Localio *et al.* (1993) と Dubay *et al.* (1999) では, 医療過誤を訴えられるリスクが, 帝王切開実施確率を増加させることを確認しており, 特に Dubay *et al.* (1999) では, 医師の防衛的な反応は, 母親の社会経済的な状態によって異なることも明らかにしている. また, Kessler and McClellan の一連の研究では, 法改正によって, 死亡や合併症に関する実質的な効果を含まずとも, 医療費は 5-9% 減少したこと (Kessler and McClellan, 1996), managed care 加入率が高い地域と低い地域において, 防衛的な診療が減少していること (Kessler and McClellan, 2002a) が示されている. さらに, Kessler and McClellan (2002b) では, 法改正が医療過誤の発生確率や原告への補償を引き下げたことによって, 生産性が向上したことが確認されているが, その他にも, クレームへの対応に費やされる時間やクレーム数を減少させた他の政策が, 防衛的医療を実質的に減少させたという結果が報告されている. 加えて, 医療過誤に対する重圧が, 診断の決定に対して, 有意で大きな影響を与えていることを確認している.

8.5 まとめ：日本で誘発需要は起こり得るか？

本章では, 医療サービスに関して情報面で優位な立場にある医師が, 自身の所得が減少するような状況に直面した場合, 患者の健康の改善に貢献しない医療を提供して所得補填を行うという医師誘発需要仮説に関する議論を紹介した. 誘発需要によって発生する医療費は, 患者の便益にならないという意味で, 社会的な損失であると言える. 今日までにも多くの研究者がその存在について検証を重ねてきたが, 誘発需要と他のさまざまな要因とを識別するのが非常に困難であることなどから, 未だに一致した見解は得られていない. しかしながら, 誘発需要の存在は, さまざまな医療政策に対して, 多くの重要な政策的含意を有するため, この存在をめぐる議論は, 学界だけではなく, 医療政策担当者の間でも, 重要なテーマの1つとして, 古くから位置付けられている.

本節では, 本章のまとめとして, 日本の医療を取り巻く環境を踏まえながら,

第 8 章　誘発需要と情報の非対称性　　　161

日本の誘発需要に関する研究例をまとめたい[17].

　まず，日本で主に採用されている出来高払制の支払い方式は，追加的な診療を行うことで所得を増やすことができるということから，誘発需要を引き起こす要因であることが広く知られている．一方で，1980 年代に導入された病床規制や医学部定員削減策は，誘発需要による医療費増を抑制する目的で導入されたものであると言われている．また，日本の公的医療保険による医療費の支払いプロセスでは，審査支払機関と保険者による診療報酬明細（レセプト）の二重チェックが行われており，誘発需要のように診療行為の妥当性が認められないレセプトは，医療機関に返戻するなどの措置が取られている[18].　また，自身の医療機関に何らかの悪評がたてば，患者が他の医療機関に流出し，結果として自身の所得を減少させる可能性があることから，フリーアクセスの存在が，誘発需要を未然に防止する役目を担っているとも考えられる．つまり，これらの状況証拠からは，日本で誘発需要の存在が本当に認められるかどうかを判断することが難しいと言える.

　日本における代表的な研究例は，医療供給密度との関係を分析した西村（1987，3 章），泉田他（1998），鈴木（1998），岸田（2001），山田（2002）や，2002 年度の診療報酬のマイナス改定による影響を検証している鈴木（2005a），そして医師の薬剤処方に関する分析を行っている Iizuka（2007）がある[19, 20].　このうち，西村（1987，3 章），泉田他（1998），山田（2002）[21]，鈴木

---

17)　それ以前に，そもそも医師が本当に金銭的なインセンティブを持っているのかということも重要な論点の 1 つである．この点については，河合・丸山（2002）や Yoshida and Kawamura（2009）が，1996 年に導入された老人外来と小児外来に対する支払い方式の選択制度（出来高払と包括払）導入（いわゆる外総診）の効果を検証している．その結果，双方の研究において，医療機関が支払い方式を選択できた制度であったことが医療費の上昇に大きく寄与していたことや，医療機関は，点数や包括払の範囲を考慮に入れた上で包括払制を採用し，かつ診療行為の内容なども変更し得ることが確認されている.

18)　Yuda（2013）は，保険者レベルのレセプトの内容点検結果を誘発需要の代理変数として，誘発需要の発生要因と誘発需要が医療費に与える影響を分析している.

19)　この他にも，歯科を分析対象としている研究に，山田（1994），安藤他（1997），佐藤・大日（2003）などがある.

20)　2000 年 4 月に施行された介護保険制度も，医療保険制度と類似した制度設計になっているため，誘発需要によって介護費が過度に増加する可能性が指摘されてい

（2005a）が誘発需要の存在を示唆する結果を得ているが，鈴木（1998），岸田（2001）では，その影響は限定的であるという結果を得ている．また，Iizuka（2007）は，医師の処方選択は薬剤のマークアップに影響されるが，それ以上に医師は患者の自己負担額を気にかけているという結果を得ている．このように，誘発需要の存在に関する結果の相違は，国内の研究でも見受けられるようである．これらの研究のうち，鈴木（1998），岸田（2001），山田（2002），鈴木（2005a）は，誘発需要とアクセスの改善・超過需要との識別を行っているが，いずれの研究も，8.3節で述べた医療供給密度の内生性の問題や，診療報酬点数改定との他の要因の識別，そして患者への健康の貢献に関して対処していない研究が多いこともまた事実である．したがって，日本で本当に誘発需要が存在しているのか否かに関しては，詳細なデータを，分析上の問題を可能な限り克服した分析手法によって得られた結果を吟味する必要があるが，それは今後の重要な研究課題であると言える．

る．しかしながら，介護サービスに対する情報の非対称性の程度は，医療に比べて小さいと考えられるため，その影響は小さいと予想される．なお，介護分野の誘発需要を検証した研究には，山内（2004），湯田（2005），Noguchi and Shimizutani（2009）などがあり，いずれも供給者密度の変化が誘発需要を引き起こすかどうかを検証している．その結果，山内（2004）では，訪問介護市場における誘発需要の存在を確認しているが，湯田（2005）および Noguchi and Shimizutani（2009）では，その存在は限定的であるという結果を得ている．これらの結果の相違は，山内（2004）が，誘発需要とその他の因果関係を識別せずに検証していることに対して，湯田（2005）と Noguchi and Shimizutani（2009）では，Two-part model を応用した検証を行っている点に違いがあることから生じている．

21）ただし，山田（2002）が計測している弾力値は，岸田（2001）の計測結果に極めて近い値となっているため，誘発需要の影響は限定的であると解釈するのが妥当であると思われる．

第 9 章

医療における価格・計画，競争・規制

　これまでの章において，患者や医師をはじめとする医療従事者及び医療機関の行動についての経済学的分析について説明が行われてきた．それぞれの章においてはそれぞれの主体の行動についての説明がなされたが，その行動の結果として社会がどのような状態になるかは説明されていない．それぞれの主体の行動が「よい」社会の状態に帰結するのか否か，もししないとすればよりよくするためには何が必要なのか，が重要な課題となる．

　一般の財・サービスの生産量や消費量，価格の決定はほぼ「市場」を通じて行われている．他方，医療サービスの生産や消費の場面においては，規制などを通じて政府が影響力を行使している．この章では，経済学がどのように市場やそこで働く価格の機能を捉えているかが説明される．次に，価格の機能が働かない場合について説明される．その上で，市場の機能と政府の機能，それぞれの長所と短所について説明が与えられる．

9.1　資源配分を評価する基準

9.1.1　市場均衡とパレート効率性

　経済学の立場から，資源配分の望ましさを評価する基準は，主に2つあると言える．1つは「効率性」であり，もう1つは「衡平性」である．衡平性にはさまざまな基準がある．最も明快な基準は誰にとっても等しくあること，すなわち"平等"であることと考えられる．しかしながら，"何に関する平等か"によって，その意図するところはさまざまに分かれる．それに対して効率性の基準は，資源の利用において「無駄がない」状態と言い表される．すなわち生産

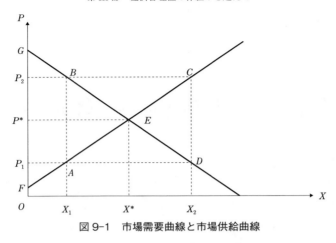

図 9-1　市場需要曲線と市場供給曲線

において無駄なく生産要素を使い切っている状態であり，かつ消費においても財・サービスの交換の余地がない——誰かの効用を下げずして，もはや他の誰かの効用をあげられない——ように，財・サービスが配分されている状態，である．こうした効率的な資源配分は，市場において特段の情報収集のコストを必要とすることなく，価格をシグナルとして，需要と供給の一致する点である「均衡」で自動的に達成される．ただし，このときの市場は"いくつかの条件を満たす"完全競争市場でなければならない．完全競争市場の具体的な条件は後述されるが，まずはベンチマークとして完全競争市場を前提としつつ，市場均衡における資源配分の効率性について説明する．

　いま，ある財の市場における需要曲線と供給曲線を描いたのが図 9-1 である．縦軸に価格 P を，横軸に数量 X をとっており，点 E で需要と供給が均衡しているのがわかる．市場均衡では，効率的な資源配分が達成されている．市場均衡以外の水準で生産，消費を行うことは非効率的である．この点を確かめるべく，まずは市場均衡における資源配分を余剰分析で評価してみよう．図 9-1 でいうと，市場均衡における消費者余剰は，消費者が X^* まで消費するのに支払ってもよいと考える総額を示す面積 GOX^*E から，実際の支払額である面積 P^*OX^*E を引いた面積 GP^*E である．生産者余剰は，生産者が X^* まで生産することで得られる収入である面積 P^*OX^*E から，それにかかる費用の総額

である面積 FOX^*E を差し引いた面積 P^*FE が相当する．よって市場均衡の資源配分における社会的余剰は消費者余剰と生産者余剰の和からなる面積 GFE で示される．

これに対して市場均衡以外の資源配分はどのように評価されるであろうか．（完全競争市場であるとき）供給曲線は生産における限界費用曲線と一致しており，需要曲線は限界便益を表示していた点を思い出して欲しい．図9-1において，仮に市場均衡点よりも低い X_1 の水準で生産が行われている場合，限界便益が限界費用を上回る．これは追加的一単位に対して消費者が P_2 を支払ってもよいと考えていて，生産者はそれより低い費用 P_1 で生産できるにもかかわらず，生産がされていない状態を意味する．このとき，市場均衡における社会的余剰 GFE に比べ，X_1 までしか生産しないことで，面積 BAE だけの潜在的な社会的余剰が失われていることになる．生産をもっと増やせば，社会的余剰をより高めることができる．よって市場均衡より低い水準での生産は資源を有効に使いきっていないという点で，非効率的である．

逆に，市場均衡よりも高い X_2 の水準で生産が行われている場合，限界便益が限界費用を下回る．これは追加的一単位に対して消費者が P_1 しか支払う意思がないのに，生産者はそれより高い費用 P_2 で生産していることに他ならない．市場均衡における社会的余剰 GFE に比べ，X_2 まで生産することで，面積 CDE だけの社会的余剰が失われることになる．限界便益が限界費用を下回る限り，もっと生産量を減らせば，社会的余剰をより高めることができる．よって市場均衡より高い水準での生産は，資源を無駄に使っているという点で，非効率的である．

このように市場均衡以外のところで生産，消費する場合，得られていたはずの社会的余剰が得られていない，あるいは失っているという意味で，資源配分に無駄があると言える．一方，市場均衡では資源が無駄なく使われており，社会的余剰が最大化されている．社会的余剰が最大化されている資源配分の状態を**パレート効率的**という．完全競争市場における市場均衡で達成される資源配分は，パレート効率的であることを，**厚生経済学の第一定理**という[1]．

---

1) 本章では医療財サービスという一財の市場に着目した部分均衡分析の枠組みで解説したが，複数の財・サービスからなる市場を踏まえた，一般均衡分析の枠組みに

166 　第 III 部　経済合理性の枠組みを超えて

供給曲線および需要曲線の背景には，それぞれ生産者の利潤最大化行動および消費者の効用最大化行動がある[2]．厚生経済学の第一定理は，次のように換言できよう．完全競争市場において，生産者は生産要素の価格に従って効率的な生産要素の組み合わせを選択するとともに，利潤を最大化すべく，財の価格に従って生産量を決定する[3]．消費者は自分の厚生がこれ以上増加しなくなるような組み合わせを見つけるべく，予算制約と財の価格に従いつつ生産された財・サービスを購入する．こうして市場において価格を媒介にして生産と消費が行われることで，誰かの厚生を悪化させずして，別の誰かの厚生を改善することはできないという，パレート効率な配分に至る．

9.1.2　パレート効率性基準の問題点と拡張可能性

そもそもパレート効率性基準に則って資源配分に関する社会的判断を行える状態は，現実には稀である．ある資源配分から別の資源配分へと変更する場合，多くの人の厚生が改善されたとしても，1 人でも厚生が改悪されれば，そのような資源配分の変更はパレート効率性基準の観点からは受け入れられない．パレート効率性は現実の社会状態を評価するには厳しい基準である．そこで 1 つの解決策として提案されたのが，パレート効率性基準を拡張した**仮説的補償原理**である．

仮説的補償原理とは，ある配分から別の配分へと変えることで，利益を得る人々と損失を被る人々が生じたとき，損失を被った人々に対して利益を得た人々から“仮に”補償するという状況を考えることを許して，社会的判断を行える状況を拡張するというものである．そのような補償によって，その資源配分の変更が，誰の厚生も下げることなく，少なくとも 1 人以上の厚生をあげることが可能であるという意味で潜在的なパレート改善の可能性が有るかどうかを議論する．ここで注意しなければならないのは，仮説的補償原理はあくまで

　従った厚生経済学の第一定理の説明についてはミクロ経済学の基本的なテキストを参照されたい．

2)　消費者の効用最大化行動および生産者の利潤最大化行動からの需要曲線および供給曲線の導出については，中泉・鴇田（2000，第 1 章，第 2 章）を参照されたい．

3)　本書の第 6 章を参照されたい．

「実際の補償」を必要とせず，「潜在的な補償」の可能性があるかどうかで資源配分（社会状態）の善し悪しを判断するという点である．

仮説的補償原理の特徴は評価基準となる情報量が少なくて済む点にある．ある配分から別の配分への移行に伴うある人の厚生損失を補償するにあたっては，誰の効用も下げない移転量を把握しなければならない．このとき，社会における個人の状態を相互に比較する必要が生じる．効用の値が数えることができて（基数的効用），かつ個人間で効用の大きさが比較可能であるならば，ある配分から別の配分に移行することによる社会状態の改善の有無が容易に判断できるかもしれない．しかしながら，そもそも異なる人々の効用を足しあわせたり，あるいは個人間で比較したりすることは非科学的であるとして批判される（Robbins, 1932）．これに対して仮説的補償原理は，個人の選好あるいは効用に基づきつつも，基数的な効用も，個人間比較が可能であることも必要としない．仮説的補償原理は，個人の効用の大小関係さえ分かればよく（序数的効用関数），その意味で頑強な情報的基礎に立つ原理である[4,5]．ただし，これら仮説的補償原理自体にも論理矛盾があり，また論理矛盾を克服しようとすると，今度は現実的適用性を失ってしまうという点で，パレート効率性基準の適用拡大には成功していない（本章 Box 1 参照）．

9.1.3　さまざまな衡平性基準

効率性と並んで資源配分の評価基準とされるのが「衡平性」である．市場は，価格メカニズムを通じて，特段の情報収集コストをかけることなく，パレート効率的な資源配分を達成するのに優れてはいるが，衡平性に関しては何ら保証しない．市場では，持てる者（富裕層）が多くの医療を購入でき，持たざる者（貧困層）は医療を購入することができない，ということが当然のごとく起き

---

4) 基数的効用関数および個人間比較可能性に立つ「旧」厚生経済学と，それに対する批判である序数的効用関数および個人間比較不可能性に立つ「新」厚生経済学の議論の系譜は鈴村（2009，第19章）に簡潔にまとめられている．

5) また根本的な問題として，基数的にせよ序数的にせよ，市場において効用関数を直接観察することは不可能である．そのため，市場において間接的に厚生変化を把握できる価格とそれに対応する需要の概念を用いた余剰分析による評価には現実的な利便性がある．

る．これは所得によって受けられる医療に差が生じるという意味での不衡平性である[6]．

9.1.1項で述べたように，衡平性の基準は何に関する平等か，によってさまざまな含意を持つ．そこでここではいくつかの平等概念について取り上げ，それらの性質を検討してみよう．

厚生の平等とは個人間の効用水準が平等になるように財を配分するというものである．効用関数とは選好に従ってさまざまな財サービスの組み合わせに対して実数値を割り当てるものであり（本書第2章参照），この実数値が効用水準に相当する．特にここでは基数的かつ個人間比較可能な効用関数を前提としよう．効用は効率性を評価する上で便利な道具立てではあるが，衡平性を評価する上では問題をはらむ．なぜならば，効用はその背景にあるさまざまな情報を集約しているため，どうして不遇な——効用水準が低い——状態に至ったのか，その原因にさかのぼって判断することができず，単に効用水準が低いというだけで個々人が同じように扱われることもありえるからである[7]（Dworkin, 1981, 2000）．

また医療に焦点を当てた代表的な平等概念としては，**アクセスの平等**

---

6) このような格差を受け入れるかどうかは，社会的価値判断に委ねられるが，少なくとも日本では医療格差に対する国民の拒否感が強いことが実証的にも指摘されている（田村他，1995；田村，2003）．

7) この点について，Dworkin（1981）の提示した例をより簡略化した吉原（2003）の例を引用して説明しよう．いま健康で嗜好も標準的な個人1，健康で贅沢な嗜好を持つ個人2，ハンディキャップを持ち嗜好は標準的な個人3，の間で一定量の貨幣を分配するとする．個々人の選好は，基数的に測定可能かつ個人間比較可能な効用関数で表現されるとする．厚生の平等の立場に立つならば，3人とも同じある効用水準 $\bar{u}$ を達成するように貨幣を分配しなければならない．このとき個人2，3はどちらも個人1より多く貨幣配分を受けなければ，効用水準 $\bar{u}$ を達成できず，かつ個人2，3ともに効用水準 $\bar{u}$ を達成するには同じ貨幣配分を受けなくてはならないとする．しかし，個人2，3が一定の効用水準 $\bar{u}$ を達成するのに多くの貨幣を必要とする理由は異なる点に注意されたい．個人2については贅沢な嗜好という要因にあるのに対して，個人3についてはハンディキャップがあるために健康な人と同じ生活をするのにより多くの財・サービスが必要であるという要因にある．しかし，厚生の平等に立つ限り，個人2と3の背景にある情報を識別できず，結果としてこの2人が同じ貨幣配分を受けることを許容することになる．

（equality of access），等しいニードに対する等しい治療（equal treatment for equal need），健康の平等（equality of health）などがある（Culyer and Wagstaff, 1993；Hurley, 2000）．これらの概念について抽象的なレベルでの定義の仕方はそれぞれについていくつか考えられる．それらのすべてを説明することは紙幅の制約から難しい．他方，近年実証的に衡平性について検証する研究も進められてきている．そこで，ここでは操作的な定義も含めて簡単な説明に留めておく[8]．

　医療における「アクセスの平等」とは，誰しもが等しく医療を利用できることを意味する．具体的には，所得に占める自己負担等の割合によって定義されることが多い．このように定義すると，所得に占める費用負担額と所得水準の関係を衡平性基準とすることにより現実の医療サービス利用の衡平性を議論することになる．これには元々，税の累進性を測定するために開発された Kakwani 指数などが用いられる[9]．

　「等しいニードに対する等しい治療」は，等しい医療ニーズを持つものには，所得水準にかかわらず，等しい治療を与えるというもので，水平的衡平性に従っている．操作的には，疾病に罹患しているか否か，プライマリーケア医や医療機関への受診回数という指標が用いられることがある．また，ニードとしての疾病罹患の有無をコントロールした上で，医療利用に対して所得が影響するか否かを検証する研究が行われている．

　「健康の平等」は健康水準を平等にする配分である．健康の尺度としては生存年などが使用される．

9.1.4　羨望なき状態としての衡平性

　前項で紹介した衡平性基準は何かを平等にする，というものであるが，他人に対して羨望を抱かないことだけを要請する衡平性基準もある．簡単化のため

---

8)　この節の以下の部分について関心のある読者は Wagstaff and Van Doorslaer （2000）を参照されたい．

9)　Kakwani 指数については Kakwani（1977）を参照のこと．この指数を用いた垂直的衡平性に関する分析は Wagstaff *et al.*（1992, 1999）などにより行われている．日本における実証研究は，遠藤・駒村（1999），遠藤・篠崎（2003），遠藤・山田（2007）などがある．

に，消費者 A, B がお互いの持つ財 X, Y をそれぞれの価格に従って交換するだけの純粋交換経済を考えよう[10]．消費者の効用は序数的かつ個人間比較不可能であるとする．いまある資源配分の下，次のような効用配分の関係が成り立っているとする．

$$u_A(X^A, Y^A) < u_A(X^B, Y^B)$$

これは消費者 A の効用関数で評価した，自分の持つ財の組み合わせ (X^A, Y^A) と消費者 B の持つ財の組み合わせ (X^B, Y^B) から得られる効用水準を比較したものである．明らかに消費者 A にとっては，消費者 B の持つ財の組み合わせの方が効用水準を高めることができる．このとき，消費者 A は消費者 B に対して**羨望**（envy）を持つという．逆に消費者 A が消費者 B に対して羨望を持たない場合とは，

$$u_A(X^A, Y^A) \geq u_A(X^B, Y^B)$$

が成り立っていることであると考えられる．すなわちこれは消費者 A 自身の効用関数で評価して，自分の持つ財の組み合わせの方が，消費者 B の持つ財の組み合わせより少なくとも低くはない効用水準を達成できる場合，なんら消費者 B を羨望することはないことを意味している．

これが消費者 B にも成り立っている場合，すなわち $u_B(X^B, Y^B) \geq u_B(X^A, Y^A)$ であるならば，この配分の下では，どの消費者も他人の持つ財の組み合わせに対して羨望を持たないことになる．こうした配分は**無羨望という意味での衡平**（equitable）な配分であると位置付けられる．こうしたどの個人も他人の配分を自分の配分よりも選好しないような配分が望ましいという基準を**無羨望基準**（No-envy criteria）と呼ぶ（Foley, 1967；Varian, 1974）．無羨望基準が優れているのは，序数的かつ個人間比較不可能な効用関数に基づいて判断可能であり，Robbins が基数的かつ個人間比較可能な効用関数に対して批判した "非科学性" を排除できるという点があげられる．加えて，その配分が無羨望であるかどうかは，市場において消費者が羨望を表明するかどうかで

---

10) より一般化した説明は奥野・鈴村（1988）第 35 章を参照されたい．

第9章　医療における価格・計画，競争・規制　　171

判断すればよく，政府が個々人の効用情報を収集して，判断したりする必要は
ない．

9.2　評価基準の相互関係

　このように資源配分を評価するにあたっては，効率性あるいは衡平性と，さ
まざまな基準がある．ではこれら基準は整合的に成立しえるだろうか？
　効率性基準と衡平性基準の相互関係から検討してみよう．パレート効率的配
分ではあっても，必ずしも衡平な配分になりえない．このことは均等な配分と
いう意味での衡平性ではなく，より適用範囲の広い無羨望という衡平性基準に
照らしても言える．これは市場均衡ではパレート効率的な配分が達成されたと
しても，所得が高いものが多くを得ることができ，所得の低いものは多くを得
ることができない，という市場の性質から明らかである．逆に衡平な配分では
あるけれど，パレート効率的配分ではないという場合がある．衡平性の基準と
して単純に均等分配を採用した場合，お互いが同じ財の組み合わせを持ってい
ることから，お互いに羨望することはなくとも，選好が個人間で異なるならば，
お互いの効用を高めるために交換の余地が残されているという点で，パレート
効率的ではない．
　また，後述されるが，初期に均等分配した場合，市場均衡では，パレート効
率的かつ無羨望な配分が達成される．以上を整理すると，表9-1のようになる．
　では衡平性基準の間での相互関係はどのように解釈できるであろうか．例え
ば医療におけるアクセスの平等は，医療を受ける機会を平等にはしているが，
その結果として受けられる医療サービスの量の平等を要請するものではなく，
ましてや健康水準の平等を要請するものでもない．そもそも，たとえ医療財サ
ービスを平等に配分したとしても，医療の不確実性から，同水準の健康を達成
できるとは限らない[11]．また医療におけるアクセスの平等の定義に翻れば，そ
の背景にある要因，例えばニード，を必ずしも識別した上での平等まで要請し
ているわけではない．

---

　11)　また健康水準の平等をどのように測定するかという技術的な問題は依然として残
　　　されている．

172　　　　第 III 部　経済合理性の枠組みを超えて

表 9-1　効率性と衡平性の相互関係から見た配分評価の例

配分の例	評価基準	
	効率性	衡平性
均等配分	×	○
（初期の配分が均等な場合の）市場均衡配分	○	○（無羨望基準）
（初期の配分が均等ではない場合の）市場均衡配分	○	×

表 9-2　衡平性水準の相互関係から見た配分評価の例

配分の例	要因識別なし		要因識別あり	
	機会の平等	結果の平等	水平的衡平性	垂直的衡平性
医療におけるアクセスの平等	○	×	―	―
等しいニードに対する等しい治療	―	―	○	×
厚生の平等	―	○	―	―

注：―は評価不可

　等しいニードに対して等しい治療を与えるということは，ニードという要因に従って，等しいニードを持つ者の間での平等——水平的衡平性——を達成するというものである．一方で，異なるニードを持つ者の間での平等——垂直的衡平性——は，保証されない．このとき厚生の平等は満たさない．なぜならば，厚生の平等はその背景にある要因——ここではニード——に基づいて資源配分するのではなく，そうした要因を一元的に集約した効用水準を平等にするように配分するからである．厚生の平等とは，効用水準をもたらす要因を識別せずに，効用で評価した結果を平等にするように財サービスを配分することといえる．以上を整理すると，表 9-2 のようになる．

　このように効率性基準を満たす配分であっても，衡平性基準を満たさない場合もあれば，その逆もある．またある衡平性水準を満たす配分であっても，別の衡平性基準に照らせば，衡平とは言えない場合もある．どのような評価基準で資源配分を評価するかは，あくまで社会的価値判断に委ねられることになる．

第 9 章　医療における価格・計画，競争・規制　　　173

9.3　「望ましい」配分をいかに達成するか：政府の役割と限界

9.3.1　市場で望ましい配分は達成できるか？

　資源配分をいかに評価するかに関してはいくつかの基準があることが分かった．しかしながら，そのように評価する配分はいかなるメカニズムによって達成可能であろうか？

　まずは市場における価格メカニズムを通じた資源配分から検討しよう．先に論じたように，厚生経済学の第一定理より，完全競争市場においては，市場均衡でパレート効率的な配分が達成されることが分かった．これはパレート効率性基準から見て望ましいわけだが，衡平性基準に照らせば必ずしも望ましい結果が保証されるわけではない．初期にどれだけ財（あるいは所得）を持っているか，すなわち購買機会の差によって，市場均衡で得られる財は異なる．そのため初期に購買機会が偏在していれば，市場均衡では医療アクセスの平等はもちろん，等しいニードに対する等しい治療，ましてや健康の平等は達成し得ないだろう[12]．

　逆に初期の購買機会が均等であった場合どうであろうか？　医療アクセスの平等に関しては，購買機会の平等とほぼ同義であると考えれば，自ずからそれを達成し得ることになる．しかしながら，健康の平等に関しては，たとえ医療財サービスを均等に与えたとしても，その財を使って健康がどれだけ生産されるかは個人により異なるため，達成できるかどうかは不確実である．等しいニードに対する等しい治療に関しては，同じ購入機会が与えられているため，同じ治療を購入することは可能であろう．では異なるニードを持つ者の間ではどうであろう？　実は，初期の購入機会を平等にすることで，市場均衡ではパレート効率性はもちろんのこと，無羨望という意味での衡平性が達成されるのである．この点について説明しよう．

　いま初期において購入機会が平等であったとしよう．市場では選好が個人間で異なる場合，お互いの効用を高めるために財の交換が行われるため，市場均衡で互いの持つ財の組み合わせが異なると考えられる．しかしながら，そこに

---

12)　所得による健康格差については本書の第 12 章を参照されたい．

羨望は生じないはずである．なぜならば，初期において均等分配されていると言うことは，皆の購買力は同じであり，他人が購入できる財の組み合わせならば，自分も購入できるはずだからである．しかも完全競争市場においては，厚生経済学の第一定理より市場均衡における資源配分はパレート効率的でもある．

　すなわち初期において購入機会を平等にしさえすれば，完全競争市場における市場均衡においてパレート効率性基準に則った「効率性」と無羨望基準に則った「衡平性」が両立する資源配分が達成されるのである．こうした効率的かつ無羨望という意味で衡平な配分を**公平な配分（fair allocation）**と呼ぶ．このとき政府が果たす役割は，初期の均等分配にのみ求められることになる．なぜならば，（完全競争市場においては）自ずから市場均衡でパレート効率的な資源配分が達成されるし，また無羨望であるかどうかは，市場において消費者が羨望を表明するかどうかで判断すれば十分であり，政府が個々人の効用情報を収集して，結果の是正を行う必要はないからである．

　しかしながら，市場で公平な配分を達成できるのは，現実的には非常に限られた状況にすぎない．その前提条件である初期の均等配分という唯一の配分が保証されない状況では，市場メカニズムを通じて自動的には公平な配分が達成されないのはもちろんのこと[13]，生産経済に拡大した場合も，同様に市場メカニズムを通じて公平な配分を達成するのは難しい[14]．

　そもそもここまでの議論では，市場は完全競争であることを前提としてきたが，その前提が成り立たない場合，いくら初期の均等配分という条件を満たしたとしても，衡平性はおろか，効率性さえ破綻してしまう．特に医療においては市場が不完全にしか機能しないことの症状が深刻である．次項ではこの点について説明する．

---

13)　この点に関しての詳しい説明として，奥野・鈴村（1988，第35章）が，初期配分の条件を緩めて，均等配分から，均等ではないが無羨望は満たす配分に変更した上で，競争均衡で達成される配分が公平ではないという反例を示している．

14)　この点に関しての詳しい説明は，奥野・鈴村（1988，第35章）の例を参照されたい．

9. 3. 2　市場の失敗

　市場メカニズムの利点は，政府が特段のコストをかけずとも，自らパレート効率的な配分を達成するという点にあった．しかしながら，このように市場メカニズムが機能するには，いくつかの条件を満たす必要がある．実は，現実の市場ではこのような理想的な条件を満たす場合というのはほとんどない．こうした市場の理想的な条件を満たさず，市場が効率的な資源配分を達成できない場合を，**市場の失敗**と言う．

　これらは**規模の経済**の存在による**不完全競争市場**や，**公共財**や**外部性**，また**情報の非対称性**に代表される[15]．完全競争市場の条件は，こうしたことがないことと言い換えられる．特に医療分野で深刻なのは情報の非対称性である．これは財サービスに関わる情報が，取引主体の間で偏在することである．保険者と被保険者の間であれば，保険者が被保険者のリスクを正確に把握できないことから生じる保険のモラルハザードや逆選択の問題が起こり得るし（本書第4章参照）[16]，医師と患者の間であれば，医療財サービスの専門性の高さゆえ，患者より医師が情報優位であることから生じる医師誘発需要が起こりえる（本書第8章参照）．これらは完全競争を仮定した市場均衡とは乖離した資源配分をもたらし，結果として社会的余剰の損失をもたらす．特に医師誘発需要が起こる場合は，価格と需要の情報を基礎にした厚生評価に深刻な影響を与える．本書の第8章でも説明されたように，医師誘発需要は，患者本人の真の支払い意思に基づいた需要曲線ではなく，医師が患者の代理人としてではない，自らの利潤を最大化するように患者の需要を決定した，いわば偽の需要曲線に基づくものである．この場合，消費者余剰を用いた厚生評価は，偽の情報に基づく評価となるため，意味をなさない．

　このように医療分野における政府介入が経済学的に正当化される論拠は，衡平性の確保のみならず，市場の失敗による非効率性の是正にも求められるので

---

15)　これらについては基本的なミクロ経済学のテキストを参照にされたい．

16)　遺伝子診断等の発展で保険者が個々の加入者のリスクを判別できるようになれば，被保険者と保険者の間の，情報の非対称性は解消され得る．しかし今度は，高リスクの個人が高い保険料を課せられるか，あるいは保険加入を拒否されるリスク・セレクション（risk selection）という分配の公平に関わる問題が生起する．この場合でも，政府が医療財サービスの配分に介入する余地が生じる．

ある.

9.3.3 政府による価格付け

上述したように市場には衡平性の点はおろか，効率性の点でも限界がある．特に医療分野では市場の失敗が顕著である．そのため日本では，医療分野においてさまざまな政府介入がある．その中の1つが政府による医療財サービスの価格付けである．日本では，保険診療における診療行為および処方される医薬品の価格は，市場ではなく，診療報酬制度および薬価基準制度の下，公的に決定されている．具体的には中央社会保険医療協議会（中医協）が，コストをはじめ，さまざまな情報を考慮して決定する．中医協は厚生労働大臣の諮問機関であり，その構成は支払側委員（保険者，被保険者，事業主等の代表）と診療側委員（医師，歯科医師および薬剤師の代表）といった保険契約の両当事者と公益委員からなる．2年に一度の診療報酬の改定に際しては，厚生労働省，財務省および政府与党との間で，経済成長率，物価動向，賃金動向，医療機関の経営状況（「医療経済実態調査」）などを踏まえて価格全体の改定率を決定した上で，個々の診療行為の点数や薬価については中医協が「社会医療診療行為別調査」を参考に決定する[17]．

政府による価格付けと，市場メカニズムを通じた価格決定プロセスとの決定的違いは，個々人の効用最大化のプロセスを踏まえた合理的な選択が入り込む余地がない点であると考えられる．政府による価格決定プロセスにおいて，消費者の支払い意思を反映させるにあたっては，費用便益分析や費用対効果分析がエビデンスを与えうる[18]．これらの枠組みは価格メカニズムと異なり，消費者の支払い意思で評価されて市場で決定されるのではなく，評価者（政府）が各医療財サービスについてそれにかかる「費用」（原価）と「便益，効果」を比較して，評価，価格付けにも利用するというものである．

---

17) 診療報酬の改定についての詳細は池上（2006），遠藤（2005）を参照.

18) 費用便益分析や費用対効果分析の詳しい説明は，池上・西村（2005），Gold *et al.*（1996），Drummond *et al.*（2005）を参照.

9.3.4　政府の失敗——診療報酬制度の問題点

　市場の限界ゆえに，政府の介入が正当化されるが，政府も失敗はする．診療報酬制度にも支払い方式に伴う問題をはじめ[19]，さまざまな問題があるが，ここではその価格付けという側面に焦点をあてて検討しよう．

　まず問題になるのが，診療報酬の体系が複雑かつ専門的であるという点である．通常の財・サービスであれば，市場において個々の財・サービスに付けられた価格に従って，消費者はその財に対する自らの支払い意思と照らして消費選択を行っている．しかしながら，医療サービスの場合は診療報酬の体系が複雑かつ専門的であることから，患者は自分の受けている医療費の内容が分かりづらい．医療機関としても複雑な体系に照らして医療費を算定しなければならない点でコストがかかる．そもそも医療サービスは傷病にあわせて多様であり，それらに逐一価格付けするのであれば，情報収集コストや，それに基づいた適正な価格付けのコストもかかる（本章 Box 2 を参照）[20]．

　また診療報酬の決定にあたっては，原価計算方式を採用しておらず[21]，診療報酬と原価（コスト）が乖離しているという問題もある．そもそも原価を積み上げるにしても，医療機関の資本コストを適切に評価するにはいくつかの課題があるし，医療技術を評価する方法も確立されているとは言い難い．

　特に医療技術の評価をめぐっては，その技術の適用による医学的アウトプットの改善を評価することが難しいため，いくつかの代替的な手法が考案されてきた．その 1 つとして米国で開発された Resource-Based Relative Value Scale（RBRVS）がある[22]．これは狭義の医師技術料[23]，技術提供に関する直接・

---

19)　出来高払いの下では，医療行為を行うごとに医療機関の収入になるため，過剰診療を誘発しかねない．これに対して，医療行為に関係なく定額が支払われる包括払いの導入も近年進んでいるが，現行では出来高払いのウェイトが高い．また包括払いの場合は，医療行為を行わないほど医療機関としては収入になるため，過小診療を誘発しかねないという問題がある．

20)　これに対して医療コストを合理的に把握するため，何らかの医療の標準化が進められるべきと言う指摘もある（遠藤，2005）．

21)　診療報酬体系における原価計算方式の導入をめぐっては，政府および医師会がそれぞれの立場から案を提示して議論してきたが，現在に至るまで導入はされていない．この歴史的経緯については西村（1996）を参照．

22)　この RBRVS は，もともと米国の 65 歳以上を対象とした公的保険（Medicare）

間接費用，医療訴訟に対する保険料関連の費用，といった3つについての相対値に基づいて医療技術を評価するというものである（橋本，2005）．この相対値を地域補正した上で合計した値に，経済成長率をはじめとする経済指標や政治的判断指数を含めた転換係数を乗じて支払額が算出される．これに対して，日本でも合理的な医療技術評価にむけて，いくつかの試論が展開されている．1つは外科系学会社会保険委員会連合（外保連）によって提案された試案であり，原価計算に基づく報酬の計算が特徴である[24]．また遠藤（2001）も，内科系医療技術を対象に，医師へのアンケート調査において，医療サービスの負担感とサービス提供に要した時間をたずね，これらを医療技術の評価に用いることの妥当性について検証した．その結果，これらの指標を用いることが有効であることを示した．

このように政府が最適な価格決定を行うには，医療財サービスの原価の情報や，技術を適切に評価する方法が必要である．それに対して市場では，価格メカニズムによってこれらの問題が自ら解決されていた．もちろんそれも市場の失敗がない場合に限りである．

9.4 まとめ

資源配分を評価する基準はさまざまあり，またそれらの基準を満たす資源配分を達成する方法は，大きく分ければ市場を通じた方法や政府を通じた方法がある．市場で衡平な配分を達成する保証はなく，その場合，政府の介入余地が生じる．また市場における価格メカニズムの優位性は情報効率的に，自ら効率的な資源配分が達成できることであるが，それも市場が失敗しないという条件を満たしていることが必要であった．逆に政府によって価格付けを行う場合，

における任意保険の部分（Part B）に対して適用するために開発された．米国では独立開業医が病院と契約した上で，病院の設備，看護師や研修医といった人的資源，医療材料を購入して患者に医療財サービスを提供する．技術提供に関する間接費用とは，これらにかかる費用のことを指す．詳細は橋本（2005）を参照のこと．

23) 具体的には技術提供にかかる時間，技能や身体的な労力，判断に伴う精神的労力，医療事故に対する心理的ストレスがあげられる．

24) この詳細は遠藤（2005），橋本（2005）を参照．

第9章 医療における価格・計画，競争・規制　　179

必要な情報量が莫大に増え，なかには医師の技能料など価格付けの評価基準の議論から行わなければならない問題もある．

　このように市場を通じた配分も，政府を通じた配分もそれぞれ問題がある．どちらが社会的に望ましいかは，双方の社会的コストや社会的便益を実証的に検証して判断されるべき問題である．また政府介入によって市場の失敗が矯正できるか否かは実証分析の結果など，エビデンスに基づいて判断されなければならない．これによって何を市場に委ね，また何を政府によって行うべきかも明らかに出来る．

Box 1

仮説的補償原理

　仮説的補償原理はカルドア（Kaldor, 1939）とヒックス（Hicks, 1939）によって基本的な原理が提案された．

　いまある資源配分から別の資源配分に移行することによって利益を受ける者，損失を被る者が生じる状況を考える．この資源配分の変更によって利益を受けた者から，損失を被った者に対して"仮に"補償を行った場合，変更以前の状態よりも厚生が改善し，なおかつ利益を受けた者にも利益が残るとする．このとき，変更以前の状況と比べて，変更後の状況では，誰の厚生を下げることなく，少なくとも1人以上の厚生を上げているという意味でパレート改善している．このような補償が"潜在的に可能"である場合，**カルドア補償原理**はこの資源配分の変更を社会的に望ましいと判断する．

　次に，資源配分の変更により損失を被る者から利益を得る者への仮説的補償を考えてみよう．いまある資源配分の変更によって損失を被る者が，この変化から利益を受ける者に対して，得られたであろう利益の補償を行うことを条件に，この資源配分の変更を思いとどまらせるとする．この時得られたであろう利益に対して補償を行った結果が，資源配分変更後の状態よりもパレート改善になる"潜在的可能性"が全くないならば，**ヒックス補償原理**は資源配分の変更を実現することは社会的に望ましいと判断する．

　パレート効率性基準がその適用範囲が狭いのに対して，仮説的補償原理は仮に補償を行うことを許すかぎり，パレート効率性基準よりも広範に資源配分（社会状態）の変更の善し悪しを判断できる．ただし，異なるパレート最適配分を比較する

ことは難しい.

こうした仮説的補償原理の問題に対して,いくつかの改良が試みられてきた.**サミュエルソン補償原理**(Samuelson, 1950)はその1つである[25].しかしながら,サミュエルソン補償原理は,カルドア補償原理の持つ論理矛盾を克服すると,結果的にカルドア補償原理は適用範囲が狭くなると言う皮肉な結果を示したのである.

Box 2

社会主義計画経済論争

市場の失敗ゆえに政府による価格付けとして導入された診療報酬制度にも課題はある.効率的な資源配分を達成するような"最適な"価格付けを政府が行うことは可能なのかという点である.

この点に関しては,1920年から40年にかけて行われた古典的な議論である「計画経済論争」の中に軌跡を見ることができる.特に代表的なのは,ミーゼス(1920)とランゲ(1938)による論争である.ミーゼスが社会主義経済の下での合理的経済計算に否定的立場であったのに対して,ランゲは社会主義経済の下でもそれは可能であるとした.

価格決定メカニズムをめぐる彼らの議論を整理してみよう.両者とも,政府が生産技術や個々人の選好の情報を収集することは放棄している.情報収集コストの問題以前に,これらの情報は直接観察不可能である.ランゲは貨幣的価格情報がなくとも,社会主義経済において政府が需要と供給を一致させるような価格付けを試行錯誤するプロセスを通じれば,均衡価格を決定することが出来るとした.すなわち社会主義経済を支持するランゲでさえ,市場の持つ価格メカニズムの機能を使った資源配分を支持していたことになる.

価格メカニズムの望ましさが"情報効率性の観点"にあることは,**ハーヴィッツの情報効率性定理**に示されている.市場メカニズムの下では財や生産要素の価格をシグナルに,消費者および生産者が,消費者であれば効用関数と予算制約,生産者であれば自らの生産技術に基づいて最適な選択をしている.9.1.1項で示されたよ

---

25) Scitovsky(1941)もカルドア補償原理の持つ欠陥を克服することを試みたが(スキトフスキー補償原理),Gorman(1955)がこれ自体論理矛盾を含んでいると指摘している(ゴーマン・パラドックス).この点については奥野・鈴村(1988)第34章を参照されたい.

うに，完全競争市場では価格と数量の情報によって自動的にパレート効率的な配分を達成できた．

　例えば，消費者が財 A と財 B を保有し，それをお互いに価格によって交換する純粋交換経済を考えよう．市場で交わされる情報は各財の価格と数量のみであるから，財 A の価格 P_A と数量 X_A，および財 B の価格 P_B と数量 X_B の，合計 4 つである．これらの情報のみでパレート効率的な配分が達成される．全く同じことを，価格メカニズムを用いずに政府が達成しようとする場合，どれだけの消費者や生産者の情報を収集しなければならないだろうか？　各消費者の効用関数の情報をはじめとして，おそらくは 4 つ以上の情報からなるだろう．よって政府が情報を収集してパレート効率的な配分を達成するというやり方は情報効率的ではないのである（詳しくは，石井他，1995，第 6 章．より詳細な説明としては，Milgrom and Roberts（1992）の第 4 章を参照されたい）．

第 10 章

生活習慣と行動変容

10.1 はじめに

10.1.1 生活習慣の健康と医療費に与える影響

多くの先進国では，日々の生活習慣が原因で発症する生活習慣病が疾病対策の中心となっている．日本での死因順位を表 10-1 で見てみよう．悪性新生物（がん），心疾患，脳血管疾患の三大死因のみで死因の半数以上を占めているが，これらの病気の発症には喫煙や肥満（過食・運動不足）といった生活習慣が関与していることが指摘されている．4 位の肺炎から 7 位の老衰までをおいて，8 位の腎不全は糖尿病，9 位の肝疾患は過度の飲酒，10 位の慢性閉塞性肺疾患は喫煙と関連する場合がある．したがって，日本人の死因の大半は生活習慣の蓄積によって引き起こされるといっても過言ではない．

がんや心疾患，脳血管疾患といった病気は，全く体の異常のない人にある日突然起こるわけではない．特に心筋梗塞・脳出血・脳梗塞といった体の大切な血管に異常を来す病気は，高血圧，糖尿病，高脂血症といった病気が基にあることで発症する．これらの病気では薬物治療以外にも，禁煙や食事療法，運動療法といった生活習慣を改善すること（行動変容）が重要となる．まさに生活習慣の改善により病気を予防するのであるが，こうした病気にかかる確率自体を下げるような予防のことを，一次予防と呼ぶ[1]．本章では，喫煙・過度の飲

---

1) 一次予防に対して，病気にかかる確率自体を下げるわけではないが，早期発見を通じて，死亡確率などの健康アウトカムを改善させるようなものを二次予防という．健康診断や病気の検診，人間ドックなどがある．

184 　　　　　　第 III 部　経済的要因と非経済的要因

表 10-1　日本人の死因

	死　因	死亡数（人）	率（%）
1	悪性新生物	336, 468	30. 4
2	心 疾 患	175, 539	15. 8
3	脳血管疾患	127, 041	11. 5
4	肺 炎	110, 159	9. 9
5	不慮の事故	37, 966	3. 4
6	自 殺	30, 827	2. 8
7	老 衰	30, 734	2. 8
8	腎 不 全	21, 632	2
9	肝 疾 患	16, 195	1. 5
10	慢性閉塞性肺疾患	14, 907	1. 3
	全　死　因	1, 108, 334	100

出所：『平成 19 年　人口動態統計』（確定数）.

　酒や脂肪摂取などの健康に悪い生活習慣と，そうした生活習慣をあらためる行動変容，つまり禁煙・禁酒・運動・ダイエットなどの一次予防行動について経済学がどのように分析してきたかを解説する.

　生活習慣病の影響は医療費の面でも大きい. 図 10-1 は疾患別の医療費の全体に占める割合を図示したものである. 医療費全体の 31. 9% がいままであげた生活習慣病に関連した医療費である. 死因に占める割合は 55. 7% であるから，死亡者数に比べると，生活習慣病の医療費に占める割合はそれほど高くないと思われるかもしれない. しかし，図 10-1 のその他には生活習慣病の関連医療費と分類できるものも多く含まれている. 例えば，医療費の 6. 2% を占める「（腎臓にある）糸球体疾患，腎尿細管間質性疾患及び腎不全」のうち，糖尿病の合併症による腎臓の病気の占める割合は非常に多い. また，喫煙はがんや心脳血管の病気以外にも肺や胃腸の病気との関連も指摘されている. 生活習慣は非常に多くの病気の原因となっているため，生活習慣病関連医療費を正確に推定することは想像以上に難しいが，医療費に対する影響を過小評価することはできない.

　生活習慣の中でも喫煙を例に取り，その対策と効果について概説しよう. 喫煙は，がんだけではなく循環器や呼吸器など幅広い種類の病気のリスクを上げる. 喫煙が健康に与える影響について，日本でも 10 万人規模で一般住民を追跡調査するコホート研究がいくつか行われ，科学的な知見が蓄積されつつあ

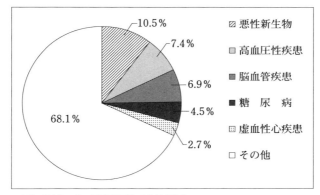

出所:「平成19年 国民医療費」より筆者作成.

図 10-1 医療費に占める疾患別医療費の割合

る[2]．これらの研究結果を統合すると，日本人の全死亡のうち20.1%が喫煙によると考えられている（Ozasa et al., 2008）．

日本における喫煙の状況を見ると，全体での喫煙率は減少の傾向にあるものの，依然として国際的には高率を示している．特に男性の喫煙率は先進7ヵ国の中でも最も高く，全体の喫煙率も平均を上回っている．喫煙による疾病リスクの増加，超過死亡[3]に加えて，火災などを含めた社会的な損失は政策的な大きな問題となっており，2000年に厚生労働省によって策定された「21世紀における国民健康づくり運動」（健康日本21）でも，①健康影響への十分な知識の普及，②未成年者の喫煙の根絶，③公共の場や職場での分煙，④禁煙支援プログラムの普及，以上の4つが喫煙対策の柱として推進されている．

---

2) 喫煙が健康に悪影響を与えることが，はじめから明らかだったわけではない．1930年代には，20世紀初頭に比べて肺がんの死亡率が高いことはデータ上明らかになっていた．しかし戦前は，肺がんの増加が，平均寿命の伸びによるものだという意見や，レントゲン検査が普及したことで見つけやすくなったことによるものだという意見も多かった．喫煙と肺がんに関する科学的に信頼性の高い検証が行われたのは，1950年代のことである．英国の医師4万人の喫煙歴を調査し，死亡まで追跡する研究が行われた．この研究は，21世紀にわたるまで結果が報告され続けている．

3) 超過死亡とは，ある要因で死亡者が通常に比べどの程度上昇したかをしめす推定値である．この場合，超過死亡は，喫煙が全くなくなった場合に回避できたであろう死亡数を表す．

186 第 III 部　経済的要因と非経済的要因

　世界的にも喫煙率の減少は公衆衛生政策の中心の 1 つであり，各国でさまざまな取り組みが行われている．たばこ対策の中で，効果が高いという研究上のエビデンスがあるのは，①値上げ，②公共の場所や職場での喫煙禁止，③公共教育，④広告規制，⑤たばこパッケージでの警告，⑥禁煙への公的補助の 6 つであるとされており（World Bank, 2003），費用効果の面では増税による値上げが最も費用効果の高いたばこ対策であるとされている（Jha and Chaloupka, 2000）．Joossens and Raw（2006）では，この 6 つの対策に関するヨーロッパ諸国の取り組みを比較し点数化することで，たばこ対策指標（Tobacco Control Scale）を作成している．日本の状況に当てはめてみると，日本のたばこ対策は 30 ヵ国中最下位であった（日本学術会議，2008）．

　この指標が作られた 2005 年当時に比べると，2003 年の健康増進法施行後の公共の場所やタクシーなどの交通機関でも全面禁煙が広がっており，2006 年 6 月からは禁煙治療の健康保険適用が行われた．したがって，日本でのたばこ対策もゆっくりであるが進んでいると言える．しかし，アイルランドなど公共の場所での禁煙を義務化している国や，たばこパッケージにがんの病巣や病気に苦しむ人の写真を掲げる国に比べれば，環境面でも健康リスク情報の提供という面からも遅れている．さらに，たばこ対策指標の中で最もウェイトの高いたばこ価格に関しては，直近では 2006 年 7 月に 20 本入り 1 箱 20 円程度の値上げが行われた程度で，諸外国から比べてもまだ低い水準にあったが，2010 年10 月に 1 箱 70 円の大幅な増税が行われ，小売価格は 100 円以上の値上げとなった．

　このように，喫煙では積極的に生活習慣に介入し，禁煙という予防行動を促すような施策が行われている．

10. 1. 2　健康に関する生活習慣の特徴

　第 1 章でも触れられているように，経済学は古典的に「合理的（rational）」な個人を前提とする．ある生活習慣が健康を害するリスクを完全に理解して自発的にその生活習慣を続けているのであれば，経済学的には個人の自由な行動に介入するのは正当化されない．その中で，自分の行動が他人の便益に影響を与えるような外部性が存在する場合には，個人の行動に介入する根拠となる．

ワクチンによる感染症の予防は，自分が感染症にかかる確率を下げるだけでなく，社会全体の感染症にかかる確率を下げる．このように個人の行動が他人にプラスの影響を与える場合を正の外部性という．受動喫煙は，個人の行動が他人にマイナスの影響を与える負の外部性の典型例とされる．この場合，受動喫煙による被害を喫煙者に負担させる意味でのたばこ税は望ましい．

10.2 節以降では，合理的な個人を前提とした場合を含め，健康に関する生活習慣を説明するいくつかのモデルを説明する．これまでの具体的な研究成果に触れる前に，生活習慣と行動変容についての重要な特徴を説明していこう．

第 1 は，生活習慣が「すぐに」「確実に」健康に影響を与える場合が少ないと言うことである．喫煙にしろ，過度の飲酒にしろ，現時点ではたばこ，酒を消費することでの効用を得る．しかし，その蓄積によって数年から数十年経って重篤な疾患によって健康を損なう可能性が出てくる．つまり，いまの効用と将来の不効用の間のトレードオフに直面している．さらに，現在の効用は確実性が高いが，将来がんなどの重篤な疾患になるかどうかは非常に不確実性が高い．年間がんになる率（罹患率という）といったリスクの指標になる数字についてどのように個人が判断しているかは個人のものの見方（選好）に大きく左右される．このように，現在の生活習慣を続けるかどうかを判断するためには，「いますぐ」「確実に得られる」効用と「遠い将来」の「確率的に起こる」不効用とを天秤にかける必要がある．予防行動についても同様で，禁煙や禁酒や運動は確実に現在の不効用を生じるが，その効果は遠い将来起こるかもしれない疾患の予防という効用である．したがって，生活習慣上の選択は，時間選好とリスク選好に関わる難しい選択に直面していると言える．

第 2 は，生活習慣には程度の差はあれ，過去の行動の蓄積が現在の行動に影響を与えるという面がある．過去の経験が現在の行動を促進させるという強化効果（reinforcement effect）や過去の消費が蓄積すればするほど徐々に多くの量が必要となる耐性（tolerance）といった財の性質[4]は，ある習慣にはまってしまい止めにくくなるアディクション（addiction）[5]を特徴付けるものであ

---

4) 減量や中止の際に起こるさまざまな不快な症状が起こる離脱（withdrawal）という性質もありうる．

5) 依存，中毒，アディクションといった用語は，ニコチンやアルコール，麻薬など

る. ニコチン，アルコール，麻薬など，薬物が明確な場合には症状を把握し，これらの性質を証明することが比較的容易であるため，そのメカニズムが脳科学の面からも解明されてきている．特に，物質依存の脳科学的な研究では，報酬系という，欲求が満たされることによって満足感を与える神経システムに注目が払われてきた．中でも過去の経験が現在の行動を促進させるという強化効果は大脳生理学的にも明らかになっている．さらに薬物だけではなく，食事やギャンブルなどの行動に対しても薬物の場合と同様の脳科学的な変化が起こっていることが近年徐々に分かってきており（Johnson and Kenny；Tanabe *et al.*, 2007），アディクションという特徴を当てはめた方がよい生活習慣の範囲は今後広がって行く可能性がある．

生活習慣の分析には，これら2つの特徴をどのように分析するかが重要である．その際には，現在と将来のトレードオフを考えることができる異時点間の最適化のモデルがベンチマークとなる．それにアディクションの要素を取り入れたのが，合理的アディクションモデル（rational addiction model）である．

10.2 合理的アディクション

1970年代に入り，健康が効用を生み出すストックであると考え，消費者はストックである健康資本を改善させるための投資として医療サービスを消費するという医療需要モデルが考え出された．第3章で説明されているグロスマンモデルである．将来の健康ストックに与える影響を考慮して，現在の医療サービスの消費を決めるという考え方は，身体に長期間にわたってゆっくりと影響を与えるような慢性疾患が中心となった疾病環境と合理的な消費者の仮定を適合させる想定と言える．この想定を健康によい影響を与える医療サービスだけではなく，悪い影響を与える財にも拡張することは当然の流れと言える．

の物質にはまってしまうときに特に使われる用語である．対して，アディクションは依存の対象物質がない場合の行動も包括する幅広い概念である．なお，addiction には嗜癖（しへき）という訳語があるが，一般的な用語であるとは言えないため，本章では addiction をアディクションと表記する．

10.2.1 合理的アディクション理論

合理的アディクションモデル（rational addiction model）の代表的なものは，Becker and Murphy（1988）である．消費者は，たばこのような財が，現在の満足を与えるのと同時に，健康を害することで将来の非効用を生むのを知っていて，その消費量を決めるものとする．今，次のような効用関数を考えよう．

$$U(A(t), C(t), D(t)) \qquad (10\text{-}1)$$

効用をもたらすものは次の3つである．$A(t), C(t)$ はそれぞれ，アディクション財とその他の財のフローの消費量とする．$D(t)$ は財の消費蓄積によって起こる，健康に対するダメージのストックと考える．ダメージが現在の消費によって追加され，過去の消費の効果は徐々に薄れていくことを示すために，$D(t)$ と $A(t)$ の間には，$\dot{D}(t)=A(t)-\delta D(t)$という関係がある．$\delta$ が小さいほど，蓄積の効果の持続が長いため，ダメージがなくなるには時間がかかる．$A(t)$ の限界効用は正であり，喫煙時の満足感が表されている．一方，$D(t)$ はダメージを表すので，限界効用は負と仮定する．さらに，アディクション財として特徴付けるために，強化効果を定式化する．強化効果は過去の蓄積が現在のアディクション財の消費量を増やすため，$\dfrac{dA}{dD}>0$ とかける．$U_A>0$ から $U_{AD}>0$，つまり，消費が蓄積すればアディクション財の限界効用が高まることがわかる．Becker and Murphy（1988）では定常状態でアディクション財としての特徴 $U_{AD}>0$ を持つためには，次のような条件が必要であることを見いだした．

$$(\sigma+2\delta)U_{AD}>-U_{DD} \qquad (10\text{-}2)$$

ここで，σ は時間選好率である．（10-2）式は，左辺の過去の蓄積が将来のアディクション財消費に与える効用の増加が，左辺の過去の蓄積が健康ダメージの将来にわたって与える不効用の増加より十分大きければ，（10-1）式のようにアディクション財の効用とその蓄積による不効用の両方を考える合理的な消費者でもアディクション財を消費することを示している．さらに，合理的な消費者のアディクション財消費は σ が大きいほど，つまり時間選好率が高く現在を重視するほど起こりやすく，δ が大きいほど，つまりダメージの蓄積がす

190   第 III 部　経済的要因と非経済的要因

ぐに解消すればするほど起こりやすい．さらにアディクション財の価格と消費
の関係については，現在の価格上昇だけでなく，将来の価格上昇によっても，
現在のアディクション財消費は減少し，短期的な価格上昇の消費減少効果より
も，永続的な価格上昇のそれの方が大きいことが示された．これらの結果は，
実証分析でも支持されたため（例えば Chaloupka, 1991），Becker and Murphy
（1988）のモデルは，アディクション財の消費行動を説明する標準的な経済モ
デルとなった．

10. 2. 2　合理的アディクション理論への批判と修正

　このような強い合理性を持った消費者が，実際とはかけ離れているという批
判は強い．合理的アディクション理論では，アディクション財の性質や将来に
わたる健康への被害を十分に知っており，財のよい面と悪い面を先までよく考
えた上で消費量を決めるものと想定されている．このような消費者は自分の行
動を後悔し，止めたいと思っていても止められないということのない，いわば
「happy addicts：幸せな嗜癖者」（Winston, 1980）と言える．

　（10-2）式で見たように，時間選好率が高い，つまり現在の利得を重視する
ほどアディクション財を消費するという結果は，実際の喫煙者や薬物患者に対
する実証研究でも頑健に示されている（Ida and Goto, 2009；Kirby and Petry,
2004）．時間選好率が高ければ高いほど将来の利得が大きく割り引かれ，遠い
将来の利得は意思決定に与える影響がなくなっていく．つまり，時間選好率は
将来についての先見性の範囲を表す変数と考えることもでき，近視眼的な選好
に関しては合理的アディクションモデルの中でも分析できる．一方，アディク
ションの結果の健康への悪影響のリスクを正しく判断できるかについては，合
理的アディクション理論の修正が行われた．

　自分がどのくらいの確率で病気になるかを客観的に正しく判断できる人は少
ない．誰しも，何となくこれくらいという見込みを持っている人もいるだろう
が，それが実際のリスク数値とどのくらいかけ離れているかは個人の楽観度合
いによる．こうしたリスクに対する楽観度合いが個人間で違うことを明示的な
取り入れたモデルが Orphanides and Zervos（1995）である．このモデルでは，
健康へのダメージが顕在化する真の確率を事前には知らず，実際に悪影響が出

るか否かによって主観的確率をベイズ法則によって修正していく．主観的な初期確率と真の客観的な確率の差は，個人の楽観・悲観度合いと解釈できる．健康被害がなかった場合は，次の期はより楽観的に主観的確率を低く修正していく．最初に真の確率に対してあまりに低い事前確率を見積もってしまうと，消費量の蓄積が少ないうちに楽観的な見通しを修正することはできず消費を続けてしまうため，最終的には依存症となり悪影響を受けてしまう．そのとき，事前確率を低くしたことを後悔しても時すでに遅しである．例えば，若年者で喫煙を開始した場合，周囲の人や誤った情報などにつられて依存症の危険性を実際より低く考えてしまうことはよくあることであろう．このように，Orphanides and Zervos（1995）では，アディクションの初期段階での将来に関する情報がその後の嗜癖を左右する重要な因子であることを指摘し，完全予見ではない，主観的な見通しと現実の結果との乖離に悩む消費者をモデル化した．

　普段は合理的アディクション理論が想定するような冷静な消費者であっても，何かの"きっかけ"で人が変わったようにアディクションに走ってしまうという人もいるだろう．快楽が手に入りそうだという"きっかけ"だけでも，脳内の報酬系が条件反射的に活性化されるという神経科学的な研究結果に基づき，人間の行動が合理性と非合理性のはざまで動き，個人内に慎重な行動と衝動的な行動が共存するという個人内葛藤（inner-manual conflict）の考え方をモデル化したのが Bernheim and Rangel（2004）である．消費者は毎期，アディクション財を巡る環境の選択が可能である．効用は高いが"きっかけ"の多い状況（exposure：暴露），効用は中程度で"きっかけ"も中程度の状況（avoidance：回避），効用は最も低いが"きっかけ"も少ないためアディクション財の消費をしないことが保証されている状況（rehabilitation：リハビリ），これら3つの環境から選択する．さらに，exposure と avoidance では，アディクション財を消費するか否かを選択できるが，無論消費した方が衝動的な行動をとる確率は高くなる．喫煙で考えれば，暴露状況は，喫煙可能のレストランへ行くことや，喫煙者の友人に会うことなどが考えられる．回避状況は，外出するが禁煙の場所へ行くことや，家にいてたばこの広告などがある雑誌も見ないようにすることが考えられる．リハビリ状況は，そのときは財の消費がないことが保証されるような環境であるため，家族や医師の協力を得て禁煙治療を受け

192　　　　　　　第 III 部　経済的要因と非経済的要因

ているような喫煙者にとっては厳しい状況である．このモデルは，通常は冷静で合理的な消費者でも，条件によっては衝動的な行動をするという結果に陥る．したがって，アディクション財への対策は，その健康被害の知識教育などのみでは不十分で，例えば公共の場での禁煙や麻薬取締の強化などの"きっかけ"を少なくするような政策や，禁煙・禁酒への補助などのリハビリモードの効用を増大させるような政策が必要だということが理論的に示された．

このように，Becker and Murphy（1988）のモデルを契機として経済学では，強化効果などのアディクション財の特徴を組み入れながら，人々の時間・リスク選好の違いや，同一人物内での複数の行動原理のせめぎ合いなどより複雑な人間行動を説明できるように分析が発展してきた．

10.3　行動経済学から見た生活習慣とアディクション

これまでの健康に関する生活習慣とアディクションについてのモデルでは，時間選好については割引効用理論を，リスク選好については，期待効用理論を用いていた．近年の行動経済学の研究では，時間選好とリスク選好の根幹をなす仮定が覆されることがあることがわかってきている[6]．生活習慣とアディクションに関してはどのように行動経済学の成果を取り入れているのだろうか？

10.3.1　時間選好

異時点間の意思決定に関するモデルでは，これまで時間選好率が一定と仮定されることがほとんどであった．この場合，現在の 10 万円と 1 年後にもらう 12 万円が同じ効用であれば，5 年後の 10 万円と 6 年後の 12 万円は同じ効用になる．実際には，現在と 1 年後の選択であれば現在の 10 万円を 5 年後と 6 年後の間の選択であれば，6 年後の 12 万円を選ぶのではないだろうか？　このように，長い将来の選択よりも短い将来の選択の方が近視眼的な選好を持つことはよく知られている[7]．この場合，時間選好率は利得が得られるまでの待ち

---

6)　行動経済学についての概説は，依田（2010），友野（2007）などを，行動経済学の成果が，アディクションに関する政策に与える含意については岩本（2009）をそれぞれ参照のこと．

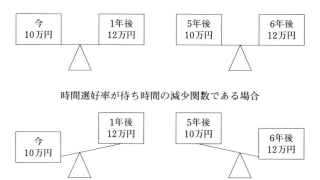

図 10-2　時間選好に関する非整合性

時間の減少関数になる.

　この結果,現在の視点からは5年後禁煙する（5年後の利得を選ばないという意味で）という計画を立てていたとしても,いざ5年後になるとそのときの視点からは「現在」を重視して喫煙を続けるという選択をしてしまう．このように,視点によって望ましい選択が違ってしまうという時間非整合性が起きてしまう．

　時間非整合性の定式化の例として準双曲割引（quasi-hyperbolic discounting (Laibson, 1997)）がある．ある期での生活習慣から得られる効用を S と書く．喫煙を続けるときの通常の割引効用は,$\delta\,(0<\delta<1)$ を用いて,

$$\sum_{i=0}^{\infty}\delta^{i}S$$

で表すことができる．一方,準双曲割引の場合では,

$$S+\beta\sum_{i=1}^{\infty}\delta^{i}S$$

で表される．ただし,$0<\beta<1$ である．ここで,1期目と2期目の間の割引因子は δ であるが,現在（0期目）と1期目の間の割引因子は $\beta\delta$ であり,δ より小さい．したがって,すぐ次の期は,将来の隣接する期の間に比べて大きな

---

7) この傾向は,選択肢の一方に現在を含むときにより顕著であるため,現在性効果とも呼ばれる．

割引率で割り引くことになる.

このような準双曲割引の性質と生活習慣の関係では，喫煙歴との関係（Khwaja *et al.*, 2007）や BMI（Body Mass Index）との関連（Ikeda *et al.*, 2010）が指摘されている.

時間が経つにつれて前もって決めたことが変化してしまうという時間非整合性がある場合，あらかじめ，先延ばしにするような選択を取れなくするような予防策を準備するプレコミットメントが有効である．将来喫煙を続けた場合に何らかの費用を課し，望まない結果がもたらす効用を下げることで行われる.

禁煙時のサポートのように，禁煙すること自体の不効用を減らすようなことは厳密にはプレコミットメントとは言えない．ただし，禁煙する前に家族や知人に禁煙することを伝えてしまうことは，もし禁煙が失敗したときに恥ずかしいという意味ではプレコミットメントと言える．また同時に周囲の人から禁煙中にイライラしたときなどにサポートを受けるという意味では，禁煙の不効用に影響を与えるという役割をも持っている.

合理的アディクションモデルの想定では，禁煙しようという決心は揺らがず，あらかじめ決めた最適な行動から外れることはないので，禁煙を行うときの不効用を減らすような禁煙補助製品を使うことはあっても，プレコミットメントにより失敗したときの予防線を張っておくことは考えない.

アディクションに関して，最初に時間非整合性の問題を明示的にモデルに導入したのは，Gruber and Koszegi（2001）である．ここでは，効用関数に準双曲割引を仮定しても，Becker and Murphy（1988）で得られたような結論が理論的に導出可能であることを示した．つまり，合理的アディクションモデルで得られる結論は，嗜癖による将来の影響を考慮に入れるという forward-looking の仮定のみに立脚し，時間整合的かどうかとは無関係に成立する．したがって，合理的アディクションモデルが実証的に支持されるからといっても時間整合的な選好が支持されているというわけではない.

時間整合性に関する見方の違いは，政策インプリケーションにも影響を与える．強い合理性の下では，嗜癖に対する介入の必要性は受動喫煙による健康被害のように外部性が存在するときにとどまる．また税による分配への影響を考えるために，他の税との累進性の比較を行う必要がある．実際に，たばこ税で

はむしろ逆進性のある税であることが指摘されてきた（Poterba, 1989）. Gruber and Koszegi（2004）では準双曲割引を仮定したモデルを用いて, たばこ税の消費者の厚生に与える影響を分析している. ここではたばこ税を, 長期的には悪影響を及ぼすような財を近視眼的な欲求から過剰に消費してしまうことを防いでくれる自己抑制装置（self-control device）として捉えている. その結果, 税による厚生の低下は強い合理性の場合よりも少ないと結論づけている. また, 価格弾力性が低所得層の方で大きいほど税の逆進性も軽減される.

10.3.2　リスク選好

　時間選好では, 割引率一定の割引効用が成り立たない場合のモデル化として準双曲割引などの方法が考えられ, 理論的にも実証的にも生活習慣の分析に利用されている. リスク選好では, 期待効用からの逸脱の定式化を生活習慣の分析に利用している例はほとんどない. また, 時間選好と違い, 不確実性下での意思決定は生活習慣固有の問題ではなく, 医療経済学全体の問題である. 例えば, 利得と損失でリスク選好が異なるといった損失回避についても, 費用効果分析でどのように考慮すべきといった議論がなされている（Gandjour, 2008）. ここでは行動経済学の代表的な不確実性の下での意思決定理論をプロスペクト理論（Kahneman and Tversky, 1979）を簡単に説明する.

　プロスペクト理論では, 強く記憶に残った出来事や, 典型的な例にとらわれることで主観的な確率評価は客観的な確率と乖離する. その乖離には法則性があり, 一般に, 図10-3のように低確率の領域では蓋然性が過大評価され, 高確率の領域では蓋然性が過小評価されることが知られている（Lichtenstein *et al.*, 1978）. また, 利得には, 過去の習慣や現状などさまざまな要素によって形成される参照点（reference point）と呼ばれる判断基準があり, 利得の価値は額面の水準ではなく参照点からの乖離によって測られる. 効用関数の形状は図10-4のように, 正の乖離（利得面）ではリスク回避型, 負の乖離（損失面）ではリスク愛好型となる. また, 人間は利得よりも損失の方を嫌う（損失回避）傾向がある. そのため, 効用関数は, 損失面では, 利得面よりも, 傾きが急になっている.

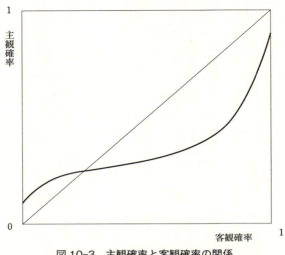

図 10-3 主観確率と客観確率の関係

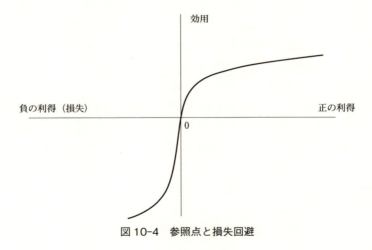

図 10-4 参照点と損失回避

10.3.3 選好の変化

　経済学の消費者選択理論は**選好**（preference）と**効用**（utility）の学問である．そこでは，選択 A と選択 B が 2 つある場合，選択 A の効用 $U(A)$ と選択 B の効用 $U(B)$ を比較して，$U(A)>U(B)$ という大小関係がある場合，消費

者にいくつかの合理性が満たされれば，効用の大小関係と選択の選好関係は等値であることを証明できる．

　ここで暗黙のうちに仮定されているのが，選好の安定性である．人々の時間選好は安定的なものだろうか？　それとも時間の経過によって変わりうるものなのだろうか？

　時間選好の分野でも時間選好率は所与のもの，つまりモデルの外で決まる外生的な変数であると取り扱われることが多かった．もちろん，時間選好率が消費のフローで決まるという議論はされていたが（Uzawa（1968）など），モデル化までには至っていなかった．

　Becker and Mulligan（1997）は合理的アディクションモデルを拡張して，モデルの中で時間選好率が決まるような「内生的時間選好モデル」を開発した．彼らは，時間選好率が大きいことつまり近視眼的な選好を人々は弱点だと気づいており，なんとかこの弱点を克服し，将来のことを考えられるように行動するのだと考えた．

　簡単に，2期間を生きる消費者のモデルを考えてみよう．現在と未来の消費を c_0，c_1 とし，それぞれの消費から得られる効用を $U_0(c_0)$，$U_1(c_1)$，と書くと，2期間の効用の和は次のように書ける．

$$U=U_0(c_0)+\beta(S)\cdot U_1(c_1)$$

ここで，将来の効用は β で割り引かれるが，通常の場合のように β は定数ではなく，β は関数の形になっている．何もしないと，つまり $\beta(0)$ の場合は，1より小さな正の値をとる割引因子が，より将来のことを重要に考えるために何らかの資源を消費すると徐々に割引因子が大きくなっていく．ただし，その効果は徐々に減っていく．つまり，$\beta'(S)\geq 0$，$\beta''(S)\leq 0$ であると仮定されている．

　さて，このモデルで考えられている S はどのようなものであろうか？ Becker and Mulligan（1997）で最初にあげられているのは新聞である．現在の満足感ではなく，将来のことに興味を持つために新聞を読む．現在の生活習慣が将来の健康状態を悪化させるというような医学的な情報を収集して理解するというのも同様であろう．

198   第III部　経済的要因と非経済的要因

　アディクションと時間選好率との関係は次の通りである．アディクション財を消費しているものは，現在の効用が上がり，将来の効用が下がるため，βを上げることからの収益は低くなってしまう．このような消費自体がβを上げることの限界費用を低くしない限り，アディクション財を消費すればするほど時間選好率は高くなってしまうということになる．逆に将来健康が改善するきっかけがつかめれば，将来健康から得られる便益が増え，βをあげることの収益があがり，よりβをあげるつまり時間選好率を下げるために努力することが合理的となる．

　選好を所与のものと見るか変化するものと見るかで取り得る政策も変わってくる．いままで述べたように，アディクションから脱することができず，予防行動もできないものの時間選好は近視眼的である．この時間選好を所与で変わらないものとすれば，死亡率の減少といった将来についての便益は無視され，目先のたばこ価格の変化が重視される．健康教育よりもたばこの値上げの方が禁煙させるのには有効である．また，現在の利得を重視する傾向が強いなら，それを利用した直接的な禁煙支援が有効である．実際に，禁煙参加に対して報償を与えるインセンティブ付与をした方が禁煙継続率が高いという研究も海外では行われている（Volpp *et al.*, 2009）．

10.3.4　選好の変化と動機づけ

　一方，選好の変化があるときには，アディクションを抑え予防行動をとらせることを助けることが，時間選好率の低下を通じて将来の利得を考慮することにつながる．現在喫煙中のものには，健康教育を受けるための金銭的な補助をするなどでβをあげることの限界費用を低めることが重要である．禁煙を始めたものについては，禁煙を続けるサポートをすることが，時間選好率を低下させ禁煙成功に近づけることの近道となる．

　このように，選好の変化がある場合は，経済学で政策として非常に重視されるインセンティブ付与の効果についても疑問が出てくるかもしれない．

　生活習慣の変更といった行動変容を起こす力として，経済学では金銭的なインセンティブ付与などの外的動機が重視されてきたが，心理学の分野では「自分は変われる」という自信のような自己効力感（self-efficacy）といった内的

動機も重要とされてきた．そして，両者の関係は独立ではなく，外的動機によって内的動機の形成が阻害する可能性があるという考え方がある．経済学の中でも，幸福の経済学研究で知られるフライらは motivation crowding theory として外的動機と内的動機の関係を以前から注目していた（Frey and Jegen, 2001）．健康医療分野ではないが，最近の実験経済学の実証研究でも外的動機が内的動機の形成を阻害するという結果が確認されつつある（Falk and Kosfeld, 2006）．

　上で述べた，喫煙者に対して金銭的報酬を与える禁煙促進を見てみよう．喫煙者はより，近視眼的な時間選好を持っている．ニコチンは，報酬系という，欲求が満たされることによって満足感を与えるドーパミンを伝達物質とするニューロンを刺激するが，目先の利得を選択するときにも同様のニューロンが関与するとされている（McClure *et al.*, 2004）．喫煙者にとっては，すぐもらえる金銭はニコチンと代替可能な外的動機なのかもしれない．もし，内的動機の形成と将来を重視した時間選好が異なる脳内経路によるものだとすると，金銭的動機は内的動機を通した選好の変化に寄与しないと言うことになる．金銭的な動機のみを利用することは，選好の変化の機会を失わせることになるかもしれない．

　内的動機の形成に関する研究は，抽象的な指標による研究が多い．より定量的な分析のために経済学的なパラメータを導入することは，心理学と脳科学の架け橋をする形で行動変容における外的動機と内的動機の関連性に対する知識を深めてくれることになるのではないだろうか．

第 11 章

医療技術の進歩と伝播

　技術進歩（technological innovation）は，資本・労働力とならび，生産性を規定する重要な要因の 1 つである．医療市場においては，いずれの国においても程度の差こそあれ，保険・支払制度の下で価格統制が存在することから，価格競争に代わって医療サービスの質をめぐる競争により差別化を図る傾向が強い．それが新規技術導入の強い動機を形成しているのではないかと考えられている．また，消費者・患者の需要に応えて技術導入が決定されるとは限らず，むしろサービス供給者側（病院・医師）の判断で技術導入が決定される点も特徴として指摘されている．その動機として医療サービスの質による差別化戦略だけではなく，新しい技術を志向し，それにキャッチアップすることを専門性の表れとする医師集団の規範なども関与している．それによりサービス需要が新たに創造・誘発されるとも考えられるのである．これらの医療市場の特徴を技術的要請（technology imperative）と Fuchs（1972）は表現している．

　本章では，すでに開発され市場で入手可能となった新規技術について，その伝播（diffusion）の規模，タイミングやスピードを規定する要因について検討するために必要な理論・モデルに焦点をしぼり，いくつかの実証研究を紹介する．一方，新規の医療技術（薬剤など含む）の研究・開発（いわゆる R & D）については取り上げない．薬剤の研究開発や承認申請のタイミングなどについては，主に産業組織論的モデルとして利潤最大化を考える開発主体（企業）を想定し，開発費用，価格決定のメカニズム，市場競争の状況，市場の規模や購買力（国民 1 人当たりの GDP など），制度・規制の影響などを考慮することになる．関心がある場合は該当論文など参照してほしい（Danzon *et al.*,

2005).

　また本章では，新規技術が制度的にすでに利用可能になっていることを前提とする．新規技術のうち，医薬品・材料については，実際の医療現場で利用できるためには，政府機関（日本の場合は独立行政法人医薬品医療機器総合機構（Pharmaceuticals and Medical Devices Agency：PMDA），米国では食品医薬品局（Food and Drug Administration：FDA））から安全性承認が下りていることが前提条件となる．さらに保険償還の対象として収載されて初めて，事実上提供可能になる（日本の場合，厚生労働省の中央社会保険医療協議会が償還可否ならびに公定価格を決定する）．政府などによる承認・保険償還の判断を左右する要因については，各国の制度や政治経済的要因を考慮した政治経済的論稿や比較制度論的な研究を参考にして欲しい（Milewa, 2006）．

11.1　医療技術とは何か

　新規の医療技術の導入・伝播普及を考えるに先立ち，まず「医療技術」とは何かについて整理しておく必要がある．経済学でいう「技術」とは生産関数の要素であり，資本・労働力の生産効率性を左右する要素を広く指している．つまり，ある期間に投入される医療スタッフによる労働量（時間×人数）と，病院・診療所などの施設・機材などの資本量が同じでも，より高い「技術」によってより高い生産性が期待されるのである．具体的には続く項で取り上げるように，より高い診断精度を持つ診断機器や，より高い治療効果を発揮する薬剤・手術方法，そして新たな医学的知識・情報などがあげられる．一方，医療の世界でいう「技術」は，主に医師の「手術の腕」とか「経験」・「判断能力」など，医師の人的資本（human capital）の質（うまい・へた）を指すことが多い．例えば，同じ薬剤や手術方法を用いて治療しても，医師の力量によって治療成績が異なる場合に「技術」という言葉を用いる場合がある．また支払いの際に「手術の技術料」などというときは，その手術を提供するために投入される医師の労働力（時間）と手術の難易度によって必要とされる人的資本の質（手術経験）を併せて評価し，対価として支払われる保険償還を指すことになる．このように「技術」という用語は異なる意味で用いられることがあるので，

注意が必要である.

11.1.1 検査機器

　医療技術として一番イメージしやすいのが検査法であろう. 実際コンピュータ断層撮影 (CT) と核磁気共鳴画像 (MRI) は, これまで最も技術伝播研究の対象とされた「技術」である. これらの新しい画像検査法は, 飛躍的に診断の精度を高め, 医療現場における生産性を高めることに大きな貢献を果たしたのである. CT/MRI の「技術」は, 検査機器という「商品」として市場に出され, 需要側 (この場合は病院施設) が導入の意思決定をした上でそれを「購買」することから, 経済学的にもイメージしやすい. また数量的データも比較的容易に得られる (国際比較であれば経済協力開発機構 (OECD) の Health Data, 国内であれば医療施設調査やメーカーの市場データなど) ことなどが人気の原因だろう. また標準化された商品であり, 病院の機能や制度が異なっても同じ質のアウトプット (どこで誰が取ろうと同じ脳の断面画像が入手できる) が期待できるところも, 経済的分析には向いている.

　CT/MRI の人口当たり台数は, 日本が突出して高いことが知られている (Oh *et al.*, 2005). 主に国際比較では, 国の購買力の指標として国民 1 人当たり GDP や医療費を取り, さらに高額検査機器導入に対する規制や, 支払制度の違いなどを変数として加えた回帰分析が古典的になされている. 国内の病院施設間における MRI の導入時期については後述する米国の研究などが見られる.

11.1.2 薬剤・医療材料

　同じ新規医療技術でも, 新しい医薬品や医療材料になると, 意外なことにほとんど研究されていない. データの入手が困難であることもさることながら, 同じ新規技術であっても伝播・普及に影響する要因が異なることが, モデル化を難しくしているのだろう. ここでは降圧剤と抗がん剤を例にあげてみよう.

　高血圧の治療に使われる降圧剤は, 一般の外来で広く用いられている. 服用している患者の数も多く, 服用は長期にわたるので, 副作用が比較的少ないか軽微なものが市場に出回っている. ある医院の医師が, 新規の降圧剤を導入す

るかどうか判断する場合を考えよう．薬効は異なるがすでに他の降圧剤を用いた経験もあり，危険な副作用が起こることもあまりない．既存の知識や供給体制でも提供可能なので，導入のための摩擦費用は極めて低い．むしろ「新薬を使わないと，時代遅れで腕が悪いと他の医師や患者から思われるのはいやだ」という理由で導入が決まるかもしれない．また製薬会社によるマーケティングの効果，薬価差益の大きさ（公定価格と実際の購入価格の差額）なども影響するかもしれない．

　降圧剤と違って，抗がん剤は悪性腫瘍という特殊な疾患に用いられるもので，副作用も強く，治療を行うには専門の知識や経験が必要になる．新規の抗がん剤を導入しようとすると，従来の抗がん剤とは異なる副作用や薬効があるために，新しい投与方法・管理体制が必要になる．そうした場合，この薬の採用・導入に伴い，新たに化学療法外来を新設したり，新しい薬を使いこなせる知識や技能を持った人材を養成したりすることが必要になる．このように導入費用が高い場合，それを上回る動機（例えば「がん治療の専門性を高めて他の施設と差別化したい」など）がないと技術導入に踏み込みにくくなる．

11.1.3　手術方法

　先に，医師の「手術の腕・技量」は経済学的な意味での「技術」ではない，と注意を促した．一方，「手術方法」そのものは，立派な「技術」である．例として内視鏡的胆嚢摘出術を取り上げよう．

　胆石などのために胆嚢を取る手術（胆嚢摘出術）は，従来は開腹手術で行っていた．日本では1990年代初頭に，これを内視鏡（腹腔鏡）によって行う手術が導入され，1992年には保険収載された．現在では胆石などの胆嚢摘出は内視鏡手術が第一選択になっている．開腹せず，小さな切開部から腹腔鏡や操作端子を挿入して行う手術なので，患者への負担が開腹手術に比べて少なく，在院日数も現在は平均5日以内に短縮している．しかし，開腹手術と異なる技能や感覚が必要で，機器の改良にもかかわらず，経験の浅い術者・施設では重大な合併症の発生が問題となっていた．学習曲線の影響が強いと考えられたことから，2004年以降，日本内視鏡外科学会が技術講習会を主催し，学会所属の内視鏡手術経験の多い医師が，縫合などの技術をシュミレーター（練習用の

模擬手術装置）を使って，直接指導するようになった．さらに受講を条件に外科手術経験数など加味した上で，手術手技のビデオ審査による技術認定制度（技術認定医）が導入されるようになった．このように新しい手術器具の開発・改良がされたことに加えて，術者の技能の質（それ自体は人的資本の質）を向上・保証するための教育システム・制度が整備されたことで，初めて技術伝播が進んだのである．

　手術のように，「技術」導入に「技能」が要件となる場合，最初に導入するときに必要な知識・経験は大きな導入費用となる．こうした知識・経験を得るには文献などによる情報に頼る以外に，近年は経験の多い術者が実際の手術過程を録画し，解説をいれながら進めるライブ公開手術が各学会で広まっている．しかしすでに経験を持ったものが未経験のものに直接接触し，手ずから経験・知識を伝授していくことは依然として必要とされている．ある施設で初めての手術を行う場合は，外部の施設ですでに経験を持った術者に来てもらって指導を受けるか，自施設の術者を経験のある施設に一定期間派遣して指導の下で経験を積ませてから自施設で行うのが一般的である．こうした人的なネットワークが伝播を規定する要因として大きな影響を有することになる．

11. 1. 4　医学知識・情報

　目に見えた検査機器や薬剤・医療材料，手術法などに比べると，計測が難しいのが知識・情報としての技術である．典型例として胃潰瘍の治療を取り上げよう．1990年代前までは，胃潰瘍は消化性潰瘍という疾患概念に基づいた治療法が取られていた．具体的には，胃液・胃酸による粘膜への障害と，胃粘膜保護機能のバランスが崩れたときに潰瘍になるというものである．これに基づいて胃酸を押さえる薬と胃粘膜を保護する薬の併用が主たる内科的治療であった．1983年にピロリ菌による感染が胃潰瘍の原因であることが発表され，その後抗菌剤によるピロリ菌の除菌療法が提案されその効果が明らかとなった．除菌に用いる抗菌剤（アモキシリンとクラリスロマイシン）はいずれも既存の薬剤であったことから，学会や医学雑誌などによる知識・情報普及によって，一気に除菌療法は「常識」に取ってかわった．しかし2剤の保険適用（それぞれの薬ごとに，保険償還の対象となる疾患が定められている）に胃潰瘍が正式

に加わったのは 2000 年 11 月のことだった．保険収載以前にすでに現場では除
菌療法は導入・普及されていて，胃潰瘍以外の「保険病名（保険を通すための
病名）」を付けたり，保険者側でも事実上保険償還を黙認するものもあった．
こうしたグレーゾーン期間がある場合は，技術がいつからどの程度使われてい
たのかを正確につかむことが困難である．

11.2 技術伝播モデル

以上，いくつかの「医療技術」について事例を見てきたが，本節では技術伝
播のモデルについて紹介する．ただし，これらのモデルは実際に医療技術の伝
播研究に用いられたものはほとんどない．技術の性質が多様で，伝播に影響す
る要因が複雑であることなどが理由と考えられる．しかしモデルの精緻化が進
むにつれて，医療技術の伝播への応用可能性が広がりつつあることから，モデ
ルを紹介することに意義があると判断した．

11.2.1 伝染モデル （epidemic model）

今日的な技術伝播の経済学は Mansfield（1961）に始まると考えてよいだろ
う．伝染モデル（epidemic model）と呼ばれる初期のモデルでは，

1) 主体（企業）は技術の存在を認知するとそれを導入決定する
2) 技術の存在に関する情報は，すでに導入したものがまだ導入していない
   ものと接触することで伝播する

という前提の上に成り立っている．あたかも伝染病が広がるのと同じように，
指数関数的（exponential）に技術伝播が進み，その速度は導入者と非導入者
の接触頻度によって規定される（図 11-1）．その結果，バンドワゴン効果
（bandwagon）によって，市場における技術に関する情報や利用経験が豊富に
なればなるほど，技術伝播が進む方向で競争が加速するということになる．

この初期モデルの欠点は，

1) なぜあるものが先に導入を決め，あるものは後に続くのかを説明できな
   い
2) 導入を検討している主体（企業）を均一な集団として捉え，技術に関す

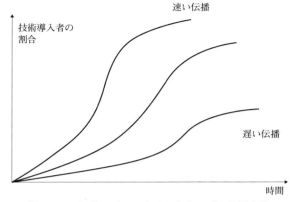

図11-1　伝染モデルによるS字カーブの伝播曲線

　　る情報を受け身で待っていて，情報が来ると無条件に導入すると前提している
　3）技術についてもその性質によって伝播の度合いが異なることを説明できない

などが指摘され，モデル改良の提案が進んでいる．

　Davies（1979）は，技術を大きくグループAとグループBに分けた．グループAの技術とは，簡単で安価なもので，その伝播は早期に加速的に進むが，その後は伝播スピードが鈍る．導入しないことによる競争上の不利が大きくないことから，必ずしも100％導入になるとは限らない．一方グループBの技術は複雑かつ高価なもので，その伝播はグループA技術に比べて遅いが，その競争上の必要性から，最終的には100％導入される可能性はA技術よりも高い．グループAの伝播は，正の歪度を持った積率対数正規分布としてモデル化されるのに対して，グループBの伝播は左右対称の積率正規分布関数としてモデル化されている．

　さらにDaviesは，導入決定のタイミングが主体（企業）ごとに異なる理由として，主体の特性の違いによって導入可能性が異なり，ある閾値を越えたものが技術導入に踏み切ると仮定した．規模経済により導入による期待利潤が異なること，導入に対するリスクへの耐用性が大企業では高いと考えられること

から，企業特性として規模を最も重視した．さらに主体特性に加えて，技術導入の場となる産業（industry）の成長率，産業内の企業の数（競争状態）や規模のばらつき具合，技術の期待利潤の高さ，技術革新の速さ（待つ方がよりよい技術を安価に入手できる場合は導入を見送る方が有利になる）などが伝播に影響する要素としてモデル化されている．

これら伝染モデルに由来する研究は，主に技術導入決定した企業の数ないし割合を被説明変数とし，伝播関数を設定してモデル適合を検討するものが古典的だった．しかし集計データを用いているために企業とそれが属する産業の性質を分けることができない，時間によって変化する（時間依存性の）技術や企業の特性を考慮できないなどの批判を受けた．こうした弱点を克服するため，企業ごとのミクロデータを用いて，技術導入までの時間を生存分析（failure time model など）でモデル化し，企業の性質や産業の特性なども明示的に取り入れた分析が現在では一般的になっている．関心がある場合は関連の総説（Baptista, 1999）などを参照されたい．

本節の冒頭でも断ったが，伝染モデルに由来する経済学的研究では，農業技術や情報技術などを主に取り上げてきているが，医療技術はほとんど取り上げられたことがない．しかし，導入費用（教育・人材育成など）や主体（企業）間のネットワークの影響などを新たにモデルに取り組むことは比較的最近検討が進んでおり，これらの要因は特に医療技術において影響力が大きいものと想像される．これまでの技術伝播の経済学研究では，技術に関する情報は完全情報が入手できることを前提としている点も，医療技術領域での応用においては新たなフレームが必要とされる点になっている．

11. 2. 2　Rogers の技術伝播理論（Diffusion of Innovation Theory）

技術伝播に関する理論のなかで影響力が大きいのは，社会学的・経営学的な側面からアプローチした Rogers（1995）の技術伝播理論である．この理論の構成は，

1）伝播される技術の特性
2）伝播の場となる社会システムの特性
3）伝播の経路（channel）

4）技術導入のプロセス

5）導入決定のタイミング

などから成る．かなり包括的な理論体系であることから，ここであげられた要素をすべて検証可能なモデルに組み入れることは困難である．一方，技術の性質などを考慮して，これらの要素の中から重要と思われるものを取り上げてモデルを組み立てるには，大変参考になる．以下それぞれについて概略を紹介する．

まず伝播される技術の特性として，Rogers は以下の要件をあげている：

1）相対的優位性（relative advantage；既存の技術より相対的に優れていること）

2）比較可能性（compatibility；既存の価値やニーズ，提供体制に沿っていると広まりやすい）

3）複雑性（complexity；技術が複雑なほど理解も実践も広まりにくい）

4）試行可能性（trialability；試行が許されるほど広まりやすい）

5）可視性（observability；導入効果や便益が目に見えやすいと広まりやすい）

伝播の場となる社会システムとしては，技術導入の意思決定主体となる個人（例えば医師）や組織（病院・学会・企業）などの特性に加えて，制度や社会風潮などの環境を考慮することが必要である．主体の特性として既存の経験やニーズ，新規性に対する一般的態度やリスク態度，経済的余裕，さらには組織内の意思決定権限の構造，周辺企業・産業とのコミュニケーション・ネットワークの程度などがあげられている．周囲環境としては，産業の成長率や競争環境などに加えて，オピニオンリーダーの存在や，変革を促す制度・システム（例えば学会の教育システム・認証制度）などがあげられている．

伝播のプロセスは，古典的な伝染モデルでは情報が認知されると技術導入が決定されるという単純なものであった．Rogers はこれを 5 つのステージに分けている；

1）知識段階（knowledge stage；技術の存在を認知した）

2）説得段階（persuasion；新規技術に対する態度を形成する）

3）意思決定段階（decision；採用可否を決定する）

4）実施試行段階（implementation；採用技術を実際に用いる）

5）確証段階（confirmation；初期実施経験に基づいて継続採用するか，否かを最終的に決定する）

どの段階まで進むかは，既存の活動やニーズ，新規性に対する規範や態度，コンプライアンスの程度などによって左右される．なお，実施と確証を分けていることで，試行期間が存在すること，また途中で放棄される技術があることを認識している点は重要である．というのも，医療技術の中には，導入前に科学的評価が定まらないまま保険収載が決まったものや，導入後に新しい知見が得られて評価が見直しされ，なかには放棄されるものもあるからである．典型例としてはシイタケ抽出物からできた抗がん剤（レンチナン），脳代謝改善薬（ホパテン酸カルシウム），経皮的大動脈弁形成術，浅側頭動脈–中脳動脈勿合術などがある．

伝播経路（channel）には専門家間や企業間でのコミュニケーション，マスメディアや学会誌などによるコミュニケーション，そして対人間（interpersonal）コミュニケーションやネットワークがあげられる．技術の性質・内容によって，どれが影響力を持つかは異なってくる．

導入のタイミングについて，古典的伝染モデルでは伝播過程を S 字カーブでモデル化した上で，導入意思決定者の何らかの性質の強度について分布を想定した閾値モデルを提唱していた．Rogers も S 字カーブを前提としている点は変わらないが，導入時期の分布によって主体（企業）を 5 つのグループにカテゴリー化した上でそれぞれの性質の違いを比較している（図 11-2）．革新群（innovators）は全体の 2.5% 程度見られ，リスクを好み，複雑な技術情報の処理や不確実性に対する対応能力，そして会計的リスクに対応するだけの権限を有することなどが特徴とされている．続く早期導入群（early adopter）は全体の 13.5% 程度に見られ，その業界のオピニオンリーダー，ロールモデルとして一目置かれており，その業界や地域のシステムをけん引する役割を果たしている．それに続くのが全体の 3 分の 1 を占める早期多数派（early majority）で，業界内での情報・ネットワークに敏感で新規技術にオープンである．これに対して別の 3 分の 1 を構成する晩期多数派（late majority）は，早期多数派よりも慎重で，経済的なインセンティブや業界内での競争などの圧力があって

第 11 章　医療技術の進歩と伝播　　　　　　　　　　　211

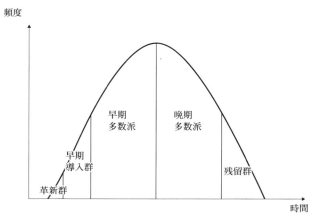

図 11-2　新規技術導入のタイミング；Rogers（1995）の 5 群

初めて技術導入に踏み切る．最後に残るのが残留群（laggards）で，16％程度存在し，業界の中では孤立していて意思決定スピードも遅く，資源的にも恵まれていないなどの特徴を有する．

11.3　技術伝播の実証研究

11.3.1　集計データを用いた研究

　国・州レベルで，CT/MRI の人口当たり導入台数や先端手術（開心手術や臓器移植術）の導入程度が異なることは，1980 年代から記述統計によって報告されてきた．国によって異なる技術導入・普及の状態を説明するには，古典的にニーズ・購買力・規制の存在の 3 つが考慮されてきた（Oh *et al.*, 2005；Slade and Anderson, 2001；州別では Baker and Wheeler, 1998 など）．ニーズとしては人口構成や疾病の有病割合など消費者側のニーズの反映と，人口当たり医師数や病床数などサービス需給者側のニーズを反映したものなどが取り込まれている．購買力としては国民 1 人当たり GDP や医療費，もしくは州・医療圏ごとの平均所得や教育歴割合などの社会経済的指標が用いられることが多い．制度・規制としては支払形態の自由度（最も緩いのが出来高払いで，最も

規制が強いのが予算制）や機器導入にあたっての規制（日本にはないが，北米・欧州では，高額検査機器などの導入には地方政府や国に申請し承認が必要；Certificate of Needs（CON））などを変数として考慮する．

　古典的な研究では，国ごと（ないし州や医療圏ごと）の人口当たりのサービス普及割合（台数・実施数など）のデータを横断的に収集し，これをアウトカムとして単純に線形回帰を行うことが多い．この手法の欠点は，医療費や支払形態，人口高齢化による人口構成が互いに内生的である可能性が高いことを無視している点，横断的に見ているだけなので，技術導入が開始された時期・スピード・規模などを分離して見ていない点，さらには導入主体を特定していないため，あくまで記述的な結果に留まる点などがあげられる．

　州レベルだが時系列データを用いたユニークな研究としては Caudill *et al.*（1995）がある．米国の州レベルで，1977 年から 1997 年までの 20 年間の血液透析の普及率の推移について，CON の影響をランダム係数モデル（random coefficient model）で検討し，CON が普及を有意に遅らせていたと結論している．

11.3.2　ミクロデータを用いた研究

　Teplensky *et al.*（1995）は，1988 年段階で MRI を保有ないしリースしていた米国の 637 病院を対象に病院の経営管理責任者（CEO）へのアンケートを実施し，いつ MRI を導入したかを調査した．そして比例ハザードモデル（Cox proportional hazard model）で導入のタイミングに影響した要因を検証している．仮説として 3 つの要因カテゴリーを想定し，会計的利潤動機，技術に対する志向，そして患者・消費者のニーズの 3 つをあげ，それぞれについて CEO アンケートで導入に際してどの程度考慮されたかを聞き取った．結果はいずれの要素も有意に影響していたことが確認された．さらに規制の影響（CON があると遅い），病院の規模（大きいほど導入が早い）や教育病院としてのステータスなども有意な影響因子であった．

　Romeo *et al.*（1984）は米国病院協会（American Hospital Association）と医療施設調査（Hospital equipment survey）の横断的・病院個票データを用いて，公的高齢者医療保険（メディケア）で診断群別先払い制度（DRG/

PPS）が開始される直前，州ごとに異なる先払い制度が導入されていたことを自然実験として用い，先払い制度が病院の技術導入判断に与える影響を検討している．導入の有無をプロビットモデル（probit model）で検討し，導入数や規模を最小二乗法（ordinary least square estimation）によって検討している．この研究の特徴は，MRI などのように導入費用が大きい"big ticket"（高額値札）技術ではなく，比較的導入費用が安い内視鏡や輸液ポンプ，胎児モニターなどの"little ticket"（低額値札）技術を対象としたこと，あわせて中央検査部門（細菌の薬剤感受性試験の自動装置）のように費用軽減を図るための技術などを検討した点があげられる．先払い制度は little ticket 技術の導入タイミングには影響しないが導入量を抑制する，一方費用軽減のための技術導入にはそのタイミングを促進したと結論している．

Escarce（1996）は 1989 年に導入された内視鏡的胆嚢摘出術の普及について，全米の医師サンプルに対する質問票調査を用いた検討をしている．この研究で注目されたのが，情報ならびにコスト外部性（externalities）の影響である．同僚・所属グループ内である医師が得た情報が周辺の医師にも共有されれば，その情報は正の外部性を有することになる．また同じ施設ですでに内視鏡的胆嚢摘出術を導入している医師がいれば，必要な手術器具や病院側の体制などの導入コストについても，後から続く医師はそれを利用することができることから，コスト外部性を有することになる．その予想通りに，ソロ契約やマルチ契約（さまざまな科の医師が集まって病院と契約する）の医師よりも，専門単科グループ契約に属する医師で，より早期の導入が有意に確認された．

11. 3. 3　日本における検討に際しての問題

日本では上述のような技術普及の国内研究は現時点では見あたらない．CT/MRI や高額検査・治療機器などの普及については，医療施設調査を複数年度個票利用すれば，都道府県ごとの人口構成や平均所得・地域医療費指数，人口当たり医師数などのデータも比較的すぐ入手できることから，検討は可能であろう．制度の変更や支払の変化，病院の規模や所有形態などによる違いが見られるかもしれない．手術や治療技術・材料医薬品などの伝播となると，データソースが限られてくる．今後，日本版診断群分類に関連したデータやレセプト

データが整備・公開されると，こうした検討は飛躍的に進む可能性はある．

技術伝播を検討する場合に重要になるのが，導入の意思決定主体の性質をどう捉えるかである．Feldstein（2009）が言うように，病院の非営利団体としての特性，患者・消費者のニーズよりも，医師が資源配分・技術導入の決定に影響力を持っている，という点は重要である（Feldstein, 2009, p. 261）．ただし，米国の場合，医師は病院と契約関係にあり，病院はよい医師を引き付けるために，新たな技術の導入を積極的に考えることがある．一方，日本の場合，病院といっても国公立・自治体立・保険者立などのような公益団体が経営する場合と，個人・医療法人が経営している場合，利潤動機の中身が異なっている点は，日本での技術伝播を考慮する際に，注意が必要な点である．

11.4　技術伝播の影響

これまで，技術の導入・伝播を左右する要因を検討するモデルや理論，いくつかの実証研究について紹介してきた．最初にも触れたように，新規技術は医療費増大の要因の中でも最も影響力がある成分であると認識されている．では，新規技術は何をもたらしたのだろうか．費用増分に見合うだけの便益を社会にもたらしたのであろうか？　この問いに実証的な回答を与えることは，実はかなり難しい．なぜなら技術そのものの有効性・費用対効果性だけでなく，社会経済的な環境の変化，その他の治療の進展など，さまざまな要因が絡むからである．

医療技術が生命延長にどれだけ寄与したのかについて，McKeown（1965）が投げかけた議論，「少なくても 1930 年代までは，平均余命延長や死亡率の低下に寄与したのは社会経済的要因がメインで，医療はほとんど寄与していない」は，その後の見直し論議のさきがけとなった．ただし McKeown の示したデータは記述的なもので，抗生物質などの開発にさきがけて，乳児死亡率が低下してきたことを示しただけである．社会的な健康決定要因を支持する強い証拠として現在も認められている．一方，1970 年代以降は，医療技術が生命延長に有意な寄与をもたらしていることは，ほぼ合意が取れていると見てよい．ただし費用増分に見合ったものであるかどうかについては，議論が続いている．

第 11 章　医療技術の進歩と伝播　　　215

　Cutler and McClellan（2001）は，米国のメディケアのレセプトデータ用い
て，1984 年と 1998 年の間で，心筋梗塞の治療内容，その費用，そして治療後
の生存率の変化を記述した．1 件当たりの治療費は 1 万 2,000 ドルから 2 万
1,000 ドルに増え，その半分は新規技術の導入（カテーテル治療やバイパス手
術など）によるものであった．この間に心筋梗塞後の期待余命は 5 年から 6 年
に延長していた．この 1 年の延長の価値は 1 万ドルを超えると考えれば，技術
導入は費用を上回る便益をもたらしたと言えるだろうと主張している．一方，
Skinner *et al.*（2006）は，Cutler and McClellan と同じくメディケアのレセプ
トデータを 1986 年から 2002 年にかけて医療圏（Hospital Referral Region）
レベルで分析した結果，生存率の改善は 1996 年で頭打ちになってしまったが，
費用は増加しつづけていることを明らかにした．そしてこの間に死亡率が低下
した地域とそうでない地域で，費用の増減を比較したところ，必ずしも費用が
増大したところで，死亡率の低下が著しいわけではないことを示した．これを
説明するのに，技術導入による限界効用が低下しフラットカーブに到達したと
いう仮説と，地域によって費用対効果に優れた技術の導入普及度が異なるとい
う仮説を対立させて，後者の立場から考察を加えている．
　技術伝播・普及の影響を正面から取り扱った大規模国際比較研究に Techno-
logical Change in Health Care（TECH）Project がある．その一部として，Pi-
lote *et al.*（2003）は急性心筋梗塞の治療技術の伝播普及が異なる米国とカナ
ダで，死亡率の変遷を比較し，技術普及の程度が強い米国で死亡率の低下が有
意に生じていることを示した．
　Papageorgiou *et al.*（2007）は，医療技術・製品の輸入額と平均寿命の関係
を，人口構成や国民 1 人当たり GDP，教育レベルや衛生状態（水や衛生環境
の普及度）などを補正した回帰分析で検討したところ，医薬品や医療機器の輸
入額と平均寿命に有意な正の関係を認めたと報告している．

11.5　まとめ

　医療技術は日進月歩をとげており，どこまで発展していくのか予測すること
は容易ではない．そういった意味では，技術伝播の要因を探る研究に終わりは

ない．本章ではまず「医療技術」とは医療サービスの生産効率性を左右する生産関数の要素であると定義した．その上で薬剤・医療材料・検査機器・手術方法や新しい治療概念などを技術の例として紹介した．技術伝播を進める要因には，技術の性質によって異なるものもあれば，支払制度・市場構造・購買力などのように共通のものもある．技術伝播の影響要因を探るモデルとして，古典的な伝播モデルと，Rogers の技術伝播モデルを紹介した．今後これらのモデルの発展形が実証分析でも用いられることが期待される．実証分析は，マクロデータを用いた研究から，ミクロデータを用いたより精緻な分析へと展開しつつある．今後，日本でもミクロデータの入手可能性が広がってくることで，制度や文化に特有の要因と，グローバルな要因がどのように技術伝播を決めているのかについての研究が発展していくことを期待したい．

第 12 章
所得分配と健康

12.1 所得と健康

12.1.1 所得と健康の関わり合い

本章では，所得格差や貧困など所得分配が人々の健康とどのような関係にあるかという問題を取り上げる．疾病リスクや死亡率，健康状態に対する主観的評価，喫煙などの健康行動が性別，年齢のほか，所得や学歴，職業上の地位，婚姻関係などさまざまな社会経済的要因によって大きく左右されるということは直感的にも理解しやすいし，それを裏付ける実証分析は社会疫学（social epidemiology）の分野ですでに数多く蓄積されている．

社会経済的要因の中でも，所得は健康ととりわけ密接な関係にある．人々は，働いて賃金を得たり，株式や土地に投資して収益を得たりする．そうした所得が高ければ栄養を十分に摂り，健康的な生活を送ることができ，病気や怪我をしても充実した医療サービスを受けられるだろう．また，健康であれば元気に働くことができ，したがって所得水準も高くなるという，逆の因果関係の存在も考えられる．所得水準が健康と密接な関係にあるとすれば，経済成長を促進して所得水準を引き上げることが国民の健康水準の向上に役立つことになる．また，貧困に陥っている人たちを経済的に救済することは，そうした人たちの健康状態の改善という点でも重要な政策となる．

しかし，所得と健康にプラスの相関関係があることは，分析するまでもなくほぼ自明のことである．ここで注目したいのはむしろ，自らの所得だけでなく，居住する地域の所得分配のあり方，すなわち所得格差や貧困も個人の健康と関

218　　第 III 部　経済合理性の枠組みを超えて

連しているかどうかという問題である．所得格差と健康の関係をめぐる実証研究は，Wilkinson（1992）や Waldman（1992）を嚆矢とする．Wilkinson は所得格差が大きな国ほど平均寿命が短くなる傾向を，Waldman は所得格差が大きな国ほど乳児死亡率が高くなる傾向を統計的に明らかにした．こうした研究をきっかけとして，社会疫学の分野では所得分配と健康の関係をめぐる実証研究が精力的に進められている．

　ただし，ここ十数年間は多重レベル分析（multilevel analysis）が主流となっている．個人レベルの健康を，個人を取り巻く社会経済的・人口動態的要因やその個人が居住する地域の属性という，レベルが異なる要因に基づいて重層的に分析する，というのが多重レベル分析の特徴である．このタイプの分析が注目されているのは，国や州，都道府県などマクロないしセミマクロ・レベルの集計データだけに基づく分析，あるいは個人レベルのデータだけの分析では，別のレベルのさまざまな変数の影響を制御できないからである．本章では，この多重レベル分析のアプローチに基づいて，所得分配と健康の関係をめぐる問題を議論する[1]．

12.1.2　集計データによる分析の問題点：生態学的誤謬

　所得分配と健康の関係を実証的に分析しようとする場合，最初に頭に浮かぶアプローチは，都道府県や州，あるいは国といった地域ごとに集計された，所得分配や健康に関連する変数間の相関関係を調べるというものであろう．実際，前項で紹介した Wilkinson（1992）や Waldman（1992）もこうしたアプローチを採用している．しかし，このアプローチには問題が多い．最初にこの点を指摘しておこう．

　まず，純粋に統計処理的な観点から見ても，集計データによる分析は誤謬を生みやすい．例えば，ある疾病の罹病率と特定の地域属性の関係を分析する場

---

1)　所得分配と健康の関係については，Kawachi *et al.*（1999）が初期の代表的な実証研究論文を収録している他，Kawachi and Kennedy（2002），近藤（2005），川上他（2006）などが代表的な文献となっている．また，国立保健医療科学院の『保健医療科学』は，第 56 巻第 2 号（2007）で「健康格差と保健医療政策」という特集を組んでいる．

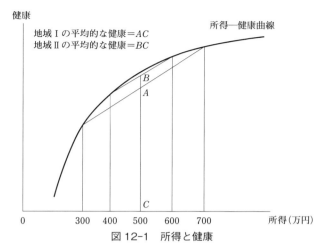

図 12-1 所得と健康

合を考えてみる．地域ごとに集計された罹病率は，その地域にどのような個人が住んでいるかにも左右される．そして，その疾病にかかりやすい属性を持つ個人がその地域にたまたま多く住んでいた場合，集計データで捉えた地域属性と罹病率の関係はそれによって歪んでしまう．このように，その地域に住んでいる個人の構成に起因するバイアスが引き起こす統計上の効果を構成効果（compositional effect）という．しかし，我々が知りたいのは，個人レベルの要因だけでは説明できない，地域レベルの要因が健康上のアウトカムにもたらす効果，すなわち脈絡効果（contextual effect）である．

しかし，構成効果が除去できたとしても，集計データによる分析にはより根本的な問題が残る．地域レベルの平均的な健康状態と所得格差との間にマイナスの相関が見られたとしても，個人レベルの健康が所得格差とマイナスの相関関係にあると結論づけることはできないからである．集計レベルの分析が個人レベルについて間違った結論を導くことを，一般的に生態学的誤謬（ecological fallacy）という．集計データによる所得格差と健康の分析はこの生態的誤謬に陥る可能性が高いという点は，Gravelle（1998）らによってかなり早い段階から批判されてきた．

この問題を理解するために，個人レベルにおける所得と健康の関係が，図

12-1 に示したように，右上がりだが頭打ちの所得—健康曲線で描けたと想定してみよう（健康状態を数値化できるかという問題は，とりあえず脇に置いておく）．この曲線は横軸に対して凹んでいるが，これを「所得と健康の関係は凹（concave）である」と表現する．所得が高まれば健康状態は向上するが，比例的に向上するのではなく，効果は頭打ちになると考えるのは不自然な想定ではないだろう[2]．あるいは，所得が低下していけば，健康は比例的ではなく加速度的に悪化すると考えてもよい．

　いま，地域Iには所得が300万円と700万円の2人が住んでおり，地域IIには所得が400万円と600万円の2人が住んでいるとしよう．ただし，これら4人は，所得以外の属性はすべて同じと仮定する．どちらの地域も平均所得は500万円だが，所得格差は地域Iの方が大きい．ここで，2つの地域における健康の平均値を比べると，地域Iのそれは線分AC，地域IIのそれは線分BCで示されるが，曲線の形状によって後者の方が前者より必ず大きくなる．そうすると，地域レベルの集計データを用いて所得格差と健康の間にマイナスの相関が確認されたとしても，その解釈は難しくなる．なぜなら，そこで観測される相関は，所得と健康の関係の凹性を裏付けるだけであって，所得格差と健康の関係については何も語っていない，という批判に答えられないからである．こうした意味で，集計レベルによる分析は生態学的誤謬から逃れることができない．

12.1.3　多重レベル分析の必要性と方針

　Subramanian and Kawachi（2004）は，個人レベルにおける所得と健康の関係の凹性が，地域レベルにおける所得格差と健康の関係に反映される効果を凹効果（concavity effect）と呼んでいる．その効果自体に興味がないわけではないが，われわれがもっと知りたいのは，地域の所得格差の存在そのものが，個人の健康状態に直接影響を及ぼす効果——Subramanian and Kawachi はこれを汚染効果（pollution effect）[3]と呼んでいる——が存在するかどうかである．

---

　2)　こうした状況は，経済学的には「所得水準の上昇に伴って健康に対する所得の限界効果（marginal effect）が逓減する」と表現される．

　3)　この汚染効果は，前述の「脈絡効果」の一例と言える．

第 12 章　所得分配と健康　　　221

　この効果は，図 12-1 で言えば，所得格差が大きい地域における所得—健康曲線を，そうでない地域に比べて下方シフトさせる効果として解釈することができる．

　それでは，所得分配と健康の関係に関する分析はどのような方針で行うべきだろうか．個人と地域という 2 つの異なるレベルを明示的に考慮する，多重レベル分析が用いられることになる．その分析における被説明変数は，（地域レベルで集計された平均的な健康ではなく）個人レベルの健康状態を示す変数である．また，説明変数の中に地域レベルの所得格差を示す変数が含まれることは言うまでもない．さらに，汚染効果を凹効果と識別可能な形で抽出するためには，個人レベルの説明変数として個人（世帯）所得を含める必要がある．それによって所得—健康曲線の形状を把握し，その上で同曲線をシフトさせる効果を抽出することになる．

　そのほかに制御すべき変数としては，個人レベルでは年齢や性別，学歴，婚姻関係，社会関係資本（後述）との関わり合い，地域レベルでは健康関連の社会インフラの整備状況などがあげられる．しかし，所得分配が健康に及ぼす影響については，それをきちんと説明する理論モデルが存在しないので，制御変数の扱いについては十分な注意を要する．

　個人と地域という 2 つのレベルで，所得分配と健康の関係を分析する場合，一般的には，

$$y_{ji} = X_{ji}\beta + W_j\gamma + u_j + e_{ji} \qquad (12\text{-}1)$$

という形の回帰式を想定する[4]．ここで，y_{ji} および X_{ji} は，第 j 地域に住む第 i

---

　4)　このタイプの多重モデルは，変量切片モデル（random-intercept model）として分類される．地域レベルの要因の影響の仕方は概念的には（12-1）式で示されたものに限らない．（12-1）式は，地域レベルの要因が，個人レベルの被説明変数に直接影響を及ぼすと想定している．しかし，地域レベルの変数が，個人レベルの被説明変数に個人レベルの変数が及ぼす影響——（12-1）式で言えば β の値——修正している可能性もある（いわゆる効果修飾（effect modification））．そうした状況を反映させたタイプの多重レベルとして，変量係数モデル（random-coefficient model）がある．多重レベル分析の詳細については，Goldstein（2003）や Rabe-Hesketh and Skrondal（2005）を参照されたい．

人の健康状態を示す変数および個人属性変数ベクトル，W_j は第 j 地域の属性変数ベクトルであり，誤差項は地域レベル（u_j）および個人レベル（e_{ji}）を意味する．地域レベルの所得格差は W_j の構成要素の1つである．

12.1.4 健康を示す変数

実際の多重レベル分析においては，健康を示す変数としてどのようなものが用いられているのだろうか．健康についてはあくまでも個人レベルの変数が必要なので，平均寿命や死亡率といった集計レベルの変数は多重レベル分析では使えない（もちろん，そうした変数自体は重要であり，それを対象とした社会疫学の実証分析も数多くある）．しかし，個人レベルの健康状態を総合的・客観的に数量化することは容易ではない．そのため，実際には，自分の主観的健康感（self-rated health：SRH）のようなカテゴリー変数が用いられることが多い．

例えば，厚生労働省の「国民生活基礎調査」（健康票）では，「あなたの現在の健康状態はいかがですか．あてはまる番号1つに○をつけてください」という質問を回答者に行い，「1）よい　2）まあよい　3）ふつう　4）あまりよくない　5）よくない」という5つの選択肢を示している．海外の調査でも，5段階で健康状態に対する評価を訊いているものが多い．実際の分析に際しては，こうした5段階の評価のうち下の方の2つを1，それ以外を0として，ロジット回帰式ないしプロビット回帰式の推計に用いることが多い．

この SRH はあくまでも主観的な回答に基づくものだが，より客観的な健康状態にとっての包括的で信頼性の高い代理変数であることが知られている（Idler and Benyamini, 1997）．したがって，SRH に注目することは疾病リスクの要因解明を目的とする疫学の立場から見ても十分正当化できるというのが一般的な見方である[5]．もちろん，喫煙の有無や特定の疾病の有無など，より客観的な健康状態や健康行動を説明する多重レベル分析を行うことも十分可能である．

5）ただし，Crossley and Kennedy（2002）は，質問の仕方を変更することによって回答に無視できない程度の違いが発生するという調査結果を報告している．

12.1.5 所得格差を示す変数

　地域レベルの所得分配に関しては，所得格差を示す代表的な指標であるジニ係数（Gini coefficient）が採用されることが多い．ジニ係数は，次のように定義される．いま，社会が n 世帯で構成され，第 i 世帯の所得が y_i で与えられたとしよう．このとき，ジニ係数 G は，

$$G = \frac{1}{2n^2\mu}\sum_{i=1}^{n}\sum_{j=1}^{n}|y_i - y_j| \tag{12-2}$$

で与えられる．ただし，μ は n 世帯の平均所得である．この定義式からもわかるように，ジニ係数は，社会を構成する任意の 2 世帯の所得を無作為抽出して並べ──同一世帯の抽出を妨げないとすれば，その並べ方は n^2 通りある──その 2 世帯の所得差の絶対値の平均を計算し，その値の平均所得 μ に対する比率を計算したものである[6]．所得分布が完全平等であれば，ジニ係数はゼロになる．逆に，最も高所得の世帯が社会の所得を独占し，その他の $(n-1)$ 世帯の所得がゼロであれば，ジニ係数は 1 となる．

　ただし，このジニ係数については，図 12-2 のようにローレンツ曲線を用いて幾何的に説明されることの方が多い．ローレンツ曲線とは，各所得階層の世帯（人員）構成比率を低所得階層から累積していった値を横軸にとり，各所得階層の所得比率を同じく低所得階層から累積していった値を縦軸にとって，両者の対応関係をプロットしたものである．所得が完全に均等に分布していれば，ローレンツ曲線は対角線 OA になるが，所得分布が不平等になっているほど対角線の下方向にたわみ，例えば OCA のようになる．(12-2) 式で定義したジニ係数は，対角線とこのローレンツ曲線とで囲まれた三日月形の部分の面積の三角形 OAB の面積に対する比率に等しいことを，簡単な計算によって示すことができる（小塩，2005）．

　そのほか，上位 10% の世帯の総所得を下位 10% の総所得で割った 10 分位比率（decile ratio），下位 50%（または 60%，70%）の世帯の総所得が社会全体の所得に占める比率など，直感的に理解しやすい指標もしばしば用いられる．Kawachi and Kennedy（1997）は，こうしたさまざまな格差指標を用いても，

---

6)　(12-2) 式において分子を n^2 ではなく $2n^2$ で割っているのは，世帯所得の差の絶対値が分子に 2 回ずつ登場するからである．

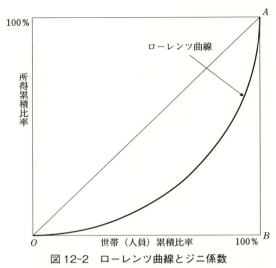

図 12-2　ローレンツ曲線とジニ係数

ジニ係数は，対角線とローレンツ曲線とで囲まれた三日月形の部分の面積の三角形 OAB の面積に対する比率で求められる．

所得格差と死亡率がマイナスの相関関係にあるという事実に影響はないことを指摘している．

12.2　所得分配と健康を結びつけるメカニズム

12.2.1　新唯物論と相対的剥奪仮説

　地域の所得分配が個人の健康と関係しているとすれば，それはどのような経路によるものなのだろうか．この問題をめぐっては定説と呼べるものはまだ存在していないが，新唯物論（neo-materialism），相対的剥奪仮説（relative deprivation hypothesis），社会関係資本仮説（social capital hypothesis）などが代表的な仮説となっている．

　このうち新唯物論は，所得格差が大きい地域では，高所得層と低所得層の利害対立が大きくなるため，社会全体の健康関連インフラ投資へのコンセンサスが得られにくく，その結果，人々の健康状態も悪くなる，とする考え方である（Smith, 1996；Lynch et al., 2000 など）．最近では，Clarkwest（2008）が米国

のデータに基づき，初期時点で所得格差が大きな州ほど医療面の技術革新のペースが遅く，それが所得格差と平均寿命とのマイナスの相関の背景にあると説明している．

　一方，相対的剥奪仮説は，自分の社会経済的属性から見て望ましいと考える所得に比べて自分の実際の所得が低くなっているとき，人々は心理的なストレスを感じ，それが自らの健康状態に対する評価も引き下げる，という考え方である．例えば，Monica *et al.*（2003）は，スウェーデンのデータに基づき，社会階層，年齢，居住地域がよく似た準拠集団の平均所得に比べて自分の所得が低いと，SRH が低くなる傾向が見られることを報告している．この仮説はそれ自体としては説得力を持っているが，そこで問題になるのはあくまでも自分と自分の準拠集団の平均所得の比較であり，ジニ係数で示されるような地域全体の所得格差ではない．したがって，この仮説は，地域レベルの所得分配と個人レベルの健康との関係を説明するものとは言いにくい．

12. 2. 2　社会関係資本の重要性

　地域レベルの所得分配と個人レベルの健康を結びつける第 3 の仮説として，所得格差が大きいと社会的な結びつきや連帯感，他人に対する信頼感が弱り，それが人々の健康にマイナスの影響を及ぼすという社会関係資本仮説がある．ここでいう社会関係資本（social capital）とは，「個人間の信頼，互酬性の規範，ネットワークなど，互いの便益追求のための行動や協力を促進するような，社会組織の特徴」を意味する（Putnam, 1993, p. 201）．

　実際，Kawachi *et al.*（1997）は，米国のデータを用いて，所得格差が大きな地域ほど，社会に対する不信感や不公平感が高まり，クラブやサークルなどへの参加が弱まるなど，社会関係資本の蓄積が低下すること，そして，社会関係資本の蓄積が弱い地域では死亡率が高くなることを示している．そのほか，社会関係資本が個人の健康状態と密接な関係にあることを示す実証分析は数多く蓄積されている（Kawachi *et al.*, 1998；Veenstra, 2002）．

　社会関係資本が，地域レベルの所得分配と個人レベルの健康とをつなげる有力な媒介項となると考えるこの仮説には確かに一定の説得力が認められる．ただし，留意すべき点として次の 3 つがある．

226   第 III 部 経済合理性の枠組みを超えて

　第 1 に，社会関係資本が個人の健康に関係するのは，社会関係資本による個人の関わり合い――それはしばしば individual social capital と呼ばれる――なのか，それとも地域における社会関係資本の存在量なのか，という問題がある．緊密に近所付き合いをしているほど健康状態もよくなるという経路はありそうだが，それと同時に，近所付き合いがよい地域に住んでいること自体が健康状態に影響するという可能性もある．集計レベルで社会関係資本と健康の関係を分析する場合，この両方の効果を識別しなければ生態学的誤謬に陥る危険性がある．実際，米国のデータに基づく Subramanian *et al.*（2002）の分析は，個人レベルの信頼感が高いほど SRH は低くなるが，個人レベルの信頼感を制御すると，地域レベルの信頼感は SRH と有意な関係を示さなくなることを報告している．

　第 2 に，社会関係資本が持っているこの 2 つの効果のうち，社会関係資本そのものが個人の健康に関連するといういわば脈絡効果については，なぜそれが発生するかという追加的な説明が必要である．この点に関して，Kawachi and Berkman（2000）は，社会的な信頼感や規範がしっかりしている社会では，望ましい健康行動がとられやすい，健康に適した環境や地域づくりが進みやすい，心理的なストレスが減り精神衛生上良好な環境が生まれやすい，自治体の保健・医療政策を促しやすい，といった経路を可能性としてあげている．これらの点については，一層の実証分析が必要であろう．

　第 3 に，社会関係資本が地域レベルの所得分配と個人レベルの健康とを結びつける重要な役割を果たしているとしても，社会関係資本の影響を制御した後でさらに所得格差と健康との間に有意な関係が残るかもしれない．これは，実証分析上，興味深いテーマである．有意な関係が残ったとすれば，やはり所得格差の存在そのものが健康と関係していることになる．また，社会関係資本が所得格差の影響を大きく減殺するとすれば，社会関係資本の蓄積に対する政策的な支援が，健康に及ぼす影響に関する限り，税や社会保障を通じた所得再分配を少なくとも部分的に代替する効果を持つことになる．

12.2.3 リスク回避と不平等回避

　以上で説明した 3 つの仮説は，地域レベルの所得分配と個人レベルの健康の

第12章 所得分配と健康　　227

直接的な関係を説明したものではない．第1の新唯物論は健康関連インフラを，第3の社会関係資本仮説は社会関係資本を，両者の関係を媒介するものと位置付けている．また，第2の相対的剥奪仮説は自分の所得の社会における相対的な位置づけを問題にしており，所得分配のあり方そのものと健康の関係は直接的に扱っていない．

　所得分配と健康の関係を考える上で参考になるのは，所得格差と個人が感じている幸福度（happiness）の関係を分析した Alesina *et al.*（2004）の研究である．彼らは所得や学歴，婚姻関係，雇用状態，子ども数といった個人属性の影響を制御した上で，個人の幸福度が，居住する州（米国）や国（ヨーロッパ）の所得格差（ジニ係数）にどの程度影響されるかを分析している．所得分配と幸福度の関係に関するこうした分析は，所得分配と SRH の関係に注目する社会疫学の実証研究と対をなすものであり，被説明変数として SRH を幸福度に置き換えたものと言える．分析手法として多重レベル分析を用いているという点も，両者に共通している．さらに，SRH と幸福度がどちらも個人の well-being に対する主観的評価（subjective well-being：SWB）を示す指標である点も注目される．

　所得格差と個人の SWB を結びつける伝統的な考え方として，所得分配の不平等を回避する気持ちを，リスクを回避する気持ちと関連づけて捉える考え方がある（Vickrey, 1945；Harsany, 1955；Atkinson, 1970）．いま，個人が経済活動を始める前において，自分がどのような所得を得るかわからない状態——この状態を「無知のヴェール」（veil of ignorance）に包まれているという——に置かれていると仮定する．ただし，個人は，どのような所得水準がどのような確率で実現されるかは知っているとする．その情報の根拠となるのは，所得分配の実際の様子である．

　さらに，その地域に住んでいる人々のうち半数が 300 万円，残りの半数が 700 万円という所得を得ているとしよう．このとき，個人は自分の所得もそれぞれ 2 分の 1 の確率で 300 万円または 700 万円となると予想し，期待所得は 500 万円となる．これに対して，半数が 400 万円，残りの半数が 600 万円という所得を得ているという，格差が小さな状況ではどうか．自分の稼ぐ所得の期待値は 500 万円で変わらないが，所得の変動幅は 400 万円から 200 万円に縮小

228 第 III 部 経済合理性の枠組みを超えて

する．リスクを回避したい個人であれば，格差が小さい後者の状況の方が望ましいと考えるはずである．以上の点は，前出の図 12-1 を見ても容易に理解できるだろう．

このように，個人が所得格差を望ましくないと考えるのはリスクを回避したいからだと解釈すると，所得格差が SRH など SWB に直接マイナスの影響を及ぼすことが理解しやすくなる．ただし，この議論にはトリックがある．われわれが社会の所得格差を評価するときにはすでに何がしかの所得を得ており，「無知のヴェール」に包まれているわけではない．所得格差の評価は，自分が実際に置かれている状況に左右されるはずである．だからこそ，所得格差が及ぼす影響を把える場合には，所得をはじめとする個人属性やその他の要因を制御する必要が出てくるわけである[7]．

12.3　実証分析の展望と課題

12.3.1　先行研究の展望

所得分配と健康をめぐる多重レベルの実証分析に関するサーベイとしては，Subramanian and Kawachi（2004）や Wilkinson and Pickett（2006），日本では橋本（2006）などがある．詳細な文献の紹介や評価はそれらに譲るとして，ここでは，それらの実証研究について Subramanian and Kawachi が指摘している点を 6 つ紹介しておこう．

① 所得格差と健康の間でマイナスの相関を示唆した分析の大半は米国のデータを用いたものである．ただし，米国のデータを用いた分析でも結果はまちまちである．

② 米国以外では，所得格差と健康のマイナスの相関を示す分析は少数派である．

---

7)　不平等回避をリスク回避と読み替えるこうした伝統的な見方に対しては，人々は不平等そのものを（リスク回避とは無関係に）回避する性向があるという，実験経済学の立場からの批判がある．Kroll and Davidovitz（2003）や Carlsson *et al.*（2005）は，不平等回避とリスク回避を峻別できる実験を行い，人々がリスク回避とは別に不平等回避の性向を持つことを報告している．

③所得格差と健康の相関関係は，地域の単位の選択に左右される．米国では，州を単位にするとマイナスの相関関係が明確になる傾向があるが，それより小規模の単位では結果は一様でなくなる．

④米国の研究を見る限り，サンプル規模が小さいとマイナスの相関関係が見られなくなる．

⑤米国の州を単位とする研究を見る限り，所得格差とマイナスの相関関係を示す健康変数は，死亡率やSRH，喫煙率など広範囲にわたる．

⑥分析結果は，分析に用いるモデルの違い（(12-1) 式のように異なるレベルでの誤差を明示的に組み込んだ多重モデルとそうでない，いわゆる限界モデル）にも左右される．

　所得分配と健康に関する実証研究は先進国が中心であり，Wilkinson (1992) らに代表されるような集計データによる国際比較研究も対象は先進国に限定されている．しかし，その他の諸国について研究が進められていないわけではない．例えば，Subramanian *et al.* (2003) はチリ，Larrea and Kawachi (2005) はエクアドル，Li and Zhu (2006) は中国を対象とした実証分析例である．

　なお，上記②については，所得格差と健康の間にマイナスの相関は所得格差がある閾値を上回ってはじめて明らかになる，という「閾効果仮説」（threshold effect hypothesis）が提唱されている（Kawachi *et al.*, 2007 参照）．実際，Kondo *et al.* (2009b) は，既存の実証研究を比較したメタ分析を行い，ジニ係数が0.3を超えると所得格差が健康に有意な影響を及ぼし始めるという傾向を確認している．

12.3.2　日本における実証分析

　日本でも1990年代後半以降，所得格差や貧困が重要な政策課題となっており，経済学や社会サイドから格差・貧困をめぐる研究や論説が数多く発表されてきた．それと連動する形で，医学・社会疫学サイドでも所得格差と健康・健康意識に関する実証研究が蓄積され始めている．しかし，日本の場合，米国のCurrent Population Survey（CPS）のように，個人属性の情報が豊富なサーベイのマイクロ・データが入手しにくく，実証分析を進めにくい状況にあった．

そうした中で，Shibuya *et al.*（2002）は，厚生労働省「国民生活基礎調査」（1995 年）を用いて日本で最初の本格的な多重レベルの分析を行ったものであり，注目された．この Shibuya *et al.* の分析結果を見ると，ジニ係数で見た都道府県レベルの所得格差は健康意識にあまり有意な影響を及ぼしていない．ただし，共著者の 1 人である橋本（2006）が指摘するように，この結果は制御変数の選択に左右される面もあり，この分析だけで日本では所得格差が健康意識に影響しないと結論づけるのは尚早である．

関連する実証研究は，その後もいくつか行われている．まず，都道府県レベルでは，Nakaya and Dorling（2005）の分析が注目される．彼らは総務省「全国消費実態調査」（1989 年）から得られる，都道府県レベルの decile ratio を所得格差の指標とし，それと同じく都道府県レベルの死亡率との相関関係を調べ，英国の場合と比較している．ここでも，日本では所得格差と死亡率との間に明確な相関関係は認められていない．

しかし，最近になって，所得格差と健康意識の関係を示す実証研究が蓄積され始めている．例えば，Oshio and Kobayashi（2009）は，都道府県レベルの地域格差を「国民生活基礎調査」に基づいて，健康意識や個人の属性を大阪商業大学が東京大学の協力の下で実施している「日本版総合的社会調査」（Japanese General Social Survey：JGSS，2003 年調査）から収集し，日本全体を分析対象にした多重レベルの分析を試みている．また，Ichida *et al.*（2009）は，知多半島地域に居住する高齢者を対象を対象として，独自の大規模アンケート調査に基づく本格的な多重レベルを展開している．彼らは，社会関係資本が所得格差と健康をつなぐ重要な役割を果たしていると指摘している．さらに，Kondo *et al.*（2009a）は，同地域の高齢者を対象にして，相対的剥奪が健康にマイナスの影響を与えることを確認している．

12.3.3　実証分析上のいくつかの論点

所得分配と健康の関係をめぐる実証分析はここ数年加速度的に蓄積されているが，研究者にとって方向性が異なる結果が報告されることが少なくない．前項で述べたように，所得分配と健康を結びつけるメカニズムについても複数の仮説が存在し，決定打というべきものがまだ見つかっていないこともその原因

となっている．また，実際に実証研究を行うとわかるように，制御変数の選択によって格差指標の有意性や符号が左右されることも少なくない．それぞれの制御変数が，所得格差の影響を健康に媒介する役割（mediator）を果たしているのか，あるいはその影響を交絡する役割（confounder）を果たしているのかも，先験的に明確になっていない．多くの実証研究が行っているように，制御変数を逐次的に加えていって格差指標につく符号の有意性や符号がどのように変化するかを調べ，その変数の性格を推察するというのも現実的な対応の1つと言える．

　実証分析上の具体的な論点については前述のサーベイ論文が詳細に検討しているが，以下では，本章における議論との関連で次の2点を指摘しておこう．第1に，地域レベルの所得分配との関係を分析する際に，地域レベルの平均所得（あるいは中位所得，以下同様）を制御変数として加えるべきかどうかがしばしば問題となる．平均所得を加えると格差指標の影響が統計的に有意でなくなる場合もしばしばあり，所得格差と健康との関係が平均所得によって影響を受けるという可能性も考えられる（Blakely *et al.*, 2002）．

　一般的に格差指標は，所得の散らばり具合が平均所得に比べてどの程度かを示す指標という性格を持っているので，平均所得の影響を強く受ける．そのため，平均所得を制御変数として加えたときに格差指標の係数の有意性が弱まっても不思議ではない．しかし，Stjärne *et al.*（2006）が指摘するように，平均所得と所得格差は居住地域の所得分配の状況を把握する重要な2変数であり，片方だけを分析に用いることは望ましいとは言えない．

　経済学的に言えば，所得分配のあり方は効率性と公平性の両方の観点から評価すべき代表的なテーマの1つである．したがって，効率性の指標である平均所得や中位所得と公平性の指標である格差指標は，併せて分析に加えるべきである．しかし，格差指標は，一般的に所得の散らばり具合を平均所得との比較で評価したものなので，平均所得の影響を受けている．そのため，格差指標と平均所得を同時に分析に用いることにはやや問題がある．

　1つの解決策は，所得分配について効率性と公平性の両方の観点を反映した指標を活用することである．具体的には，アトキンソン型の社会的厚生関数の活用が考えられる（Atkinson, 1970）．この社会的厚生関数は，第 i 世帯の所得

を y_i, 不平等回避度を ε $(\varepsilon \geq 0)$ として,

$$W = \sum_{i=1}^{n} \frac{y_i^{1-\varepsilon}}{1-\varepsilon} \quad \text{if} \quad \varepsilon \geq 0, \varepsilon \neq 1$$

$$W = \sum_{i=1}^{n} \log y_i \quad \text{if} \quad \varepsilon = 1$$

(12-3)

と定義される. この値を地域世帯数で除して1世帯当たりの社会的厚生の値を求め, それを格差指標と平均所得の代わりに説明変数として用いるわけである.

この指標の値は, 平均所得が上昇すれば高まるが, 不平等回避度 ε が大きいほど格差拡大によってその上昇は抑制される ($\varepsilon=0$ であれば, 平均所得だけが問題となり, 所得格差の存在は無関係となる). その意味で, この指標は所得分配を効率性と公平性の両方の側面から評価している. さらに, 不平等回避度 ε はリスク回避度と読み替えることもできるので, 12.2.3項で説明したように, この社会的厚生指標は地域レベルの所得分配と個人レベルの健康を直接結びつける役割も果たす. 不平等回避度 ε は外生的に与えられることが多いが, 最尤法によってその値を求めることも考えられる.

第2に, 幸福度と健康を同時に分析することも興味深い作業と言える. 幸福度と健康は, いずれも個人の well-being を構成する重要な要素であり, 密接に関連しているはずだからである. 実際, 健康なほど幸福度が高まることを示す研究 (Perneger *et al.*, 2004) がある一方で, 幸福であるほど健康であるという研究 (Pettit and Kline, 2001) もある. さらに, Subramanian *et al.* (2005) は幸福度と健康を多重レベル分析で行う枠組みを設定している.

個人を取り巻くさまざまな社会経済的要因も, 健康と幸福度に同時に関係している可能性がある. 実際, 前出の Alesina *et al.* (2004) の研究は, 所得格差と幸福度にマイナスの相関関係があることを示している. 所得格差と幸福度の関係, そして健康と幸福度の相互関係を考慮に入れることにより, 所得格差と健康の関係の分析はより精緻なものになるものと期待される.

第 13 章

年齢による医療・介護リスクとケア

13.1　はじめに

　一般的に，高齢になるほど罹患率は上昇し，介護を必要とする要介護状態となる確率も上昇する．この結果，治療に必要とされる費用（医療費）や介護サービスを受けるための費用（介護費）は高齢になるほど高額となる．しかしながら，我々は自分自身の余命を確実に知ることはできないし，一生涯に必要となる医療・介護費を正確に把握することもできない．すなわち，一生涯で必要となる医療・介護費は不確実であると言える．経済学では，「生じうる可能な結果の各々にその確率が付与され，意思決定主体がその確率を既知としている場合」，そのような事象を「リスク（危険)」と呼ぶ[1]．本章では，「罹患時，あるいは要介護状態に陥った時に，確率的に発生する金銭的コスト」を医療・介護リスクとし，13.2 節において，医療・介護リスクの測定方法とその実態について考える．

　医療・介護リスクの量的評価は，同リスクに備えて個人が合理的に行動するためのみならず，今後の医療・介護保険制度について検討する際にも重要となる．日本の公的医療・介護保険は保険料と税によりその財源を賄っており，給付範囲が拡大すれば負担も拡大する．公的保険にどの程度の機能を求めるかは国民の意思に委ねられ，国民が合理的な判断を行うためには，公的保険によるリスク軽減の効果が負担とともに提示される必要がある．このような公的保険

---

1)　Zeckhauser の定義による（Cutler and Zeckhauser, 1999).

の機能評価を行う上でも医療・介護リスクの量的把握は欠かせない．本章では，今後の医療・介護制度を考える際の重要な論点として，13.3節では死亡前医療費の実態について，13.4節では医療と介護の区分について，それぞれ検討する．

13.2 医療・介護リスク

13.2.1 医療・介護リスクの測定

医療・介護リスクを把握するためには，疾病に罹患する（要介護状態に陥る）確率，および疾病に罹患した（要介護状態に陥った）時に発生する費用，の2つの情報が必要となる．これらの情報はいかに把握できるのか，以下の単純化したケースを例に考えてみよう．

個人は1期と2期の2期間生存し，1期には健康であるが2期には確率pで疾病に罹患するものとする．図13-1はこの関係を示している．ただし，（現時点では）我々は疾病確率pに関する情報を持っておらず，どうすれば疾病確率pを把握できるか，というのがここでの問題である．いま，図13-1の医療リスクに直面した個人Aを考え，個人Aは2期に疾病に罹患したとする．ここから分かることは，個人Aが経路1を辿ったという事実のみであり，どの程度の確率で疾病に罹患したかは分からない．

次に，同じリスクに直面した個人Bがいて，個人Bは2期に健康であったとする．このとき2人の疾病履歴から，経路1と経路2の2つの可能性があり，個人は確実に（確率1で）罹患するわけではないことが分かる．統計学的には，同じリスクに直面した多数の個人の疾病履歴を観察することにより，疾病確率pを把握することが可能となる[2]．

このように医療リスクを把握するためには異なる個人の疾病履歴を集計する必要があり，そのためには全員が共通の基準の下で評価される必要がある．同時に評価基準としては医学的妥当性を持つことが好ましい．そこで評価基準として考えられるのが「医療ニーズ」という考え方である．医療ニーズとは，

---

2) ここでの例では，観察対象の数が十分多くなれば，罹患者の比率が疾病確率pに（確率）収束することになる（大数の法則）．

第 13 章　年齢による医療・介護リスクとケア　　　235

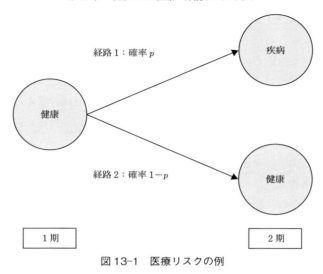

図 13-1　医療リスクの例

人々が可能な限り健康でいる，あるいは健康な状態となるために必要とされる医療サービス量であり，現在の医学的知識に基づいて医学の専門家が判断するものである（Feldstein, 2004, p. 87）．この医療ニーズを評価基準とすることにより，客観的かつ医学的妥当性を持つリスク評価が可能となる．

　ただし，共通基準の下で個々人のニーズを評価することは，現実的には非常に困難であり，情報収集コストも莫大となる[3]．そこで本章では，実際に発生した費用を医療・介護ニーズの代理指標とみなし，医療・介護リスクの測定を行うこととする．ニーズに対してサービスが提供されるのであれば，両者は密接に関連することとなる．また，実際に発生した費用は，医療機関などから提出される診療報酬明細（レセプト）から把握でき，情報収集コストを大幅に抑えることができる．ただし，以下 2 点について留意する必要がある．

---

[3]　大規模なニーズ測定の仕組みとして，介護保険の要介護認定制度がある．要介護認定制度は制度発足以降 3 度の見直しが行われており，ニーズ測定の困難さを示している．

（1）需要・供給サイドの影響

実際に発生する費用は，個人（需要者）や医療機関（供給者）の意思決定に依存し，必ずしも医療・介護ニーズと一致する保証はない．経済学では，サービス利用による便益が（本人が負担する）費用を上回る時に，需要が発生すると考える．このとき，所得が低いために費用負担が相対的に重く，ニーズがあるにもかかわらず需要が発生しない可能性がある．逆に，保険により利用者負担が軽減され，必要以上の需要が発生する可能性もある[4]．

供給面でも同様のケースが起こりうる．例えば，需要が供給を上回る超過需要の状態にある時には，少なくとも短期的には需要が供給を上回ることはできず，需要の一部は実際の消費に結びつかないことになる．特別養護老人ホームなどはまさにこの状況にあると考えられる．一方で，空床を減らしベッドの稼働率を高めるために，入院期間が必要以上に長期化する可能性も考えられる．

（2）対象サービスの範囲（計測範囲）

レセプトには，誰が，いつ，どこで，どれだけ，どのようなサービスを利用したかが記録され，個々人の医療・介護費を把握することができる．ただし，レセプトに記録される情報は保険適用サービスについてのみである．例えば，薬局で市販の風邪薬を購入した場合には，レセプトから費用を把握することはできない．

また，高齢者の介護を家族が行っている場合，日本の介護保険では家族に対する保障はほとんど行われていない[5]．例えば，状態が全く同じ2人の高齢者がいて，1人は家族が介護をし，1人は介護サービスを購入しているとする．この時リスクに反映されるのは後者のみである．しかし家族は介護を理由に退職を余儀なくされ，それにより失われた所得が存在するかもしれない．本来はこのような機会費用も含めて金銭的評価をすべきである．

---

4) 前者の議論は需要の所得弾力性，後者の議論は需要の価格弾力性と関連する．医療・介護需要の弾力性については井伊・別所（2006），南部・菅原（2004）などを参照のこと．

5) 日本と同様に社会保険としての介護保険制度を持つドイツでは，家族介護者に対する現金給付が行われている．

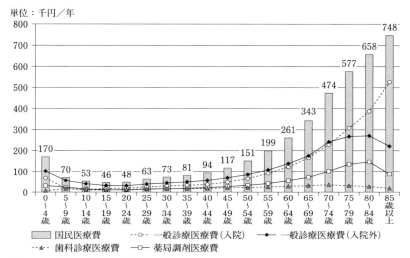

図 13-2　年齢階級別・人口 1 人当たり国民医療費

13.2.2　年齢階級別に見た医療・介護費

一生涯の医療・介護リスクを考える際，年齢が大きな影響を与えることは想像に難くない．そこで，まずは年齢と医療・介護費の関係について確認する．図 13-2 の棒グラフは年齢階級別の人口 1 人当たり医療費を表しており，全体としては U 字型の形状となる．すなわち「0 歳以上 4 歳以下」から「15 歳以上 19 歳以下」にかけて年間医療費は 17 万円から 4 万 6,000 円まで低下するが，その後 1 人当たり医療費は上昇に転じる．特に高齢期の医療費の伸びが顕著であり，「85 歳以上」の年間医療費は 74 万 8,000 円にまで達することになる．

1 人当たり医療費が年齢によって異なる理由としては受療率の差が考えられる．また，年齢階級別医療費と死亡率の間には強い相関があることが知られている．死亡者の死亡前 1 年間の医療費と生存者の 1 年間の医療費を比較した場合，米国では約 6 倍，日本でも約 4 倍の差があるとされている（大日, 2002）．したがって，年齢とともに死亡率が上昇し，医療資源が集中的に投入される個人が増えることにより，結果として 1 人当たり医療費が年齢とともに上昇するという側面もある．

単位：千円／年

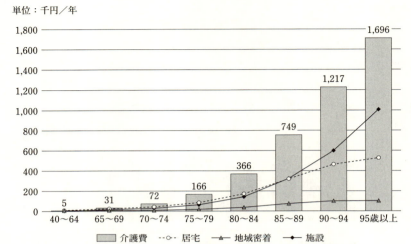

出所：厚生労働省「介護給付費実態調査」(2008年度), 総務省「推計人口」(2008年度) より筆者作成.

図 13-3　年齢階級別・人口 1 人当たり介護費用

　図 13-2 の折れ線グラフはサービス別に見た結果である．いずれの年齢階級でも医療費の多くは一般診療医療費に充てられているが，74 歳以下では入院外の比率が，75 歳以上では入院の比率が高いことが分かる．入院医療費は 75 歳を超えても急速に増加していくのに対し，入院外医療費は「80 歳以上 84 歳以下」をピークとして下落に転じている．したがって，高齢期における医療費の増加は，入院医療費の拡大によるものと考えられる．

　図 13-3 は年齢と介護費の関係を示しているが，1 人当たり介護費もまた年齢とともに拡大する[6]．介護保険では介護が必要であると認定されて初めて保険給付を受けることができるが，年齢が高いほど人口に占める要介護認定者の割合は高くなる[7]．この結果，サービス利用者の比率，人口 1 人当たり費用は

---

6) 介護保険の被保険者は 40 歳以上となるため，40 歳以上の介護費用のみを示している．

7) 被保険者に占める要介護認定者の割合は，65 歳以上 75 歳未満の 4.3% に対し，75 歳以上では 29.4% となっている（厚生労働省「介護保険事業状況報告」（平成 22 年 3 月分））．

年齢とともに上昇する．また，年齢が高くなるほどより重度の要介護認定者の比率が高くなり，1人当たり費用を押し上げる要因となる．居宅サービスでは要介護度に応じて保険給付の支給限度額が設定されており，重度認定者の多い高年齢層では利用者1人当たり費用が高くなり得る．また，重度認定者ほど費用が比較的高い介護施設の利用が多くなり，このことも利用者1人当たり費用を押し上げる要因となっている．図13-3の折れ線グラフはサービス別に見た結果であるが，高い年齢階級で施設費用が高くなっていることが分かる．

13. 2. 3　生涯で見た医療・介護費

　前項では，ある一時点における年齢と医療・介護費の関係について確認したが，最終的に我々が知りたいのは一生涯に必要とされる医療・介護費であり，そのリスクである．いま，ある個人の医療・介護費を考え，t歳における医療・介護費をH_tとする（ただし死亡後の医療・介護費はゼロとする）．仮に個人が生存可能な最高年齢をT歳とすると，一生涯の間に支出する医療・介護費（生涯医療・介護費）は，0歳時からT歳時までの医療・介護費の総和として，次のように表わすことができる．

$$H_0 + H_1 + \ldots + H_T = \sum_{t=0}^{T} H_t$$

　個人の生涯医療・介護費は，（生涯を終えた）事後的には特定の医療・介護費（の系列）として実現するが，我々が知りたいのはリスクとしての医療・介護費，すなわち医療・介護費の系列$(H_0, H_1, \ldots, H_t)$自体の確率分布である．このためには，先に述べたように，個人間に観察される医療・介護費の分布について検討する必要がある．以下では，先行研究の結果をもとに，医療・介護費の分布について見ていくが，その際，①医療・介護費の集中性，②医療・介護費の持続性，および③医療・介護費の関係，の3点が重要となる．

（1）医療・介護費の分布（集中性）

　まずは生存した個人を対象に一時点の医療費分布を検討した結果について見ていこう．府川（1998a）は11道県の高齢者を対象に1年間の医療費分布について検討している[8]．調査対象は1992年3月以降1年間継続して受給資格を

有する通年資格者135万人であり，対象者の8.7%は医療サービスを一度も利用しなかった無受診者である[9]．高齢者医療費の約30%は年間医療費上位3%の高齢者が消費し，一部の高齢者に医療支出が集中している実態を示している．また，年齢階級が高いほど受診者の中での医療費の集中度は増すとしている[10]．小椋・鈴木（1998）は5県の高齢者を対象に2年間の医療費分布について検討しているが，やはり一部の高齢者に医療支出が集中しているとしている[11]．小椋・鈴木（1998）は，入院外費用は比較的均等に分布しているのに対し，入院費用が一部の高齢者に集中していることを示している．また，医療費の高い高齢者には入院日数が長い人が多く，一部の高齢者が長期間入院を継続していることが入院医療費集中の原因であるとしている．

非高齢者の医療費分布については菅・鈴木（2005）の研究がある．彼らは111企業の組合管掌健康保険（組合健保）加入者のうち3年間追跡可能な個人を対象に，各年度の年間医療費分布について検討している[12]．この結果，すべての年度において医療費上位3%の個人が総医療費の3割強を消費しているとし，非高齢者を対象とした場合でも医療支出が一部の個人に集中している実態を明らかにしている．

介護費分布については今後の実証研究が待たれるところであるが，以下の理

---

8) 調査対象は11道県の老人保健受給者である．調査時点の受給資格は70歳以上の高齢者，65歳以上70歳未満の寝たきり等の状態にあるものとなっている．

9) 分析期間中の資格喪失者を分析から除外している点には留意が必要である．資格喪失者の6割強は死亡者であり，死亡者の医療費が生存者に比べて高額となることを考慮すると，対象サンプルは医療費の低い高齢者に偏っている可能性がある．

10) 正確には，受診者の年間医療費をもとにジニ係数を算出し，受診者間の医療費分布について論じている．この結果，85歳未満に比べて85歳以上でジニ係数が高いとしている．

11) 調査対象は5県の老人保健受給者のうち，1992年3月以降2年間継続して受給資格を有する高齢者48万人である．この結果，総医療費の22%は医療費上位3%の高齢者により消費されているとしている．

12) 正確には，継続加入者の5%を分析対象としている．組合健保加入者は大企業の被用者とその家族であり，政府管掌健康保険や国民健康保険加入者に比べて所得階層が高くなる．また，継続加入者を対象としているため，分析期間中の死亡者や，病気などの理由により退職し，組合健保を脱退した個人も分析から除外されている点に留意する必要がある．

由により医療費同様に費用の集中が見られると推測される．先に述べた通り，介護保険では保険給付が要介護認定者に限定されており，2008年度末現在の認定者は65歳以上人口の16%となっている（厚生労働省「介護保険事業状況報告」）．したがって介護費用は上位16%の高齢者に集中することになる．またサービス利用者の中では，施設利用の有無によって費用が二極化するとされており（菅原他，2005；阿波谷，2004），施設入所者を中心とする一部の高齢者に費用が集中すると考えられる．なお，2008年度現在の施設利用者は高齢者の3%であり，介護費の43%が施設費用となっている（厚生労働省「介護保険事業状況報告」（2008年度））．

(2) 医療・介護費の持続性

次に一時点で観察される消費の集中が持続するのかについて考える．もし高額な医療・介護支出が長期間継続するのであれば，生涯医療・介護費が高額となる個人と，低額な支出にとどまる個人とに二極化する傾向を持つことになる．

医療費の持続性については菅・鈴木（2005）が検討している．彼らは1996年と1998年の医療費を10個の費用階級に分類し（10分位），両者の関係について検討した結果，医療費の持続性が観察されるとしている．例えば，1996年の医療費が下位10%にある個人のうち34.3%が1998年医療費でも下位10%にとどまるのに対し，上位10%となるのは3.6%にすぎない．一方で，1996年に上位10%にある個人のうち45.4%は1998年の医療費も上位10%の高額医療費となり，下位10%となるのは3.3%にすぎないとしている．また，医療費の持続性は年齢が高くなるほど強くなり，糖尿病などの慢性疾患に対する外来治療が長期間継続することが，高額医療費持続の要因と指摘している[13]．

医療・介護費の持続性については，菅・鈴木（2005）の研究を除いて，国内研究はほとんど行われていない．介護の場合には，一度認定された要介護度が軽度化することは少なく，その状態が継続するか，重度化していくのが一般的である[14]．特に認知症の場合には，少なくとも現在の技術において完治は困難

---

13) 1996年の医療費が上位10%にある個人を対象に，3年間の医療費がいずれも上位10%となる確率について回帰分析を行っている（プロビット推計）．

14) 田近・菊池（2005）は，東京都杉並区を対象に1年間の要介護度変化について検

であり，持続性が観察されるものと推測できる．これらの点も含めて，今後の実証研究が望まれるところである．

(3) 医療・介護費の関係

ここまで医療と介護を別々に扱ってきたが，個人の立場から見れば，いずれも必要な支出（直面しているリスク）である．したがって医療・介護全体でのリスク評価および両者の関係についても考慮する必要がある．この点についての先駆的な研究としては菅原他（2005）がある．彼らは栃木県大田原市の高齢者を対象に，23ヵ月（2000年4月～2002年2月）の間の医療費と介護費の関係について検討し，両者の間には「弱い負の相関」が認められ，要介護度の上昇とともに相関関係が強くなるとしている．また，①居宅サービスと入院外，②施設サービスと入院，のそれぞれで比較した結果，後者についてのみ負の相関関係が認められるとしている．他地域での検証は当然のこと，より長い期間を対象にした場合でも同様の結果が得られるかという点が，今後の課題として残されている．

(4) 医療・介護リスクの包括的評価に向けて

以上3点を考慮して医療・介護リスクの包括的評価を行うには，2つの方法が考えられる．第1は，個人の医療・介護費を追跡したパネルデータの利用である．パネルデータの整備は各国で進められているが，個人の医療・介護費を生涯にわたって追跡可能なデータは現時点において存在しない．また，一個人の生涯を追跡するためには，それだけの年数がデータ整備に求められ，データ整備に費やす時間的・金銭的コストは莫大なものとなる．

近年諸外国を中心に採用されているのがマイクロシミュレーションの手法である[15]．マイクロシミュレーションとは，個人や世帯単位のマイクロデータに

討した結果，要介護5であった高齢者の6割は1年後も要介護5のままとしている（3割は死亡）．

15) マイクロシミュレーションの手法は，静的（static）モデルと動的（dynamic）モデルとに分類され，前者は一時点の短期的効果，後者は長期的な効果を測定する際に利用される．生涯医療・介護費の測定には，時間的要素を明示的に取り込んだ，

基づいた仮想的な世界を構築し，その中で各個人が一定のルールに従って行動するさまをシミュレーションで表現する手法である．近年では，シミュレーションの基礎となるデータ整備が進むとともに，計算速度が向上したことを背景として，急速な発展をとげている．マイクロシミュレーションにおいてもパネルデータは必要とされるものの，少なくとも個人を一生涯にわたって追跡する必要はなく，費用面でより現実的な選択肢と言えよう[16]．

マイクロシミュレーションはさまざまな政策分野に応用されているが，医療・介護分野においても少しずつ研究が蓄積されてきている．例えば，Eichner et al.（1996）やアイクナー他（2002）では，25歳から60歳までの医療費分布を予測し，医療貯蓄勘定の実現可能性について検討している[17]．また，米国ではCMS（Centers for Medicare and Medicaid Services）の要請の下，RAND研究所により医療費のマイクロシミュレーション・モデルの構築が行われ，50歳時の健康状態の変化が平均寿命に与える影響など，いくつか興味深い結果を示している（Goldman et al., 2004；Michaud et al., 2009）[18]．日本でも，全国を代表するマイクロシミュレーション・モデルの構築が求められているが，シミュレーション・モデルの構築に必要となるデータの整備も含めて，今後の研究課題となっている．

13.3 死亡前医療費

前節で見た通り，医療費は年齢とともに増加する傾向がある．1つの理由は死亡率の上昇であり，終末期に多くの医療資源が投入されることは想像に難く

動的モデルの利用が好ましい．詳細については Gupta and Harding（2007）などを参照のこと．

16) 多くのモデルでは数年から10年程度のパネルデータをもとにモデル構築を行っている．

17) 国内では増原（2006）が同様の分析を行っている．ただし，特定の健康保険組合データに基づいた結果であるため，全国を代表する結果ではないことに留意する必要がある．

18) 日本でも，小椋他（2002）や Fukawa（2007）において，全国標本に基づいたマイクロシミュレーション・モデルを用いて，医療費等の推計が行われている．ただし，小椋他（2002）は一時点の効果を測定する静的モデルである．また，Fukawa

244 　　第III部　経済合理性の枠組みを超えて

ない．このため終末期医療に対する政策的関心は強く，政策論議の土台として
死亡前医療費の実態解明が求められている．本節では，死亡前医療費に関する
既存研究の結果を紹介する．

13. 3. 1　死亡場所の状況

　人生の最期を迎える場は，自宅，病院，あるいは介護施設などいくつかの選
択肢があるが，戦後，死亡場所は大きく変化した．戦後間もない 1951 年では，
死亡者の 8 割以上が自宅で最期を迎え，医療機関での死亡は 1 割強であった．
しかし，1990 年代にかけて自宅死亡割合は低下し，医療機関，特に病院での
死亡が増えてきた．2008 年では自宅死亡者が 1 割強，医療機関での死亡が 8
割弱となり，両者の比率はほぼ逆転した．介護保険導入後は介護施設での死亡
も増えているが，その比率は 4% 程度にとどまっている．日本では多くの人が
医療機関で最期を迎えており，死亡前医療費にも大きな影響を与えている．

　池上（2009）は，日本の病院死亡割合が欧米に比べて高い理由として，欧米
でナーシング・ホームが担っている役割を日本では療養病床が果たしている点
を指摘している．また，ナーシング・ホームでの終末期ケアを可能としている
のは，急性期病院や地域の緩和ケアチームの支援であるとし，日本では終末期
ケアの体制整備が遅れているとしている．

13. 3. 2　死亡前医療費の状況

　死亡前医療費については，1980 年代半ばから海外で検討が行われてきた[19]．
国内でも 1990 年代から研究が行われており，以下では府川・郡司（1994），府
川（1998b）の結果を中心に，高齢者の死亡前医療費について見ていく[20]．い
ずれも前節で触れた府川（1998a）と同じデータを利用しており，府川・郡司

　　（2007）は動的モデルを利用しているものの，個人間の費用分布を直接考慮したモ
　　デルとはなっていない．
19)　例えば，Lubitz and Prihoda（1984），Scitovsky（1984, 1988, 1994），Temkin-
　　Greener *et al.*（1992），Lubitz and Riley（1993），Lubitz *et al.*（1995），Felder *et*
　　al.（2000），Hoover *et al.*（2002），Liu *et al.*（2006）等の研究がある．
20)　その他，前田（1987），府川他（1994），増原他（2002），阿波谷（2004）等があ
　　る．

（1994）は 1991 年度中の死亡者 5 万 6,000 人を，府川（1998b）は 1992 年度中の死亡者 6 万 3,000 人をそれぞれ対象としている．

　全体的には，医療費は死亡月にかけて緩やかに増加し，死亡の 2 ヵ月前あたりから急激に増加する．府川（1998b）によれば，死亡 6 ヵ月前と比較して，医療費は 2 ヵ月前で 1.7 倍，1 ヵ月前で 2.2 倍，死亡月には 3.4 倍にまで達する[21]．医療費高騰の原因は入院費用の増加である．府川・郡司（1994）によると，医療費に占める入院費用のシェアは死亡月が近づくにつれて拡大し，死亡月の入院費用割合は約 9 割にまで達することになる．

　先に見た通り死亡者の多くは病院で死亡しており，入院費用増加の背景には入院患者自体の増加がある．府川・郡司（1994）によれば，死亡月の 11 ヵ月前から死亡月にかけて，入院患者の比率は 20% から 70% にまで上昇する．この間，入院患者の 1 月当たり入院日数も上昇し，多くの高齢者が自宅→入院→死亡という経路を辿っていると考えられる．

　入院費用の増加には，入院患者の 1 日当たり医療費の上昇もまた寄与している．府川・郡司（1994）によれば，死亡月の 6 ヵ月前から死亡月にかけて，1 日当たり入院費用は 1 万 6,000 円から 3 万 3,000 円にまで拡大する．1 日当たり入院費用の高騰は，2 割程度の高齢者にのみ観察される現象ではあるが，死を目前に控えた状態で最後まで積極的な介入が行われるとすれば，死亡月に医療費が最も高くなることは自然な結果と言える[22]．

　その他，死亡時年齢が高いほど死亡前医療費は低くなることが知られている．上で述べた通り 1 日当たり医療費の高騰は一部の高齢者にのみ観察されるが，年齢が低いほどより多くの高齢者で医療費の高騰が観察される．また，がん患者の死亡前医療費について検討した増原他（2002）は，死亡年齢と死亡前医療費の間に負の関係が存在するとしている．若い患者ほど治療方法の選択肢が多く，治癒への期待の高いことから積極的な介入が行われることなどが理由と考

---

21)　死亡者は月の途中で死亡することが多いため，死亡月の医療費はその分過小となる傾向がある．府川（1998b）では前月の医療費との平均を利用することにより補正を行っている．

22)　府川・郡司（1994）では高齢死亡者を対象としており，治癒期待の高い若年者を対象とした場合には，より多くの死亡者で 1 日当たり医療費の高騰が観察されることが予想される．

えられる（増原他，2002；阿波谷，2004）[23].

　府川・郡司（1994）は，高齢者医療費の約11%が死亡者（高齢者の4.3%）に対して投入され，年齢とともに医療費全体に占める死亡前医療費の割合が上昇し，95歳以上では同比率が3割に達するとしている．高齢化の進展により年齢構成は一層高くなり，死亡前医療費比率は拡大すると予想され，終末期医療に対する関心はますます高くなると予想される[24].

　最後に，介護費との関連について阿波谷（2004）の結果を紹介する．阿波谷（2004）は高知県椿原町を対象とした小規模調査であるが以下3点は興味深い．第1に，死亡前1年間の医療・介護費の約3割は介護費であり，死亡前介護費は決して小さくない．第2に，死亡年齢の上昇とともに死亡前医療費が低下するのに対し，死亡前介護費は上昇するとしている．同様の傾向は九州某県を対象としたHashimoto *et al.* （2010）も指摘しており，医療・介護全体では死亡年齢の上昇とともに緩やかに低下するとしている．高い年齢階層では治癒期待が薄れ，身体的ケアの比重が高くなるためと推測される（阿波谷，2004）．第3に，1日平均介護費は死亡12ヵ月前から緩やかに増加し，死亡数ヵ月前をピークに減少に転じているとしている．この点は，介護施設入所者でも最後は医療機関に入院している状況を示唆しており，終末期の医療と介護のあり方を考える上で重要な点と思われる．

13.4　医療・介護の区分

　これまで医療・介護を制度上の区分として扱ってきたが，Norton（2000）は，急性期医療（acute medical care）との対比として，介護（long-term care）の特徴を指摘している[25].　第1に，介護は，急性疾患に対する治療

---

23)　前田（1987）は，70歳以上の死亡者と40歳以上70歳未満の死亡者とでは，注射・処置・手術など，診療行為別に見た入院費用の構造が異なる点を指摘している．

24)　高齢化の一因は長寿化によるが，長寿化により死亡前医療費はむしろ低下し，医療費全体を低下させる方向に働く可能性がある．この点については大日（2002）などを参照のこと．

25)　本文中にあげた以外に，ナーシング・ホーム市場と病院市場の相違点，保険のカバレッジの相違点などが指摘されているが，いずれも米国を念頭に置いた指摘であ

（treatment）ではなく，慢性疾患や障害に対するケア（care）である．治療を目的とする医療に対し，介護は要介護者が日常生活を送る上での障害をいかに取り除くか，すなわち生活の質（Quality of Living：QOL）の改善を重視したサービスとなる．第 2 は，医療では医師や看護師などの専門スタッフがサービスを提供するのに対し，介護ではしばしば家族などの非専門スタッフによってサービス提供がなされる点である．実際，日本でも介護者の多くは家族であり，介護サービスの利用は，家族構成や介護者の属性によっても変わりうる[26]．しかしながら，両者の境界は必ずしも明確ではなく，概念上の区分と制度上の区分が必ずしも一致しているわけではない．実際，日本でも医療・介護が果たすべき役割については，依然として大きな政策課題となっている．

　最後に，日本の介護保険に存在する制度的特徴について医療保険との比較の観点から 3 点指摘し，そのことが利用者に与える影響について考える．第 1 に，日本の介護保険制度では要介護認定制度があり，認定結果に応じて給付対象サービスや保険給付の限度額が設定されている．一方で，日本の医療保険では「フリーアクセス」として受診の意思決定は患者に委ねられ，患者は受診医療機関を自ら選択できる．要介護認定は，被保険者の選択をある程度制限するゲート・キーパーとしての機能を果たしていると考えられる．

　介護は生活の質の改善をより重視したサービスであり，個人の満足度を高めるため，需要は価格弾力的と考えられる．この場合，保険による利用者負担の軽減は事後的モラルハザードをもたらし，厚生損失は拡大する（Pauly, 1968）．実際，介護需要の価格弾力性は医療に比べて高いとされており（南部・菅原，2004），サービス利用に制限を設ける要介護認定は，保険による負の影響を抑制する効果を持つと考えられる．

　介護保険の 2 つ目の特徴としてケアマネジメントがある．要介護高齢者が居宅・地域密着サービスを利用する場合，サービス利用計画書（ケアプラン）を

　　る．"long-term care" という言葉の意味するところは国によって大きく異なり，諸外国の論文を読む際には注意する必要がある．この点は，国際比較研究を行う際の課題の 1 つとなっており，OECD 等では国際比較が可能なデータ整備を目的として検討が行われている（OECD, 2008）．

26）　例えば，Tamiya *et al.*（2002）では，家族介護者がいない場合には訪問介護の利用が，介護者が妻の場合には通所介護の利用が多くなる点が指摘されている．

248   第 III 部　経済合理性の枠組みを超えて

作成し，計画に沿ったサービス利用が義務付けられている[27]．多くの場合，介
護支援専門員（ケアマネージャー）と呼ばれる専門スタッフが，要介護高齢者
の心身の状況や本人・家族の意向などを考慮しながら，ケアプランを作成する．
このためサービス事業者の関与は医療に比べて弱く，理論的には供給者誘発需
要と呼ばれる現象を抑制する効果が期待される．ただし，介護支援専門員のサ
ービス事業者からの中立性については介護保険の 1 つの課題とされている[28]．

　第 3 に，日本の医療保険では保険適用サービスと適用外サービスの併用は原
則認められず，併用する際には保険適用部分も含めてすべて自己負担となる
（混合給付禁止の原則）が，介護保険では混合給付を認めている（吉原・和田，
2008）．例えば，有料老人ホームの利用者は入居費用と保険給付の差額を自ら
支払うことで，より付加価値の高いサービスを利用することが可能となる．こ
のような公的保険で一定水準のサービスを保障し，付加的なサービスに対して
は自助努力で対応するという介護保険の考え方は，今後の公的保険の給付の範
囲を考える上で重要な論点を提示している．

13.5　まとめ

　本章ではわれわれが直面している医療・介護リスクについて検討した上で，
今後の医療・介護制度を考える上で重要となる 2 つの論点（死亡前医療，医療
と介護の区分）について考えた．最後に，今後の課題を中心に本章の内容をま
とめることとする．

　本章では，実際に発生した費用を医療・介護ニーズの代理指標とみなし，医
療・介護リスクを把握するというアプローチを採用し，医療・介護リスクにつ
いて検討を行った．しかしながら，いまだ包括的なリスク評価を行うには至っ
ていないのが現状であり，多くの研究課題が残されている．特に，医療・介護
費の持続性，長期間にわたる医療費と介護費の関係については，国内研究がほ
とんど蓄積されていない状況である．

---

27)　施設サービスを利用する場合には，施設職員により施設介護計画が作成される．
28)　例えば，社会保障審議会介護保険部会「介護保険制度の見直しに関する意見」
　　（2004 年 7 月 30 日）を参照．

これらの課題に対しては今後の実証研究が待たれるところだが，そのためには個人を一定期間追跡したパネルデータの構築が必要となる．近年，医療・介護分野でも個人単位のパネルデータを用いた研究が蓄積されつつあるが，いずれも一部の自治体を対象としたものとなっている．より一般的な結果を導くためにも，全国規模でのパネルデータの整備が不可欠である．ただし個人の一生を完全に追跡することは金銭的・時間的コストが高く，データ整備と並行して，マイクロシミュレーション・モデルを構築していく必要がある．

第 IV 部

ミクロとマクロの接合
国際比較を視野に入れて

第14章

医療費の範囲と「国民医療費」

14.1　はじめに

　日本だけでなくどの国も，国全体で費やされている医療費の推計は，概念の定義や制度がそもそも異なり，時間を通じても変化していくので，国際比較を行うことが難しい．このために，医療に関する支出の国際比較を行う場合は，統一された定義で比較する必要がある．こうした国の保健医療支出に関する推計方法は国民経済計算（System of National Accounts：SNA）に準拠しており，国民保健計算と呼ばれている．国際的に確立している国民保健計算の方法として，経済協力開発機構（Organization for Economic Cooperation and Development：OECD）から毎年公表される総保健医療支出（System of Health Accounts：SHA）が広く使用されている[1]．

　日本の医療費統計としては従来，厚生労働省統計情報部が公表している「国民医療費」が代表的な政策指標となっている．しかし後述するように，「国民医療費」はSHAとの比較可能性が限られた統計値となっている．また，「国民医療費」は，国民所得や国内総生産（Gross Domestic Product：GDP）の

---

1)　速水他（2003）で説明されているように，Accountsは，一般に「勘定」と訳されるが，System of Health Accounts（SHA）の訳語は，「総保健医療支出」としている．SHAは，「総保健医療支出」という統計を示す場合と，「国民保健計算の推計法」という作成基準を示す場合がある（注20）を参照）．「総保健医療支出」はTHE（Total Health Expenditure）の訳語として使われることもある．また，HealthやHealthcareは，医療に限定をしないことを明らかにするために「保健」または「保健医療」とする．

割合として示されることが多いが，国民所得も GDP も SNA の基準で推計されており，国民所得や GDP の重要な要素である「国民医療費」の定義も正確に対応するものでないと不便である．

　この章の目的は，日本の現行の「国民医療費」統計の読み方とその限界を明らかにし，医療費の計測と医療費統計の利用に当たって，留意すべき点を明らかにすることにある．日本の医療費統計の問題点の 1 つに，体系の欠如があげられる．そこで SHA 体系を 1 つの標準として，日本の医療を経済学的によりよく計測するためには，統計面でどのような改善が必要かについて理解を深めてもらいたい．

　まず，14.2 節では SHA が依拠している SNA の考え方を紹介し，どのようにして医療部門の経済活動規模を計測すべきかを考える．その上で，14.3 節では「国民医療費」の範囲を示しながら，その推計方法や問題点などを説明する．そのあと，14.4 節では医療費統計の体系の 1 つとして，SHA の推計方法やその意義・問題点を議論する．14.5 節では医療政策に関連する厚生統計とその課題や，医療費統計整備に関連する経済センサスについて説明をする．14.6 節では，国際比較や国際共同研究を遂行する上で制約となる，社会保障統計の整合性について詳しく吟味する．

14.2　どのようにして医療セクターの経済活動規模をはかるのか[2]

　本節では，SHA が依拠している SNA の基本的な考え方を紹介しながら，マクロ経済における医療セクターの経済活動規模がどのように計測されるのかを具体的に示す．ここで経済活動とは，1 年間という決まった期間における経済活動を指している．なお，本節では数値例はすべて仮想的なものである．

---

2)　SNA の考え方に関しては，一橋大学教授の齊藤誠氏とカリフォルニア大学サンディエゴ校教授星岳雄氏から数値例を含め貴重なアドバイスをいただいた．マクロ経済活動における SNA の考え方や使い方について，より詳細に学びたい場合は，齊藤他（2010）の第 2 章を参照のこと．

第 14 章　医療費の範囲と「国民医療費」　　255

（政府部門が医療セクターに関与していないケース）

　まず，（1）医療セクター，（2）その他の民間部門，そして（3）政府部門（中央，及び地方政府の合計）の 3 部門のみから構成される簡単な閉鎖経済を考える．医療セクターは，**医療機器部門，医薬品部門，病院部門**（民間・公的病院）から成り立っているとする．しばらくの間，政府部門はいっさい医療セクターの経済活動に関与していない（すなわち医療セクターと政府部門の間に重複はない）としておく．医療セクターを構成する 3 部門の経済活動は，表 14-1 のようになっているとしよう．

　医療機器部門の売上は，年間 200 億円とする．200 億円の医療機器はすべて病院部門に販売される．そのうち，50 億円は消耗品（1 年以内に消費されるもの）であり，150 億円は医療設備（1 年を超えて稼働するもの）である．医療機器部門は，200 億円を売り上げるために，80 億円の原材料費，80 億円の労働コスト，40 億円の資本コストを投じている．

　ここで労働コストには，生産活動に寄与している労働者の賃金や役員に対する報酬が含まれる．一方，資本コストには，資本設備の維持修繕費やリース料，銀行借入の金利，工場や事務所の賃貸料などが含まれる．企業収益は売上からすべてのコストを差し引いたものであるが，SNA では，そうした企業収益も，資本コストに含まれるとしている．したがって，企業が赤字であれば，赤字分が資本コストから控除される[3]．

　医薬品部門の売上は，年間 100 億円とする．100 億円の医薬品は，病院を通じて，あるいは，直接に患者に販売されている．医薬品部門は，100 億円を売り上げるために，40 億円の原材料費，40 億円の労働コスト，20 億円の資本コストを負担している．

　病院部門の売上は，年間 500 億円とする．単純化のために，500 億円の売上は，患者が負担する診療費に相当すると仮定する．病院部門は，500 億円を売

---

　3)　例えば，企業収益を除く資本コストが 50 億円であったとすると，200 億円の総売り上げに対して，原材料費，労働コスト，企業収益を除いた資本コストの総額が 210 億円（80 億円＋80 億円＋50 億円）となり，企業収益は 10 億円の赤字（200 億円−210 億円）となる．その結果，資本コストは，50 億円から 10 億円の赤字収益を差し引いた 40 億円となる．このように，企業収益も資本コストに含めることによって，企業収益を含めた総費用は，常に売上高に等しくなる．

256　　　　　　　　　　第IV部　ミクロとマクロの接合

表14-1　SNA を用いた医療セクターの

	売上高 （売上先）	中間投入（原材料費）			
		医療機器部門からの中間投入	医薬品部門からの中間投入	病院部門からの中間投入	医療セクター外からの中間投入
医療機器部門	200（50 が病院負担の消耗品，150 が医療設備として売上）	0	0	0	80
医薬品部門	100（患者の全額負担）	0	0	0	40
病院部門	500（患者の全額負担）	50	0	0	0
医療セクター	800	50	0	0	120

注）数値はすべて仮想的なものである.

り上げるために，50 億円の医療消耗品（医療機器部門から購入したもの），
300 億円の労働コスト，150 億円の資本コストを負担している.

　以上をもとに，生産と支出の両面から経済活動規模を把握していく．まずは，
生産面から医療セクターの経済活動規模を測定してみよう．3 つの部門の売上
は，800 億円（200 億円＋100 億円＋500 億円）であるが，これがそのまま医療
セクターの生産規模となるわけではない．医療機器部門の売り上げのうち，50
億円が病院部門の原材料費となっているので，売上の合計には 50 億円分が二
重計上されていることになる．また，医療機器部門と医薬品部門は，医療セク
ター以外のセクターからの原材料を用いているので，原材料費 120 億円（80
億円＋40 億円）も二重計上されている．そこで，これらの二重計上分（中間
投入分）を除く[4]と，医療セクターの生産規模は，630 億円となる．二重計上
分を控除した生産規模は，しばしば「付加価値ベースで評価をした生産規模」
と呼ばれている.

　次に，支出面から医療セクターの経済活動規模を測定する．海外部門がない

---

4)　原材料の中間投入分が控除され，設備投資分が控除されないのは，中間投入分は
　　1 年以内に完全に消耗し次期に残らないが，設備投資は 1 年を超えて次期に持ち越
　　されるからである．SNA では，設備投資ストックが当期生産に貢献している部分
　　は，固定資本減耗（企業会計の減価償却に相当する）として計上されている．厳密
　　にいうと，固定資本減耗を含んだものが総支出・総生産と呼ばれ，固定資本減耗を
　　控除したものは純支出・純生産と呼ばれている．なお，SNA では，保健医療部門
　　に限った固定資本減耗は報告されていない.

第 14 章　医療費の範囲と「国民医療費」　　257

経済活動の捉え方（数値例）

（単位：億円）

総　額	付加価値	労働コスト	資本コスト	家計部門の消費財支出	企業部門の資本財支出	企業部門の消費財支出	総支出
80	120	80	40	0	150	50	150
40	60	40	20	100	0	0	100
50	450	300	150	500	0	0	500
170	630	420	210	600	150	50	750

経済では，支出面は消費と投資に分けられる．政府が医療セクターに関与していない場合には，消費は家計部門すなわち消費者（患者）により行われ，投資は企業（医療セクターなど）によって行われる．3 つの部門が生産した医療機器，医薬品，診療サービスは，病院か患者が購入している．病院は，医療消耗品に 50 億円，医療設備に 150 億円をそれぞれ支出している．一方，患者は，医薬品に 100 億円，診療に 500 億円をそれぞれ支出している．

　しかし，SNA においては，病院が負担している医療消耗品 50 億円分は，病院の診療費に含まれていると考えて，最終的な支出とみなされない．その結果，SNA では，病院が支出している 150 億円の医療設備は**設備投資**として，患者が医薬品と診療に支出している 600 億円は**家計消費**として，それぞれ計上される．したがって，経済全体の医療セクターに対する支出総額は，750 億円となる．

　医療セクターが生み出している所得面はどうであろうか．医療セクター 3 部門で見ると，労働所得に相当する労働コストが計 420 億円（80 億円＋40 億円＋300 億円），資本所得に対応する資本コスト（企業収益を含む）が計 210 億円（40 億円＋20 億円＋150 億円）となる．したがって，医療セクター全体の所得は，630 億円となる．

　興味深い SNA の特性は，生産面で捉えた経済活動規模（630 億円）が所得面で捉えた経済活動規模（630 億円）に等しくなるところである．生産セクターの生産規模が付加価値ベースで計測されていると，当該セクターの所得に一

258　　　第 IV 部　ミクロとマクロの接合

表 14-2A　政府補助金の導入前後の

	原材料費			労働コスト		
	初期コスト	政府補助金	政府補助金後の費用	初期コスト	政府補助金	政府補助金後の費用
医療機器部門	80	0	80	80	0	80
医薬品部門	40	0	40	40	0	40
病院部門	50	0	50	300	50	250
医療セクター	170	0	170	420	50	370

表 14-2B　政府補助金と公的医療保険の影響

(単位：億円)

	支　出	政府補助金	支出（補助金あり）	公的医療保険（政府消費）	患者の自己負担	患者の自己負担率
医薬品部門	100	0	100	80	20	2 割
病院部門	500	100	400	300	100	2.5 割
医療セクター	600	100	500	380	120	

致するのである．こうした SNA の特性は，「生産と所得の等価性」と呼ばれている．

　SNA の体系ではマクロ経済全体で生産と所得ばかりでなく，支出についても等価性が成立し，生産，支出，所得の三面等価と呼ばれている．しかし，本節で見てきたように，医療セクターに限れば，生産と所得の等価性は成り立つが，医療セクターに対する支出は，医療セクターにおける生産や所得と等しくはならない．医療セクターに従事する人々の所得は，他の生産部門（例えば，食糧や電化製品）の支出にも充てられ，同時に他の生産部門で生じた所得が医療セクターの支出に充てられるからである．

（政府部門が医療セクターに関与しているケース）[5]

　現実には，政府部門が医療セクターの生産活動に大きく関与している．大規

---

5)　本節では，政府が医療セクターに関与しているケースとして，補助金の導入だけを扱っており，医療セクターは間接税を政府に払っていないケースを想定している．

第 14 章　医療費の範囲と「国民医療費」　　259

費用（コスト）の比較

(単位：億円)

資本コスト			総費用 （補助金 導入前）	総費用 （補助金導 入前・原材 料費を除 く）	総費用 （補助金 導入後）	総費用 （補助金導 入後・原材 料費を除 く）
初期コスト	政府補助金	政府補助金 後の費用				
40	0	40	200	120	200	120
20	0	20	100	60	100	60
150	50	100	500	450	400	350
210	50	160	800	630	700	530

模な政府の関与が存在する場合，SNA ではどのような修正が迫られるのであ
ろうか．

　先の事例に簡単な数値例を加えていく（表 14-2A と表 14-2B）．政府は，病
院部門に対して 100 億円の補助金を支給する．すると，病院のコストはその分
軽減される．先の事例では，原材料費 50 億円，労働コスト 300 億円，資本コ
スト 150 億円であったが，病院部門は政府補助金を充当し，病院部門が直接負
担する労働コストを 250 億円に，同じく資本コストを 100 億円にそれぞれ引き
下げるとする．同時に，こうした政府補助金の分だけ，病院部門が提供する診
療費が低下する．

　また，先の事例では患者が医薬品と診療費について全額負担していたが，こ
の事例では公的医療保険によりかなりの程度カバーされるとする．例えば，
100 億円の医薬品支出のうち 80 億円がカバーされるとする．また，診療費支
出はすでに政府補助金で 500 億円から 400 億円に低減されているが，そのうち
300 億円が公的医療保険によってカバーされるとする．

　政府関与について上のような想定を置くと，政府が関与していないケースと
比較して，医療セクターの経済活動はまったく異ならないにもかかわらず，数
値上で見た経済活動は大きく変化する．まず，生産面（正確には，コスト面か
ら積み上げて付加価値ベースで補足した生産規模）で見ると，病院部門の生産
規模は，100 億円の政府補助金のおかげで 500 億円から 400 億円に低下する．
したがって，医療セクターの経済規模は，市場価格表示ベースの生産規模で見
ると従前の 630 億円から 530 億円に低下する．

一方，支出面から見ると，患者が自己負担していた医薬品・診療支出は，政府補助金のおかげで 600 億円から 500 億円に低下した上，さらに公的医療保険により，500 億円から 120 億円に低下する．その結果，患者と病院の支出面から見た医療セクター全体の経済規模は 750 億円から 270 億円（患者の自己負担 120 億円 ＋ 病院の設備投資 150 億円のみ）になる．つまり医療セクターだけを考えると，支出規模が縮小するばかりか，生産と所得の等価性が成り立たなくなる．しかし，以下で見ていくように，政府の支出や補助金を的確に捉えると，医療セクターに対する支出規模は従前の規模に回復し，生産と所得の等価性が再び成り立つことがわかる．

SNA では，公的医療保険が患者に代わって負担している部分は，政府が患者に対して現物給付していると考え，**政府消費**という支出項目に公的医療保険の負担分 380 億円（医薬品分 80 億円と診療分 300 億円）が計上される．その結果，支出面から見た医療セクターの規模は，病院の設備投資 150 億円（設備投資に計上）と患者の自己負担 120 億円（家計消費に計上）に，公的医療保険負担分 380 億円（政府消費に計上）を加えれば，合わせて 650 億円となる．

これでも，政府が関与していないケース（総支出額は 750 億円）に比べると，まだ 100 億円少ない．これは，補助金によって，その分だけ病院への患者の支払額が軽減されていることによる．それと同時に，病院が労働や資本コストとして負担する額もその分だけ軽減する．したがって，診療費の市場価格表示の支出額（患者と公的医療保険が支払う総額）が，要素費用（実際に病院が医療サービスの生産のために要する費用）よりも，補助金の分だけ低くなるわけである．上の例の場合，病院部門の生産規模は，市場価格表示は 400 億円であるが，政府補助金を加えた要素費用表示は 500 億円となる．したがって，要素費用表示で見ると，医療セクターに対する支出規模は，750 億円（市場価格表示の支出規模 650 億円＋政府補助金 100 億円）であり，政府がまったく関与していないケースと等しくなる．

生産と所得の等価性についても，先に見てきたように，市場価格表示で見れば生産規模は 530 億円であるが，政府補助金（100 億円）を考慮した要素費用表示では 630 億円となる．その結果，医療セクター全体が生み出している総所得 630 億円と一致し，生産と所得の等価性が回復する．

第 14 章　医療費の範囲と「国民医療費」　　261

　ここで，SNA を用いて日本の医療セクターの経済活動規模について，支出面から補足してみよう．本節の例で示したように，支出面から経済活動規模を把握するためには，①病院部門の設備投資額，②家計部門の医薬品・診療支出，③政府消費として計上されている医療に関わる現物給付の合計を求めなければならない．SNA の産業分類が粗すぎて医療セクターが他のサービス部門と一緒に扱われているために，①に関する情報を得ることはできない．一方，②は，「家計の目的別最終消費支出」の保健・医療支出に含まれる．2007 年度で 11兆 8,000 億円，2008 年度で 12 兆円である．また，③は，「一般政府の目的別支出」の保健支出に含まれている．2007 年度で 35 兆 3,000 億円，2008 年度で36 兆 1,000 億円である．したがって，②と③の支出合計で見た医療セクターの経済活動規模は，2007 年度で 47 兆 1,000 億円，2008 年度で 48 兆 1,000 億円ということになる．ただし，この数字は市場価格表示なので，政府の保健医療に対する補助金分を加えた金額（これを要素費用表示という）は，2008 年の場合，48 兆 1,000 億円よりもさらに大きくなる点に注意する必要がある．

14.3　「国民医療費」の範囲

　日本の「国民医療費」は，当該年度内の医療機関等における傷病の治療に要する費用の推計として，厚生労働省大臣官房統計情報部から毎年公表されている．「国民医療費」の最大の特徴は，日本の公的医療保険制度の下での支出を推計しているところである．2007 年度は 34 兆 1,000 億円で，国民所得 375 兆円の約 9.1% に相当した．図 14-1 に示されているように，「国民医療費」に含まれる額は，医療機関などでの診療費，入院時の食事や生活医療費，訪問看護医療費，調剤費，医師の指示による鍼やマッサージの治療，医療保険等で支給される移送費などを含んでいる．

　「国民医療費」は，各種の統計や行政記録をもとに，医療保障制度ごとに毎年の給付額を求め，これに伴う患者の一部負担額を推計した加工統計である

---

　6)　平成 19 年度からは，推計に用いた調査統計，行政記録や案分方法の詳細が，「国民医療費推計方法について」として，厚生労働省のホームページ http://www.mhlw.go.jp/toukei/list/37-19.html から入手できるようになった．

262　第IV部　ミクロとマクロの接合

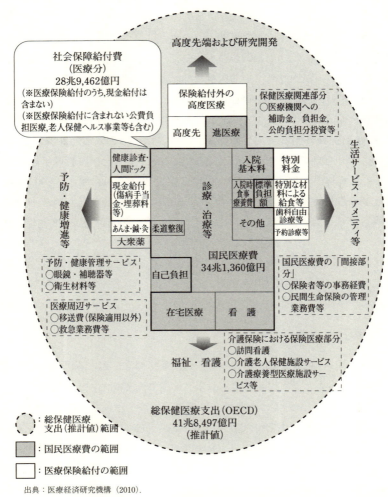

図 14-1　総保健医療支出，国民医療費，社会保険給付費（医療分）の範囲（2007 年）

（図 14-2）．具体的な推計方法としては，まず制度区分別の支払い額から「国民医療費」をもとめ，それを財源別，年齢階級別，診療種類別や傷病分類別に，各種の調査による割合を用いて案分[6]し，推計を行っている．「国民医療費」は，このように多面的な視点から医療支出を捉えている．

第 14 章 医療費の範囲と「国民医療費」　263

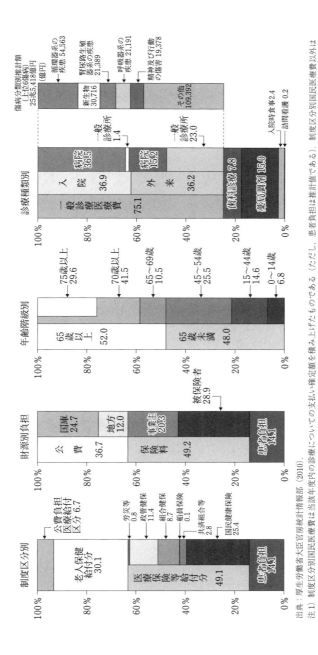

図 14-2 「国民医療費」の構造（2007 年度）
国民医療費総額：34 兆 1,360 億円、人口 1 人当たり国民医療費：26 万 7,200 円

一方，日本の「国民医療費」は，SNA で把握される医療セクターの経済活動規模に比べると，かなり狭い概念と言わざるをえない．まず「国民医療費」の推計範囲は傷病の治療費に限定しているため，医療保険対象外の費用は除外されている．例えば，正常分娩や歯科自由診療，入院時の室料差額料・選定療養費分・紹介状を持たない病院初診時の保険外併用療養費，健康診断や予防接種などに要する費用，処方箋の必要ない大衆薬（いわゆる over-the-counter drug），保険者や医療機関の運営および施設整備のための費用は含まれていない[7]．

また，対象範囲も医療制度の改革や変更に影響を受けてしまう．例えば，2000 年の介護保険制度の導入があげられるが，従来「国民医療費」の対象となっていた医療費の中で，長期療養に関わる入院費用の一部が介護保険の費用に移行して，1954 年以降上昇していた「国民医療費」が初めて減少した．

推計のもととなる統計にも問題点がある．例えば診療種類別や疾病種類別の按分を計算するのに用いられる患者調査は 3 年に 1 度実施され，入院・外来実績については特定の 1 日に限ったサンプル調査である．同じく按分計算に用いられる社会医療診療行為別調査は毎年実施されるものの，特定の 1 ヵ月の診療審査分（6 月の審査分の国民健康保険・組合健康保険など医療給付）に限定されており，保険外診療や自己負担分は把握できない．さらに，調査数が少なく，季節変動がつかめないため，疾病別計算など詳細な内訳を安定して推計するには不十分であるとかねてより指摘されている．

支出については，一次統計として家計調査や国民生活基礎調査（所得票・健康票）などで，保険料支出や医療費自己負担分などの家計支出が把握されているが，「国民医療費」の財源別推計などとは連携されていない．韓国や台湾では，家計の保健医療関連支出を把握するため，毎年標本抽出した上で家計調査を行っている一方，日本では，保険給付対象外の自費診療分の医療費は全く推計されていない（福田，2008；肥塚・満武，2010）．

7）　平成 19 年度からは，「『国民医療費に含まれないもの』に関連する主な統計数値など」として，主な統計数値が費用額と件数に関して示されるようになった（厚生労働省大臣官房統計情報部（2010）の 117 ページから 120 ページ）．

14.4 総保健医療支出推計[8]

医療政策を評価するためには，傷病の治療に要する医療費だけでなく，予防や健康管理，そして医療保険の運営費や医療機関への補助金や負担金，公的負担分の投資なども考える必要がある．医療費の定義は，国あるいは地域によって異なることにも配慮しなければならない．例えば，日本と同様に社会保険制度を導入しているオランダではコンピューターが普及する以前から情報システムが整備されており，全国各地での疾患の発症率や有病率，そのトレンド等が容易に入手できる．医療費（介護費を含む）のカバー範囲は広く，国際比較をする時に相対的に高めに推計結果が出る傾向にある．

SHA は，医療に関する支出の国際基準で，「統一的な標準表形式で国際比較が可能となるよう，医療活動の全分野を対象とした包括的な国際分類を提供している推計手法」であり，OECD や EUROSTAT（欧州委員会統計局）だけでなく，2003 年には WHO（World Health Organization：世界保健機構），World Bank（世界銀行）および USAID（アメリカ合衆国国際開発庁）でも国民保健計算方法のベースとなっている（満武，2010）．

（SHA の考え方）

SHA に基づいた総保健医療支出の構造を図 14-3 に示す．「①総保健医療支出」は，「②経常保健医療支出」と「③医療設備への投資」で構成される．SNA の対応で言うと，前者の「②経常保健医療支出」は，保健医療支出に関わる家計消費と政府消費に相当する．なお，SHA では，要素費用で「②経常保健医療支出」を算出しているので，医療セクターに対する政府補助金も含まれていることになる．一方，後者の「③医療設備への投資」は，病院や診療所，介護老人保健施設による設備投資額である[9]．

---

8) 速水他（2003）と満武（2010）を参照のこと．
9) 第 2 節の数値例（政府が関与しているケース）と比較すると，家計消費に計上されている保健医療支出 120 億円と，政府消費に計上されている医療関連現物給付 380 億円，さらに，SHA は補助金を含めた要素価格表示なので，政府の病院に対する補助金 100 億円を合わせた 600 億円が「②経常保健医療支出」に相当する．また，病院の設備投資額 150 億円が「③医療設備への投資」に相当する．したがって，

図 14-3 総保健医療支出の構造

「②経常保健医療支出」は,「⑥医療サービス支出」と「⑦医療財への支出」を合わせた「④個別的保健医療支出」と,「⑧予防・公衆衛生」と「⑨保健管理と保険への支出」を合わせた「⑤集団的保健医療支出」の合計である.「⑥医療サービス支出」は, 入院医療費, 外来医療費, 在宅医療費, 補助的サービスの総額である.「⑦医療財への支出」は, 処方薬や一般薬品に関わる費用, 衛生材料などに要した費用である「⑩医薬品その他非耐久性医療財」と, 眼鏡や補聴器, 血圧計や体温計などの費用である「⑪治療用具その他の耐久性医療財」の合計である.「⑧予防・公衆衛生」には, 各医療保険者による保健給付, 行政の実施している母子保健事業や学校保健事業に要した費用などが含まれる. 一方,「⑨保健管理と保険への支出」には, 医療保険制度の運営や実施に要した人件費や物件費などである(医療経済研究機構, 2010).

図 14-1 は,「総保健医療支出」と「国民医療費」の関係を示している[10].「総保健医療支出」の推計値は約 41 兆 8,497 億円, 一方「国民医療費」は約 34 兆 1,360 億円である[11,12]. 表 14-3 に総保健医療支出と国民医療費の構成要

　　数値例の「①総保健医療支出」は, 750 億円となり, SNA における医療セクターの経済活動規模に正確に一致している.

10) 「国民医療費」は,「⑥医療サービス支出」と「④医薬品その他の非耐久性医療財」の一部に相当するにすぎない. 第 2 節の数値例を用いて「国民医療費」を計算すると, 家計消費に計上されている 120 億円の一部と政府消費に計上されている 380 億円の一部の合計となる.

11) 　OECD Health Data 2010 によると, 日本の 2007 年度の「総保健医療支出」は名目 GDP の 8.1% であった. 一方, 2007 年度の「国民医療費」は名目 GDP の 6.5% であった.

第 14 章　医療費の範囲と「国民医療費」　　　267

素の比較を示してある．両者の差は，表 14-3 の（2），（3），（4）の部分に相当
していると考えられる．

　「総保健医療支出」は，財源別に公的負担（一般政府や社会保障基金による
負担）と私的負担（家計や民間保険会社による負担）でも分類される．したが
って，公的保険制度を通じた現物給付だけでなく，さまざまな政府補助金を反
映した要素費用表示の支出に対応している．

　SHA では，要素費用表示の保健医療支出を厳密に算出するために，国際基
準に基づき「国内での保健医療に関連して支出された財・サービスの購入のた
めのすべての金額について，支出項目ごとに機能面，財源面などについて明確
に定義をした上で，複数の項目からなるマトリックスとして提供されている」
（速水他，2003）．具体的には，機能別（Classification of Function：HC）[13]，
供 給 主 体 別（Providers：HP）[14]，財 源 別（Financing agents/schemes：
HF）[15]の三次元分類を柱として，これらのマトリックスでの推計を行うこと
で，保健医療支出の範囲として包括的な枠組みを提供するとともに国際比較の
可能性を高めている．例えば，社会保険方式を採用する日本，ドイツ，韓国で
は，入院と外来でどちらの方がどのくらい家計負担の割合が大きいのか，など
容易に比較することができる．2006 年からは人的資源（Human Resources：
RC）と資金（Financing Source：FC）が新たに加えられたので，支出だけで
なくて，財源や分配の側面も分析をすることができるようになった．

　日本では医療経済研究機構において，SHA に準拠した日本の総保健医療支
出推計方法を開発し，その手法を用いて 1995 年度からの総医療費について推
計を行っている．図 14-1 の空白部分と表 14-3 中の下線部で示した個所は，医

---

12)　第 2 節の最後で見てきたように，SNA によると，支出で見た保健医療部門の経
　　済規模（ただし，医療セクターの設備投資を除く）は，2007 年度で 47 兆 1,000 億
　　円であった．一方，本節で見てきたように，SHA に基づいた「総保健医療支出」
　　は，2007 年度で 41 兆 8,000 億円であった．後者には医療設備に対する投資も含ま
　　れているにもかかわらず，前者が後者よりも大きい．両者の違いは，SNA におけ
　　る保健や医療保険の支出項目と，SHA における支出項目の定義が大きく異なって
　　いることを示唆している．
13)　「どの種類のサービスが提供され，どの品目の財が購入されたか」という観点．
14)　「資金はどこに行くのか」という観点．
15)　「どこから資金が来たのか」という観点．

268 第IV部　ミクロとマクロの接合

表 14-3 「SHA に基づく総保健医療支出」の構成と「国民医療費」の占める部分

（1）　医療サービス部分「国民医療費」の占める部分
○病院，一般診療所，歯科診療所が提供するサービス部分（診療費） 　医科診療（入院，入院外），歯科診療，入院時食事医療費 ○訪問看護事業所が提供するサービス部分（訪問看護医療費） 　訪問看護療養費，老人訪問看護医療費，基本利用料 ○薬局が提供するサービス部分（調剤費：医療保険・公費・老人保健制度分） ○あん摩・はり・きゅうの施術業・接骨院等が提供するサービス部分 　柔道整復師・はり師による治療費：健保適用部分 ○その他の医療提供機関等が提供するサービス部分 　移送費：健保適用部分，補装具：健保適用部分

（2）　医療関連サービス部分
○予防・健康管理サービス部分 　一般薬，衛生材料，眼鏡，補聴器，血圧計，体温計など，補装具 　健保等が実施する検診・人間ドックなど，母子保健・学童検診などの検診，予防接種など 　医師の指示以外によるあん摩・マッサージなど（健保適用外部分） 　失禁用品など，労働安全衛生法による検診 ○医療サービス部分 　正常な妊娠・分娩・産じょくの費用 　高度先進医療における患者負担分，基本利用料以外のその他の利用料等の費用 　その他の特定療養費（評価療養・選定療養） ○医療周辺サービス部分 　保険適用以外の移送費，救急業務費，歯科自由診療・歯科材料差額，美容整形費，室料差額 ○介護保険における保険医療に関連するサービス部分注1）訪問看護，訪問リハビリ 　テーション，通所リハビリテーション，短期入所療養介護（医療機関・老健），居宅療養管理指 　導，介護老人保健施設サービス，介護療養型医療施設サービス

（3）　間接サービス部分（管理業務など）
○医療保障制度の実務に要する費用 　社会保険庁，健康保険組合，市町村・特別区，社会保険診療報酬支払基金， 　国民健康保険団体連合会など，保健所・保健センター，政府の保健医療実務費 ○民間保険の管理業務 　生命保険の管理業務，損害保険の管理

（4）　保健医療関連部分（医療を支えるサブシステム）
○保健医療機関の資本形成（病院施設運営補助金を除く公的投資・補助金・負担金など） ○民間部門からの投資・補助金，○保健医療従事者の教育および訓練 ○保健医療における研究開発，○環境衛生など，○介護保険における訪問介護（身体介護・生活援 　助部分），訪問入浴介護，通所介護，居宅介護支援注2）

出典：医療経済研究機構（2010）に筆者が加筆・修正．
注1）短期入所生活介護，認知症対応型共同生活介護，特定施設入所者生活介護，福祉用具貸与，居宅介護福祉用
　　　具購入費，居宅介護住宅改修費，介護老人福祉施設サービスを含まない．
注2）日本の介護費用のうち，居宅サービスのほとんどは，総保健医療支出に計上されていない．
注3）下線部は，データ制約等の理由により，医療経済研究機構では推計していない．

第 14 章　医療費の範囲と「国民医療費」　　　269

療経済研究機構が推計を行なっていない．データの制約等により算出できない項目があるのは，「事情は程度に差があるものの各国でも同様である」（厚生労働省，2011）[16)]との見解もある．しかし，その程度が無視できない規模の項目も多い．例えば，表 14-3 の注 2）で指摘したように介護費用のうち居宅サービスの多くは総保健医療支出に計上されていない．地方自治体の提供する予防・公衆衛生サービスや，医療機関への補助金も適切に反映されていない[17)]．

　総保健医療支出（または GDP に占める割合）は，国際比較やわが国の医療政策においても，たいへん重要な統計であり，その重要性は今後ますます増して行くであろう．しかし，その信頼性に関して客観的な評価はほとんど行われていない．国の重要統計の 1 つとして位置づけ，政府として責任をもって対応するべきであろう[18)]．

14. 5　医療政策に関連する厚生統計とその課題

　医療制度を経済学的な観点からより包括的にモニタリングするためには，需要，供給，コストの 3 つの側面から考えることが妥当である．本節では，現存するデータでどこまでそれが可能かについて議論することで，必要な情報について整理することとしよう．

　地域別に見た疾病分布の状況や，個人ベースでどのくらい医療費がかかるのか，重複受診の実態などを知るためには，需要分析が必要である．現時点で入手できるデータソースとして患者調査や社会医療診療行為別調査の個票がある．患者調査は，医療機関を受療した患者の年齢，性別，主傷病，治療内容，在院日数などの情報を収集し，二次医療圏単位の入院患者数の推計などを提供し，地域の基準病床数などを示す地域保健医療計画の基盤となる重要な資料である（伏見，2009）．しかし，近年，著しく増加している日帰り手術や外来化学療法

---

16)　「国民医療費」や SHA の今後の方向性や検討課題に関しても詳しい．
17)　合計すれば兆円の単位で過少推計されているとの指摘がある（西沢，2015）．
18)　西沢（2015）が指摘するように，推計結果を OECD のホームページで報告するだけでなく，その結果の解釈や問題点などを推計者が自ら報告する仕組みを導入することは，すぐにでも対応できるであろう．

などの外来専門治療の実態は把握できていない．社会医療診療行為別調査は，診療報酬および診療行為に関する明細データを調査し，医療費の配分状況を示す情報を提供している．しかし14.3節でも触れたように，調査数が少ないこと，1ヵ月の審査実績分に限定されていることなど，需要分析のデータとしては不十分である．

診療報酬明細（レセプト）の電子化が進むことで，全数調査をタイムリーに行うことができるようになれば地域・疾患など属性別の詳細な医療給付の状況が把握できるようになる．しかし病名の標準コード化が部分的にしか図られていないなど，いくつかの技術的問題点が残る．急性期入院診療に関しては日本版診断群分類（DPC）による，退院者調査データを用いることで，現行の患者調査よりも詳細に医療行為のプロセス分析や地域の医療資源配分の状況などを可視化することが可能になると期待されるが，DPCデータは現時点では公開の対象とされていない（伏見，2009）．

次に，供給面であるが，医療計画の立案に関して，医療施設調査・病院報告は，全医療機関の病院数，標ぼう診療科，施設・設備・看護の状況などを調査し，主に医療供給側の情報が収集されている．どのような提供体制が必要かといった，地域の医療資源の充足状態を知るためにも，全数調査である医療施設調査は重要な調査である．改善点としては，保健所や地方厚生局の都道府県事務所への施設基準の届けの状況など行政情報を併せて利用することで大幅に回答者の負担を軽減し，より詳細な情報を入手することができる．

コストのデータは，将来の給付の範囲を決める上でも重要である．現在，医療のコストに関する数少ない調査として，医療経済実態調査がある．病院，診療所，保険薬局における医業経営等の実態を調査したものである．中央社会保険医療協議会（中医協）が診療報酬点数改定のための参考にするために実施される調査であるが，サンプル施設数が少なく，経営主体が自治体病院に偏るなど問題点は多い．また病院会計準則が存在するものの大学病院や自治体病院をはじめ，この準則に即した情報が構築されていないことも問題としてあげられる．

この問題は2012年度から始める予定の「経済センサス」により多少は解決の方向が見えてきた．現在，全産業分野の経済活動を同一時点で網羅的に把握

できる統計が未整備であり，医療をはじめとするサービス業に関する統計が弱いことが指摘されてきた．そこで，大規模統計調査[19]を統廃合して，5年ごとに全事業所の経済活動を把握する「経済センサス」を新たに実施することになったのである．具体的には 2009 年 7 月に基礎調査を行い，農林漁業を除くすべての産業において，企業や事業所の名称と，所在地に関する情報と従業者数，事業の種類など基本事項を示した名簿を作成した．2012 年 2 月に活動調査を行い，産業別の売上高とその内訳，必要経費などの活動内容を明らかにする予定となっている．両者の調査を合わせて基幹統計としての「経済構造統計」が作成される．経済構造を把握するこの経済センサスで，初めて同一時点で，全国の企業や事業所の実像の把握が可能になるだけでなく，産業連関表や GDP 統計を作成する際の基礎データにもなる．医療費統計の整備に生かしていく方向性を考えていくことが期待される．

14.6　社会保障費用の国際比較統計

　医療費だけでなく，より広く社会保障費用の国際比較や国際共同研究を遂行するにあたり，国際基準に基づく社会保障統計が必要となる．各国の社会保障給付および財源を一定の定義の下に収集し比較可能とした統計であり，①経済・財政統計の一部として社会保障費を含む統計（一般政府・家計・金融機関など部門ごとに把握することができるが，部門を超えて全体像を把握することができない），②社会保障分野に特化した統計（社会保障の全体像を把握することができる）の 2 つに分類できる．前者のマクロとして社会保障を捉える統計としては，SNA や国際通貨基金（International Monetary Fund：IMF）の政府財政統計（Government Finance Statistics：GFS）などがあり，後者の社会保障の実施状況など実際の動向を把握する統計としては，国際労働機関（International Labour Organization：ILO），OECD，EUROSTAT の 3 つ の 国

---

19)　農業センサス（農林水産省），工業統計調査（経済産業省），商業統計調査（経済産業省），サービス業基本調査（総務省），事業所・企業統計調査（総務省）のように，所管や産業ごとに異なる年次や周期で調査が行われ，バラバラに作成されてきた．

272　　　　　　　　　　　　第IV部　ミクロとマクロの接合

対象範囲		国際基準	公表機関	国内統計	作成部局
Total Economy		SNA	UN	国民経済計算	内閣府
General Government		GFS	IMF	政府財政統計	内閣府・財務省・総務省
		SSI	ILO	社会保障給付費	国立社会保障・人口問題研究所
Social Security		SOCX	OECD	社会支出	国立社会保障・人口問題研究所
		ESSPROS	EUROSTAT	社会保護費統計	―
	Health	SHA	OECD	総保健医療支出	医療経済研究機構

	統計名	統計を作成するための基準や推計方法
SNA（System of National Accounts）	国民経済計算	国民経済計算の作成基準
SSI（Social Security Inquiry）	社会保障給付費	作成基準（ILO 基準）
SOCX（Social Expenditure）	社会支出	作成基準（OECD 基準）
ESSPROS（Europian System of integrated Social Protection Statistics）	社会保護費統計	作成基準（EUROSTAT 基準）
SHA（System of Health Accounts）	総保健医療支出	国民保健計算の推計方法

出典：岩本康志氏の未公開メモに基づいて筆者が加筆・変更.

図 14-4　社会保障費統計の関係

際機関が作成している統計が含まれる．日本のデータは，国立社会保障・人口問題研究所が ILO 基準に基づいて社会保障給付費を作成している．

　図 14-4 に，社会保障費統計の関係を示す[20]．ILO の社会保障給付費（Social Security Inquiry：SSI）は，時系列データが充実し，財源面も含まれており，日本では最も一般的に使われている統計である．しかし，ILO が調査を一時停止したため国際比較の年次更新が行われず，近年，他国では ILO 基準の統計が公表されていないため国際比較ができないという短所がある．OECD の社会支出（Social Expenditure：SOCX）は，国際比較が容易であり，継続性もあり，支出に関しては給付のほかに，施設整備費なども計上されているが，財源に関する情報が全くないことが大きな短所である．

　EUROSTAT の社会保護費統計（European System of integrated Social Protection Statistics：ESSPROS）は，社会保障費の支出と財源に関する統計基準である．EU 加盟国を対象として作成された統計であるので，米国，カナダ，オーストラリアなどとの比較ができないことや，日本が EU 加盟国でな

───────────

20)　社会保障費統計の用語法として，しばしば混乱を招くのは，同じ言葉が，作成された統計を示す場合と，その統計を作成するための基準を示す場合があり，両者を区別する必要がある．例えば，SNA は，「国民経済計算」という統計を示す場合と，「国民経済計算の推計法」という作成基準を示す場合がある．

いことに伴う情報面でのデメリットが指摘されるが，ESSPROS は EU 諸国以外でも重要な基準となっている．例えば，OECD の SOCX や ILO の SSI も，ESSPROS に準拠しており，SNA の政府支出の機能別分類（Classification of Functions of Government：COFOG）の「社会保護」の詳細分類は ESSPROS の分類を継承している．このように，ESSPROS は EU 加盟国だけの統計基準でなくて，主要な社会保障費統計の基盤になっている．

14.7　おわりに

　現行の日本の医療費統計の大きな問題は，SNA のような明確な体系性が欠如していることである．日本の統計機構は分散型システムと言われているが，医療関係の統計については，総務省統計局がすべてを把握しているわけではなく，厚労省や地方自治体が主に把握をしている統計もあり，統計間に統一性がなく全体像がつかみにくい．

　「国民医療費」を，SNA の概念と調和するように設計されると，医療と経済の関係を分析する際に，日本の医療産業や政策のパフォーマンスの実態を客観的に国際的に比較できるなど，多くの利点が考えられる．ただし SNA では部門分類が粗く，保健医療部門はサービスセクターの一部になっており，医療機関における設備投資額を得ることができない．また，医療セクターで生産要素サービスを提供している主体が稼得する要素所得（医療従事者の所得や医療機関の営業余剰など）の正確な数値を補足することもできない．医療セクターの設備投資額や所得を明示的に取り扱うような統計表示も SHA の重要な役割となろう．

　日本で公的調査統計が政策の立案や評価に十分に活用されてこなかった理由の 1 つとして，調査統計の個票データの学術的使用が「目的外使用」という位置付けになっており限定的だったことが指摘されている．しかし，この点に関しては，新統計法が 2009 年 4 月に全面的に施行されて大きな前進があり，今後個票データの政策評価・実証研究への応用拡大が広がることが期待される．利用者が統計整備に声を反映する素地もできてきた．政策的な指標としても重要な医療費に関しては，SHA などの標準表形式で国際比較が可能で，保健や

医療活動の全分野を対象とした包括的な国際分類を提供する推計方法によって整備をすることが，医療セクターの経済的活動を正しく評価・分析する上で，基本的な統計となると期待されるのである．

第 15 章
医療制度の国際比較

15.1　はじめに

　医療制度のあり様は，それぞれ国の文化的・歴史的・政治的な固有の背景を色濃く反映したものとなっている．医療経済学的な分析を行うには，こうした固有の背景について一定度の理解を持った上で，消費者・供給者・保険者などの各種ステークホルダーがどのようなインセンティブの下で意思決定し，行動するのかを，それぞれの文脈に沿った形でモデル化し，解釈することが求められる．また，一見多様に見える各国の固有性に目を奪われすぎず，普遍的な行動モデルを求める上でも，医療制度の国際比較は重要な示唆を与えるものとなる．

　本章では，医療制度の国際比較を通じて制度の基本知識や類型の知識を得ること，および国際比較をする際の注意点について説明する．各国の制度体系の違いがどのようなインセンティブ（特に金銭的な）をそれぞれのステークホルダーに与えているのかについて，本章ではこれまでの各章の内容を踏まえた形で各国比較を行っていく．

　第 4 章の保険制度の基礎理論との関連では，

　・逆選択，リスク・セレクションにどう対応しているのか

　・リスクプールをどのように形成しているのか

　・費用負担と受益をどうバランスさせているのか

という点の違いが興味の対象となる．

　第 6 章と第 7 章との関連では，

・生産関数を規定する要因（アクセス，給付範囲，入院・外来の区別など）

・医療サービス生産の費用関数や利潤関数を規定する要因（特に価格統制の有無）

・生産要素市場（労働市場，資本市場）を規定する要因（特に病院などの準固定費用部分のファイナンス）

という点について各国の違いを考えることは非常に重要である．

　第3章，第5章，第8章で触れた消費者・供給者行動については

・消費者・患者の受療行動（特にモラルハザード）にどのようなインセンティブを用意しているのか

・報酬支払制度により，供給者の提供行動にどのようなインセンティブを用意するのか

という点に興味がわくであろう．

　このような諸点について基礎的な知識を持ち，個別制度の特徴を考慮に入れることで，各国のデータで実証すべき問題の本質や実証結果の正しい解釈がはじめて可能になるのである．次節においては日本と同様，社会保障制度として医療制度を運用しているドイツ・フランス・英国について制度概要を比較し，各章では説明し切れなかった制度によって規定される特性について理解を深めることとする．なおよく比較にあげられる米国については，公的・私的にさまざまな制度が多数存在し，しかも州によっても状況が異なることから，「米国の制度」として包括的に議論することはできないので，本章ではあえて割愛する．公的保険の制度や，民間保険の制度の特徴などについては，成書を参考にしてもらいたい[1]．

---

1)　一般財団法人 医療経済研究・社会保険福祉協会 医療経済研究機構がほぼ毎年米国・英国・フランス・ドイツなどの欧米諸国の医療関連データ集を発刊しており，諸外国の制度の概要・制度改革の概要などがまとまっている．本章も各国の制度の事実記載の多くは，2009年版に依拠している．米国の民間保険については，多種多様で簡単にまとめることは困難である．やや古いが西田在賢『医療・福祉の経営学』（2001年）などは，米国民間保険を鳥瞰する枠組みを提示していてわかりやすい．

15.2 医療制度の比較

OECD（1987）は，医療サービスを分配の側面から次の3つに分類している．財源が税・社会保険・私的支出によるか，供給体制（医療の生産要素）が公的か（直接供給）・私的を含むか（間接供給）などによってタイプ分けされる（Hsiao, 2007 も参照）．

●国民保健サービスモデル（ビバリッジモデル）

全国民を対象として医療サービスを提供するために，国の一般的な租税を主たる財源とし，また生産要素は国家の所有であるか，国家が統制する点に特徴がある．すなわち，国家が医療サービスの生産・分配を決定するモデルであり，制度改革前の英国などが含まれる．

●私的保険モデル（消費者主権モデル）

被用者集団もしくは個人により私的に購入される医療保険が主たる財源とされ，生産要素は主に私的な所有による．被保険者—保険者—供給者間の市場における契約に基づき，医療サービスの生産・分配を市場が決定するモデルである．米国の民間保険によるシステムが典型である．

●社会保険モデル（ビスマルクモデル）

職域・地域などのセグメントごと，ないし国民全体として強制的な皆保険を実施し，財源は雇用者および個人が負担する社会保険料を主とする．また，生産要素は，公的または私的な所有となっている．医療サービスに必要な財源や支払いを公的に制御することで国家が医療サービスの分配決定に大きな役割を果たす一方，生産そのものは民間セクター・市場に委ねるモデルであり，ドイツ・フランス・日本などが含まれる．

しかし，以下に見るように，上記の3つのモデルはもはや純粋には存在しない．それぞれのモデルの弱点を補うためにさまざまな改革が進められている．

15.2.1　各国制度の概要

（1）　ドイツ

【保険制度】

　ドイツの公的医療保険制度では，一定の所得基準に満たない者は強制加入の対象とされ，国民の約86%が公的医療保険でカバーされている．一方，所得が限度額を超えるものは任意加入とされており，そのほとんど（国民の約14%）は民間医療保険に加入している．いずれの医療保険にも加入しないものが約20万人存在していたことから，「公的医療保険競争強化法」が2009年より施行され，全国民が公的または私的医療保険のいずれかに加入する義務（一般的保険加入義務）が導入され，「皆保険」体制が初めて成立した．

　ドイツの公的医療保険は地域・産業・職業などにより区分された組合管掌方式によっており，保険者は疾病金庫と呼ばれている．疾病金庫は相互扶助による弱者救済という社会連帯の精神を背景とし，被保険者代表と企業（地域・職域）代表によって社会的自治に基づき運営されている．国家による介入や公費の投入を原則的に受けず，保険料で賄われている．組合管掌方式の社会保険制度の特徴でもあるが，保険料率はそれぞれの疾病金庫の被保険者の所得水準や疾病リスクにより大きく異なり，負担公平性の面では問題を抱えていた．

　かつて被保険者は疾病金庫を選択することができなかったが，1997年からどこの金庫に入るか自由選択制になった（農業疾病金庫を除く）．安い保険料を求め被保険者が疾病金庫を変更するようになり，保険料率の高い金庫や小規模の金庫は存続が難しくなり，金庫の合併・統合化が急速に進んだ．

　さらに，保険者間での公平な競争を促進するために，1993年以降，保険者ごとの性・年齢構成や被扶養者数，所得などの構成を加味して，保険者間での財政構造調整が行われてきた．その後2007年の改革により，連邦政府が疾病金庫から徴収した保険料を一括管理し一般税からの補助金と併せて医療基金を設立し，リスク構造調整した上で疾病金庫に交付金を配分する方式に切り替わった．またリスク構造調整そのものも，罹患率なども加味してさらに精緻化された方式に変更された．2009年1月からは，各保険者で異なっていた保険料率が全国的に統一された．しかし，若くて健康な人が民間保険に流れていることから，将来的には疾病金庫と民間保険会社との間でリスク調整が必要になる

第 15 章　医療制度の国際比較　　　279

との見方もある.

【被保険者のインセンティブ】

　外来はかつて自己負担がなかったが，現在は四半期ごとの定額負担が導入されている．入院サービスも 28 日を上限として日額定額負担，薬剤については 10% の定率自己負担を求められるが，月額の上限が定められている.

【供給制度】

　給付サービスの範囲は，予防サービス，外来診療，入院診療，訪問看護など幅広い．ただし正常出産などは保険対象外として，別途公的補助金の対象となっている.

　外来は一般診療保険医が担当し，入院診療を担当する病院の専門医は外来診療を原則提供しない（逆に一般診療保険医は専門的入院診療を提供できない）ように，明確に業務分担されている．近年，入院前後の外来診療や，特殊疾患（HIV 感染症など）は病院でも外来サービスを提供できるように一部緩和されている．病院は比較的小型の民間病院（病床の約 15%）と大型の公的・公益病院（85%）により構成されている．近年，公的・公益病院は減少傾向，民間病院は増加傾向にある.

【支払制度】

外来：

　地域ごとの保険医協会が疾病金庫から人頭払い（対象となる被保険者の人数にあわせた額）で予算として一括支払いを受け，それを出来高点数分に応じて各保険医に配分するという方式を取ってきた（日本も戦前はこの方式を採用していた）．しかし，年間の算定総額が予算総額を上回る場合には 1 点当たりの単価が引き下げられることから，年末になると医師が診療を控えるといった事態も生じ，医療の質を低下させる一因とされてきた．こうした状況を改めるため，1993 年以降，家庭医・専門医などのサービスごとに包括支払制度に段階的に移行し，2008 年からは従来の予算制は廃止された．また診療報酬総額は被保険者の罹患率に基づく医療ニーズに基づいて規定されることになった.

入院：

　病院の支払いは，経常経費は保険診療報酬として疾病金庫から支払われるが，資本・投資経費については，州政府が一般財源から支払う，二重財源制が取ら

れてきた．しかし資源配分が非効率的になることから，資本・経常経費とも疾病金庫からの支払いにまとめ，さらに，2003年より診断群分類をベースとした1件入院ごとの包括支払で，資本経費も含めてカバーする方式が段階的に導入されている．

薬価；

　薬剤価格は自由価格であるが，1989年より参照価格制が導入されている．参照価格制とは薬効別にグループを設定し，グループごとに保険償還額の上限（参照価格）を定める方法であり，参照価格を上回る価格の薬剤については患者の追加的自己負担が生じる．なお，一部の画期的新薬等は参照価格制の対象にはなっていない．製薬企業と疾病金庫の間で，価格や患者自己負担分の免除など，交渉によって決定されている．これらの措置にもかかわらず，近年薬剤給付額が急速に伸びて財政圧迫の要因となっていることが懸念されている．

　以上のように，ドイツにおける近年の制度改革は，社会保険の仕組みを維持しつつ，保険者間の負担格差やリスクの不均等を是正するため，保険のリスク管理を合理化・安定化させるとともに，医療費のコントロールを図ることで，制度全体の維持可能性を高めるための取り組みであったと総括できる．

（2）　フランス

【保険制度】

　フランスの公的医療保険制度は，2階構造になっている．

　1階部分にあたる法定基礎給付制度は，入院の約9割，外来・薬剤サービスの約6割をカバーする．大別すると被用者保険者・自営業者向け保険者・農業従事者向け保険者・特殊制度（公務員や特殊業種従事者など）保険者の4つの制度によって国民の約80％がカバーされている．残る20％は，民間の個人保険に加入しているものか，無保険者であり，無保険者については県政府の責任で医療扶助（日本の生活保護の医療扶助と同じ）が提供されている．

　基礎給付から外れる分は自己負担が必要となるが，この分をカバーする補足制度が2階部分として存在し，主に非営利・民間の共済組合（日本の組合保険に近い）によって運営されている．しかし職域・制度によって補足制度保険間

での条件が異なること，低所得層では補足制度保険が購入できず，結局自己負担分が賄えないために医療サービスの利用に抑制がかかっていること，などが問題となっていた．この状況を解消するために 2000 年から普遍的疾病給付制度（CMU）が法定施行され，これまで補足制度に未加入だった国民に対しても付加的疾病給付制度が提供されることとなった．

　上記改革と併せて，制度運営のための財源が保険料から税に移行され，一般社会保障税率の大幅引き上げ（7.5%）と，社会保険料率の引き下げ（1998 年以降 0.75%）が並行して実施された（雇用者の保険料率は 12.8% で変更なし）．一般社会保障税は，2004 年からは労働所得のみならず資産所得も含めて課税対象となり，定率負担による納付が義務付けられている．すなわち再分配機能が強化されている．普遍的医療給付の財源としてはこれ以外にも酒税・たばこ税などがあてられている．

【被保険者のインセンティブ】

　法定給付と補足給付の 2 階建てに加え普遍的疾病給付が導入されたことで，事実上窓口での負担はなくなったことになる．ただし外来サービスは償還制なので，いったん窓口での負担が必要で，あとから保険から償還されるようになっている．入院については，保険者から直接支払がされるので，入院定額負担金を除いて，窓口支払いの必要はない．加えて，病院・医師の選択の自由があることから，消費者・患者側のコスト意識が希薄なことが問題となっていた．そこで，2004 年改革では，かかりつけ医制度が導入された．16 歳以上のすべての被保険者と被扶養者にかかりつけ医の選択を要請した．かかりつけ医への受診は強制されてはいないが，かかりつけ医の紹介状なしに他の医療サービスを利用した場合には，協定価格以外の付加料金が疾病金庫からも補足的保険からも償還されず自己負担とされた．

【供給制度】

　正常分娩を含めて歯科・眼鏡など広く給付の対象とされている．フランスの医師は専門医と一般開業医に，免許資格上も明確に分けられている．専門医が病院での専門サービスを担当し，一般開業医がクリニックでの外来サービスを担当している．フランスの病院のうち公的病院は 24 時間すべての患者を受け入れることを条件として公的病院サービス参加病院として認可された病院のこ

とであり，公立病院ばかりではなく一部の民間病院も含まれる．その結果，事実上，外来は民間診療所，入院は公的認可を受けた組織で提供される体制が築かれている．民間病院は比較的小規模（平均80床程度）であるが，急性期医療の提供については重要な位置を占めている．

【支払制度】

外来；

　開業医の医療費は，保険者と医師の代表的な労働組合との間で締結される協約料金表に基づいて支払われる．民間病院については，医師費用は同じく協約料金表に基づいて支払われていた．すべての診療行為はこの料金表で価格を付けられているが，診療報酬請求書には細かい情報が記載されず，外来で提供した医療サービスの中身が保険者側には見えにくい点が問題とされていた．そこで新たに個々の診療行為をユニークにコード化した医療行為分類（CCAM）が導入され，すべての民間病院・診療所からデータ提出が義務付けられている．今後外来の支払いも新分類に基づく包括支払に移行する計画が進められている．

入院；

　1991年以前は，公的病院は前年度実績などに基づく予算制でファイナンスされていた．そのため，資源利用の効率化のインセンティブが弱く，また地域ごとに同じ疾患の治療であるにもかかわらず資源投入量に格差があり，治療成績にも格差があることが問題とされた．1991年から診断群分類による診療内容の報告・モニタリング・原価計算が導入され，実績ベースで予算が編成され，資源の再配分が図られるようになった．さらに，2004年から段階的に診断群分類による一件包括支払が導入され，10年間かけて全面的に移行することとなっている．それ以外の民間病院についても，入院医療費のうち病院費用については診断群分類に基づく一入院定額支払い方式が導入されている．

薬価；

　薬剤価格については，既存の薬剤または治療法と比較した治療上の改善度（ASMR基準）を考慮して決められている．例えば一般の治療薬は65%カバーされるが，気休めの薬（胃薬とか）は35%だけ，さらにビタミン剤などは償還対象から外されている．

　なお，2003年には一部ジェネリック薬への代替率が低いものを対象とした

第15章　医療制度の国際比較　　　283

参照価格制が導入された.

　以上, フランスの医療制度改革は, 医療アクセスやファイナンスの「公平性」に重点を置きつつ, 社会保険制度から国家管理制度へと転換してきたことが特徴となっている. 保険者の自主運営を重視するあまり, 職域ごとの既得利権に縛られて政治的交渉が硬直していた状態から, 国家主導による制度管理のもと, 各ステークホルダー (保険者・病院・医師・消費者) 間の利害関係をデータに基づく交渉と契約関係により, 開かれた議論の下, 調整する方向に舵を切り直したものであったと評価される. 医療サービスへのアクセスが全国民に総じて確保され, 質や待機期間の点からも高い水準を達成していると評価できるが, 保健医療支出の規模が大きいことから, 今後, 一層の効率化を進めていくことが必要と考えられる.

（3）　英国
【保険制度】
　英国の公的医療制度 NHS (National Health Service) は租税が約 75% と財源の大部分を占める. 約 20% が保険料 (所得レベルと被用者・自営業別で条件が異なる) によって賄われている. 一方, 公的医療制度の下では, 生命への直接影響がないとされる疾患に対する処置 (例えば膝関節症に対する膝人工関節置換術や, 白内障手術など) は, 専門医への診察・入院治療を受けるまで数ヵ月単位で待たされる. そこで待ち時間が短く, 手術担当医の選択などもできる民間保険による私的医療サービスも並列している (NHS が運営する病院であっても私的サービスを提供するベッドを持つことが許されている). 総医療支出のうち, 民間保険による医療支出の規模は 3-4% 程度を占めている.
【被保険者のインセンティブ】
　公的な保険医療サービスの提供は全住民を対象に原則無料で行われるが, 財源確保の手段として受益者負担の導入が進められている. 外来処方薬 (1 処方当たり定額負担), 歯科医療 (原則 8 割負担), 視力検査と長期治療の一部 (100% 受益者負担) などとなっている.
【供給制度】

NHS が提供するサービスは家庭保健サービス・病院専門医サービス・地域保健サービスの3つに大別される．家庭保健サービスのうち一般医療サービスは，プライマリケアを担う一般医（General Practitioner：GP）から提供され，GP がゲートキーパー（gate-keeper）として病院専門医サービスに紹介するシステムとなっている．

1989 年以降現在にいたる改革の中核の1つは，国が生産要素をすべて所有し国民にサービスを提供する直接供給体制から，生産要素の所有とサービスの購入を分離してそれぞれを国から公益主体として独立させ，両者の間に契約による競争関係を導入してきた点にある．そのため，生産要素である GP・病院と，サービス購入をする地域主体のそれぞれについて公益組織を新たに作ってきた．

改革前の制度では住民は特定の GP に登録し，それをゲートキーパーとして専門医・病院サービスへの紹介を受けるシステムだった．GP は直接政府と契約する自営業者であった．1991 年の保守党政権での改革で，GP Fund Holder が創設された．これは GP の一部をグループ化して公益団体を形成させ，一定の地域内の外来・入院を含む全サービスの購入・管理の責任主体として定額予算を交付する仕組みである．疾病予防・薬剤の適正処方・効率性の高い入院サービスを選択することなどにより，資源利用が予算より少なければ，差額分を次年度繰越・設備拡張などに転用することを許すことで，効率化のインセンティブを持たせた．

続くブレア労働党政権下では，GP Fund Holder は効率化を優先しすぎてサービス格差を助長したとして廃止され，1999 年から新たに Primary Care Group（PCG）が設立され，2002 年からは Primary Care Trust（PCT）に移行した．これらは地域の GP と保健師を中心とした組織であるが，一定の地域での病院サービス・地域保健サービス購入・GP への設備投資などに責任を有する NHS から独立した公益組織である点は変わらない．

さらに，2004 年の改革以降，それまで国（NHS）が直接個人の GP と契約・支払していた方式から，地域の PCT が診療所と契約し，診療所が GP に支払いを行うシステムに変更された．これに伴い，地域住民は GP ではなく，診療所に登録するように変更された．

第 15 章　医療制度の国際比較　　　285

　1989 年の改革前は，病院はほぼすべて NHS の地域保健当局により所有・
運営されていた．改革によって地域保健当局と病院組織が分離され，かつて
NHS に所有されていた病院は公営企業体（NHS Trust）として一定の条件の
範囲内ではあるが，独立採算・経営の自由裁量が与えられるようになった．
NHS（2002 年以後は PCT）は，かつての直営病院以外にも民間病院と契約す
ることができるようになった．ただし，NHS との契約の下でほぼすべての病
院サービスは提供されている点は変わりなく，NHS に属さない民間病院への
医療費支出が総医療費に占める割合は 10% 未満である．

【支払制度】

外来；

　GP への診療報酬は 2004 年までは個々の GP の登録住民の数に応じて支払
われる人頭払いが全体の半分以上を占め，これに，診療所の維持費などに対応
する基本開業手当，検診の実施など一定の目標達成に対して支払われる健康改
善手当，避妊サービスなど付加的なサービスに対する出来高報酬が加えられて
いた．2004 年 4 月より新しい報酬契約が実施されるようになり，個人の GP
ではなく，診療所に対して登録人口の数や罹患率などのニードに基づいて計算
された包括的報酬が支払われるようになった．そして診療所が各 GP に対して，
提供するサービスの内容に応じて報酬を支払う仕組みに変更された．健康管理
や施設運営で質の高いサービスを提供した場合に成果に応じて支払われる成果
報酬（Quality and Outcomes Framework：QOF）も導入された．これによっ
て，GP の提供業務内容に選択の余地が与えられ，GP に提供サービスの競
争・質向上のためのインセンティブをつけることになった．実際，GP の報酬
はこの制度変更後，3 割近く増加したと言われている．

入院；

　この間，病院の支払いは予算制であった．当初は前年度実績に基づく予算配
分を行っていたため，経営効率化のインセンティブが弱く，また年度末には予
算不足のためにサービス提供が滞るなどの弊害も見られていた．1989 年の保
守党政権下の改革で，NHS Trust が独立事業主体として分離独立してからは，
購入主体である NHS と病院運営主体である NHS Trust の間で価格交渉が行
われるようになった．交渉のための材料を提供するために，英国の診断群分類

である Healthcare Resource Groups（HRG）が 1991 年から開発・導入され，分類ごとのベンチマークデータが公開され，効率性が問われるようになった．労働党政権下で 1999 年から HRG を用いた標準原価計算方式による評価が進められ，より精緻な形で予算が組まれるようになった．2004 年から，従来の予算制に代わり，サービス提供実績によって，HRG ごとに算出された標準価格表に基づいて支払いが行われる仕組み（Payment by Results）に段階的に変更し，病院についてもサービスの質向上・競争のインセンティブを付けるように転換しつつある．

薬価；

製薬会社の年間上限利益率が定められているが，その範囲であればブランド品の価格は，製薬会社からの届出で自由に決められる．薬剤価格ならびに調剤報酬額は国の処方箋薬価当局（Prescription Pricing Agency）によって薬剤価格表にまとめられ，適用される．患者負担は上述のように定額負担となっている．

以上，英国は国家が医療供給・支払を直接に一括管理していた体制から，公的な枠組みを保ちつつ，供給・支払を分離した組織で独立管理させることで，競争原理の導入・合理化を図ってきた．また疲弊しサービス供給量・質ともに低下した状況を改善するために，質の向上・競争を導入するインセンティブを新たに加えつつある．ブレア政権の下での NHS 改革に限らず，政策目標の数量的明示（マニフェストなど），実証データによる達成度の評価と分析，そして改善という政策サイクルを重視する点も特徴としてあげられる．

15. 2. 2 　制度の視点別の各国比較

以上，ドイツ・フランス・英国の 3 ヵ国の制度を概観したが，これらを総括しておこう．

逆選択，リスク・セレクションへの対応

公的保険と民間保険が並列するドイツでは，所得が高く，健康リスクも低い層が選択的に民間保険に流れるため，逆選択の余地がある．保険加入が義務化

第 15 章　医療制度の国際比較　　287

されても，公的・民間保険の選択は依然許されていることから，逆選択の発生
可能性については，変わりはない．フランスでも補助制度の部分で，普遍的疾
病給付に流れるものは，選択的に低所得・健康リスクの高い層となることから
逆選択の余地がある．民間保険制度と公的保険制度が並列していて，公的保険
へのすべての国民の強制加入がされていない国では，逆選択は程度の差こそあ
れ発生する（Paolucci *et al.*, 2007）．この点では，日本の制度（公的保険への
全員強制加入）は理論的には最も逆選択防止に有効である．
　一方，公的保険者によるリスク・セレクションについては，年齢・性・所
得・疾病罹患の状況などによる選択については，多くの国が制度としてそれを
禁じている．ただし社会保険制度の場合，職域・ないし地域ごとに被保険者が
区切られ，その結果としてリスク・セレクションが事実上発生している点が課
題となる．日本でも組合管掌保険と国民健康保険では，後者の所得水準が低く，
かつ疾病リスクが高いために慢性的赤字状態にあり，これを一般税から補填し
ていることは周知の通りである．ドイツでは，国民が疾病金庫を自由に選択で
きるようになってからは，保険者はリスク・セレクションができなくなった分，
リスクプールを安定化させるための仕組みが必要となり，保険者の統合化，リ
スク構造調整が導入されるようになった．
　民間保険ではリスク・セレクションは安定したリスクプールを得るための重
要な手段となる．民間保険を公的保険の枠組み内で利用しているオランダなど
では，強制保険の範囲ではリスク・セレクションを法的に禁止しているが，任
意の付帯保険（個室や医師の選択など付帯的サービスの購入をカバーする）に
ついてはリスク・セレクションを許しており，補助保険の販売と連動させるこ
とで事実上公的保険の範囲でもリスク・セレクションが生じているという指摘
もある（Paolluci *et al.*, 2007）．

リスクプールをどのように形成しているのか

　社会保険制度は社会連帯に基づき職域などの社会的帰属組織によってセグメ
ントされる被保険者集団を組織化しているために，組織内のリスクプールは比
較的均一なものを得やすい．ただし保険者間ではリスクプールの格差を生じる
のが欠点である．また多数の保険者が乱立することによりリスクプールが細分

化されて，リスク分散の効率が低下する点も問題となる．これに対してドイツでは保険者の統合化を図ってより大きく安定したリスクプールを形成したり，リスク構造調整などによる保険者間での調整を取り入れてきた．日本でも国民健康保険を市町村保険者から都道府県単位の保険者に統合化する方向で調整が進んでいる．ドイツではほかにも，高額医療費についてリスクプール制を導入しており，1被保険者の年間の合計額が一定金額を超えた場合には，そのうち40%部分を加入する個別の疾病金庫が負担し，60%分を疾病金庫全体で共同負担する．また2009年からは連邦政府の医療基金が疾病金庫からの保険料を一括管理して交付金として配布する仕組みに変えたことで，政府機関がより積極的に保険者間のリスク管理に関わるようになった．

費用負担と受益をどのようにバランスさせているのか

負担と受益をバランスさせるには，リスクの高さに応じて保険料率を差別化する民間保険が最も機能的にすぐれているはずである．ただし，社会保険制度を導入している国では，社会連帯の精神に基づき，応能負担（払える能力を持つものが，払う能力が低いものをカバーする）による所得再分配機能を，制度の根幹的目的としていることが多い．そのため負担・受益のバランスは支払能力の分布を基準に中立的か，累進的か，はたまた逆進的かで評価されることになる．

Wagstaff *et al.*（1999）では，支払能力の分布と医療費負担の分布の差を数値化するためにKakwani係数を用いて欧米諸国の負担の公平性を検討している．支払能力（世帯の消費支出・税支出・社会保険料支出を併せたもの）に比例した医療費の支払という観点から見ると，税制度に強く依存する英国やフランスの仕組みが最も累進的となっている．一方，リスク構造調整以前のドイツではむしろ逆進的となっている．日本の仕組みも逆進的であることが指摘されている（遠藤・篠崎，2003）．

医療サービス生産の費用関数や利潤関数を規定する要因（特に価格統制の有無）

先進諸国ではなんらかの形で価格統制が導入されており，価格統制の形態と保険制度の種類がリンクしているわけではない．むしろ費用抑制の形態は，そ

れぞれの国家の政治的仕組みに左右されるところが大きい.

　医療サービスの価格設定は大きく分けるなら，診療行為ごとに価格を設定する方式（フランスの外来診療，日本の「出来高払」部分）と，疾病分類や診療機能によって包括的に価格を設定する方式がある．またそれらを予算制と組み合わせることもある．改革前のドイツや戦前の日本の外来診療は，予算を行為点数に従って配分するために，行為数によって点数当たり単価が変化する方式を採用していた．米国の公的保険で採用されている Resource Based Relative Value System（RBRVS）でも，個々の行為に相対点数を付けたのち，点数単価を調整することで，総額を調整する仕組みが導入されている（しかし実際には単価交渉は政治的になされていて，総枠費用抑制効果は弱い）．一方，1980年代以降の日本の特徴として，事実上の総額予算制の下で，行為点数を微調整して提供者サイドの利害を調整し（診療報酬点数の改定），医療費の伸びをGDP の伸び率以下に抑えてきたことは，他の欧米先進国では見られない，日本固有の費用抑制政策であったとされている（Ikegami and Campbell, 2004；二木, 1994）.

　予算制に準じる方法として，改革前の英国の GP への支払いや，米国のHealth Maintenance Organization で導入されていた人頭払いは，供給者に対してある規模の被保険者集団について責任を持たせることで，予防サービスの効率的提供を促す上では最もインセンティブが働きやすいが，不確実性の高い高額のサービスをカバーするには，質の低下や供給制限などが発生しやすい.

　薬剤に対する価格統制は，ドイツでは自由価格制で，保険償還額（参照価格）を超える分は自己負担となっている．英国も，製薬企業の利潤率制限の下で価格は自由に設定されている．これに対して日本では，中央社会保険医療協議会によって薬価が厳密に設定され価格統制が欧米諸国に比べて強いのが特徴となっている．価格統制が比較的強い日本とフランスは，一方で，薬剤医療費が医療費全体に占める割合が高いことでも知られている.

生産関数を規定する要因がどのように異なるのか（アクセス，給付範囲，入院・外来の区別など）

　医療サービスの保険給付範囲は，各国制度によって異なる．特に歯科・処方

薬・健診やワクチンなどの予防サービス・介護や慢性的療養に関わる費用・正常分娩・眼鏡などは，公的保険ではカバーせず，その他の補助や民間保険に委ねている国とそうでない国がある．日本では歯科・処方薬は公的保険によりカバーされるが，健診や正常分娩などはカバーされていないことは，第14章で説明した通りである．そのため，各国の医療費を比較する際，どこまでを含んでいるのかを確認する必要がある．標準的な項目に従って総保健医療支出を計算する必要がある．

英国のGP制度や米国の民間保険で見られる，ゲートキーパーによる専門的サービスへのアクセス制限は，医療サービスの需要をコントロールする1つの手法であり，フランスなどでもかかりつけ医制度が新たに導入されている．日本でも特定機能病院などを初診受診するには，特定療養費が追加請求されるが，ゲートキーピング機能としては極めて弱く，いわゆる「フリーアクセス」を許している数少ない国の1つとなっている．これ以外に米国の一部の民間保険では，病院を受診する前に事前利用審査（看護師などによる電話などの問診で保険でカバーするかどうかの事前審査を受ける）を必要とするものもある．英国のNHS directも，事前審査ではないが，受診抑制を図るための方策として導入されている．

ゲートキーパーが有効に機能するかどうかは，外来と入院サービスの提供主体が機能区分されているかどうか，家庭医・総合医的なサービスと専門的サービスの提供主体の機能区分がされているかどうか，などが大きな要素となる．ドイツやフランスでは外来と入院，一般と専門サービスの提供は医師の専門医制度や，診療所・病院の機能区分によって明確に区切られているが，日本の場合，いずれも機能区分が明確でない．

日本では，診療所と病院の区別は医療法上便宜的に作られたもので（ベッド数が20以上か未満か），大病院でも外来サービスを提供している．これは，日本の病院が大規模な公的病院と，小規模で診療所から次第に大きくなった民間病院が混在していること，専門医制度によってサービスの提供種類が制限されていないこと（例えば，専門医でなくても手術をしてもよい），外来—入院の紹介制度が確立していないこと，などによる．入院・外来が明確に分かれている諸外国では，供給者に対するインセンティブを別々に設計しているが，日本

第 15 章　医療制度の国際比較　　　291

の場合，支払い点数で診療所と病院などに異なる加算などを導入する程度で，機能区分を進めるインセンティブが弱いことが特徴である．

生産要素市場（労働市場，資本市場）を規定する要因（特に病院などの準固定費用部分のファイナンス）

病院のファイナンス：

　ドイツをはじめオーストリアやオランダなどでは資本経費と経常経費で 2 重財源方式を従来取っていたが，資源配分効率化のインセンティブが弱いことから見直しの動きが強い．ただし，病院産業は固定費用率が高い産業であることから，資本経費と経常経費を分けて評価することは必要とされている．日本の診療報酬制度の欠点として，固定費用率が大きく異なる病院と診療所を，同じ点数体系でファイナンスするために資本経費の評価が不十分となり，特に大病院の財政状況を圧迫している点があげられる．

　フランスや英国では原価計算に基づく予算制などが導入されているが，英国のようにサービス供給量が需要に満たない場合，年度末のサービス供給停止につながる場合がある．一方，フランスの場合は予算を超過するケースが相次ぎ，予算制としての意義が問われている．

　米国の高齢者向け公的保険であるメディケア（Medicare）では，病院のファイナンスは診断群分類ごとの 1 入院包括支払い（PPS）によっている．その点数は標準的な資源利用量を診断群別に求めたものに，地域係数（人件費などの物価の違い）・教育係数（ベッド当たりの研修医数），貧困係数（地域の貧困率などに併せて無料診療分を補う）などを掛け合わせ，施設ごとに差別化した支払いがされている．

入院と外来サービスの区別：

　フランス・英国・ドイツでは，明確に外来機能と入院機能が，診療所と病院で分担されている．また診療所（英国で言えば GP）は民間，病院は公的セクターに頼っている点もほぼ共通している．フランスでは，医師の免許資格も外来における一般サービスと入院における専門的サービスで明確に分けられている．専門的外来は病院機能の一部として数えられている．例えば特殊な治療技術はその専門医免許を持っているものだけが行うことを許されている．これに

対して日本では病院と診療所で明確な役割分担がなく，大病院であっても収入の半分は外来サービスから得ているのが現状である．また専門医免許制はあるものの，業務独占権（専門医免許がなければやってはいけない）は法的に与えられていない（つまり内科医であっても外科手術をやることは法的には許されている）．

医師と病院の関係；

フランス・ドイツでは公的病院における医師は，病院の生産要素として雇用関係にある（日本の勤務医も同じ）．これに対して米国では，医師は病院と契約関係にあり，医師は独立した生産主体となっている．よく医師費用・病院費用という用語が使われるが，cost（会計的費用）という意味で用いられる場合と fee（支払額）という意味で用いられていることがあるので，注意が必要である．医師の人件費と材料費・施設の減価償却費などの費用（cost）を会計的に区別して算定することはいずれの国でも共通した考え方であるが，支払（fee）については医師費用を独立しているのは米国と，フランスの民間病院の医師に対する支払だけである．

消費者・患者の受療行動（特にモラルハザード）にどのようなインセンティブを用意しているのか

先に触れたゲートキーパーや事前利用審査に加えて，モラルハザードによる受診を抑制する方法として，患者自己負担や免責制などが各国で導入されている．自己負担は定額である場合と定率である場合があり，かつ多くの国では上限が設定されている．免責制は，一定の利用額までは自己負担とし，それを超える分を保険でカバーするもので，低価格のサービス（主に医療サービスとしては軽症ないし贅沢的と考えられるもの）の利用を抑制する目的がある．ただし，予防サービスや慢性的疾病（高血圧や糖尿病など）の日常的管理の利用を抑制すれば，長期的には重症化により医療費の増大を招く可能性も指摘されている．適切な自己負担額がいくらなのかは，「無駄な医療サービス需要」をどう定義し測定するかが実際には困難であること，長期的影響も検討する必要があること，などから実証的研究が困難な問題の１つとなっている．現時点では，RAND の行った Health Insurance Experiment で，copayment がある場合，

需要の抑制は明確に見られるが，所得の低い層を除いて健康影響は見られなかったという報告がほぼ唯一の知見である（Newhouse *et al.*, 1993）．近年 regression discontinuity などの統計的手法を用いて，メディケアの対象年齢（65歳）の前後での医療サービスの利用と健康状態などを比較した研究によれば，公的保険によるカバーはサービス利用量ならびに健康状態の改善に有意に寄与していることが示唆されている（McWilliam, 2009）．

報酬支払制度により，供給者の提供行動にどのようなインセンティブを用意するのか

人頭払いや定額払いの導入は，供給者誘発需要の抑制や，効率性の向上を目的としている．例えば外来診療については，制度改革前の英国の GP は人頭払いで登録住民数当たりの年間予算が決まっているため，高度な医療や頻繁な受診が抑制される仕組みとなっている．入院医療における定額払いでは，米国のメディケアに 1980 年代より導入された DRG/PPS（診断群別 1 入院包括支払い）が有名であるが，その後多くの国で同様の包括払いが導入されている．一方，包括支払の欠点として過少診療を招く恐れが指摘されている．そこで近年，英国の GP に対する成果報酬（QOF）や米国メディケアの Value based purchasing などのように，質に応じた支払い（Pay for Performance：P4P）により質向上のインセンティブを導入している国もある．その成果について英国の報告では比較的ポジティブなものが報告されているが（Campbell *et al.*, 2007），米国の場合，質向上につながったという報告と，影響は見られていないという報告とがあり，評価はまだ定まっていない（Pearson *et al.*, 2008；Ryan, 2009）．

15.3 まとめ

以上，主に 3 ヵ国の制度を対比させながら，保険のスキーム，消費者行動に影響する要因，生産関数に影響する要因などについて鳥瞰してきた．医療制度は色濃くその国が健康や公平性に対して抱いている価値観を反映したものとなっている一方，費用抑制や効率化など共通した課題については，それぞれの価値観で創られた枠組みの中で，経済学的に見て共通したメカニズム・モデルに基づく対応を取っていることが見て取れるだろう．医療経済学的アプローチは，

政策的課題に対して普遍的な理解と解決策を模索するための重要なツールであることを再認識してもらえたことと思う.

【補訂版刊行に際しての付記】

　各国の医療制度は社会経済状況の変化などに対応して改正されるものである. 本章の記述は刊行当時 (2011 年) のままとなっているため, 読者は努めて最新の制度の情報に当たっていただきたい. 例えば, 医療経済研究機構が刊行する各国 (スウェーデン, 英国, フランス, オランダ, 米国, ドイツ等) の医療制度事情についての資料 (医療経済研究機構, 2009 ; 2012a ; 2012b ; 2012c ; 2013) は非常に有益である.

　この間のトピックとして, 医療の効率性向上を目指した社会実験とその評価研究が数多く発表されている. 英国の GP における Quality and Outcomes Framework については英国政府の Web サイト (http://qof.hscic.gov.uk/) から情報を得ることができる. その評価については Dusheiko *et al.* (2011) や Langdown and Peckham (2014) などを参照のこと. 米国の P4P (Pay-for-Performance) をはじめとする各国の financial incentives による医療の質研究については, 近年, 総説が数多く出されている (Eijkenaar *et al.*, 2013 ; Van Herck *et al.*, 2010 ; Emmert *et al.*, 2012 ; Carlson *et al.*, 2010 ; Kahn *et al.*, 2015 など).

　また, このほかに注目されたものとして, 中国における皆保険制度導入後の評価 (Yip *et al.*, 2012), RAND 医療保険実験以来の大規模医療保険研究として当初鳴り物入りだった Oregon Insurance Experiment (Baicker *et al.*, 2013) もある.

参 考 文 献

（各文献の末尾に付した数字は，当該文献の引用章を示す）

[邦文文献]

アイクナー，M. J.・M. B. マクレラン・D. A. ワイズ（2002）「個人医療支出と医療貯蓄勘定」小椋正立・デービッド・ワイズ編『日米比較医療制度改革』日本経済新聞社，第 2 章．[13]

青木研・漆博雄（1994）「Data Envelopment Analysis と公私病院の技術的効率性」『上智経済論集』39（1/2），56-73 頁．[6]

姉川知史（1999）「薬価低下政策と医薬品需要の実証分析──シミュレーション分析による薬価制度改革の予測と評価」『医療経済研究』6，55-75 頁．[5]

荒井一博（1995）『教育の経済学──大学進学行動の分析』有斐閣．[7]

阿波谷敏英（2004）「死亡前一年間の医療および介護費用の検討」『季刊社会保障研究』40（3），236-243 頁．[13]

安藤雄一・河村真・池田俊也・池上直己（1997）「保育園児のう蝕治療における医師誘発需要の検討」『医療と社会』7，113-133 頁．[8]

井伊雅子（2009）「日本──医療保険制度の歩みとその今日的課題」『アジアの医療保障制度』東京大学出版会，237-258 頁．[14]

井伊雅子・大日康史（1999）「軽医療における需要の価格弾力性の推定──疾病および症状を考慮した推計」『医療経済研究』6，5-17 頁．[5]

井伊雅子・大日康史（2002）『医療サービス需要の経済分析』日本経済新聞社．[5]

井伊雅子・別所俊一郎（2006）「医療の基礎的実証分析と政策：サーベイ」『フィナンシャル・レビュー』80，117-156 頁．[5][7][13]

池上直己（2006）『ベーシック医療問題』日経文庫．[9]

池上直己（2009）「特集：諸外国における高齢者への終末期ケアの現状趣旨」『海外社会保障研究』168，2-3 頁．[13]

池上直己・西村周三（2005）『医療技術・医薬品』勁草書房．[9]

石井安憲・西條辰義・塩澤修平（1995）『入門・ミクロ経済学』有斐閣．[9]

泉田信行（2004a）「入院医療サービス利用に関する分析」『季刊社会保障研究』40（3），214-223 頁．[5]

泉田信行（2004b）「患者の受診パターンの変化に関する分析」『医療と社会』14（3），1-19 頁．[5]

泉田信行・中西悟志・漆博雄（1998）「医師誘発需要仮説の実証分析──支出関数アプローチによる老人医療費の分析」『季刊社会保障研究』33（4），374-381 頁．[8]

依田高典（2010）『行動経済学──感情に揺れる経済心理』中公新書．[10]

依田高典・後藤励・西村周三（2009）『行動健康経済学』日本評論社．[4]

伊藤秀史（2003）『契約の経済理論』有斐閣．［4］

今井亮一・工藤教孝・佐々木勝・清水崇（2007）『サーチ理論——分権的取引の経済学』東京大学出版会．［7］

医療経済研究機構編（2009）『スウェーデン医療保障制度に関する調査研究報告書【2008 年版】』．［15］

医療経済研究機構（2010）「2007 年度 OECD の SHA 手法に基づく保健医療支出推計」．［14］

医療経済研究機構編（2010a）『アメリカ医療関連データ集【2009 年版】』．［15］

医療経済研究機構編（2010b）『イギリス医療保障制度に関する調査研究報告書【2009 年版】』．［15］

医療経済研究機構編（2010c）『ドイツ医療関連データ集【2009 年版】』．［15］

医療経済研究機構編（2010d）『フランス医療関連データ集【2009 年版】』．［15］

医療経済研究機構編（2012a）『イギリス医療保障制度に関する調査研究報告書【2011 年版】』．［15］

医療経済研究機構編（2012b）『フランス医療関連データ集【2011 年版】』．［15］

医療経済研究機構編（2012c）『オランダ医療関連データ集【2011 年版】』．［15］

医療経済研究機構編（2013）『ドイツ医療関連データ集【2012 年版】』．［15］

岩本康志（2000）「健康と所得」国立社会保障・人口問題研究所編『家族・世帯の変容と生活保障機能』東京大学出版会，第 6 章，95-117 頁．［3］

岩本康志（2009）「行動経済学は政策をどう変えるのか」池田新介・市村英彦・伊藤秀史編『現代経済学の潮流　2009』東洋経済新報社．［10］

漆博雄（1997）「老人医療の有料化と公的介護保険」八代尚宏編『高齢化社会の生活保障システム』東京大学出版会，137-157 頁．［5］

漆博雄・青木研（1994）「公立病院の費用関数」宮沢健一編『国民負担と経済活動の関係についての調査研究事業報告書』健康保健組合連合会．［6］

漆博雄・中西悟志（1994）「民間病院の費用分析」『医療と社会』3（2），118-132 頁．［6］

遠藤久夫（2001）「内科系医療技術の評価手法に関する研究——RBRVs の適用可能性について」『医療経済研究』9，53-81 頁．［9］

遠藤久夫（2005）「診療報酬制度の理論と実際」遠藤久夫・池上直己編『医療保険・診療報酬制度』勁草書房，第二章．［9］

遠藤久夫（2006）「医療と非営利性」田中滋・二木立編『保健・医療提供制度』勁草書房．［7］

遠藤久夫（2007）「医師や看護師の人手不足が発生していること」『日本労働研究雑誌』561，28-32 頁．［7］

遠藤久夫・駒村康平（1999）「公的医療保険と高齢者の医療アクセスの公平性」『季刊社会保障研究』35（2），141-148 頁．［9］

遠藤久夫・篠崎武久（2003）「患者自己負担と医療アクセスの公平性——支出比率とカクワニ指数から見た患者自己負担の実態」『季刊社会保障研究』39（2），144-154 頁．

［9］［15］

遠藤久夫・山田篤裕（2007）「介護保険の利用実態と介護サービスの公平性に関する研究」『医療経済研究』19（2），147-167頁．［9］

大石亜希子（2000）「高齢者の就業決定における健康要因の影響」『日本労働研究雑誌』481，51-62頁．［3］

大日康史（2002）「高齢化の医療費への影響及び入院期間の分析」『季刊社会保障研究』38（2），52-66頁．［13］

大日康史編（2003）『健康経済学』東洋経済新報社．［5］

太田聡一・橘木俊詔（2004）『労働経済学入門』有斐閣．［7］

大竹文雄（1998）『労働経済学入門』日本経済新聞社．［7］

大森正博（2008）『医療経済論』岩波書店．［7］

大森義明（2008）『労働経済学』日本評論社．［7］

奥野正寛・鈴村興太郎（1985）『ミクロ経済学Ⅰ』岩波書店．［2］

奥野正寛・鈴村興太郎（1988）『ミクロ経済学Ⅱ』岩波書店．［9］

小椋正立（1990）「医療需要の価格弾力性に関する予備的考察」金森久雄・伊部英男編『高齢化社会の経済学』東京大学出版会，189-210頁．［5］

小椋正立・角田保・河村真（2002）「日本の医療保険制度の再構築について」小椋正立・デービッド・ワイズ編『日米比較医療制度改革』日本経済新聞社，第1章．［13］

小椋正立・鈴木玲子（1998）「日本の高齢者医療費の分配上の諸問題について」『日本経済研究』36，154-183頁．［13］

小塩隆士（2005）『社会保障の経済学（第3版）』日本評論社．［12］

小塩隆士・妹尾渉（2003）「日本の教育経済学――実証分析の展望と課題」，*ESRI*（内閣府経済社会総合研究所）*Discussion Paper Series*，69．［7］

金子能宏（2000）「高年齢者の所得厚生と医療需要」国立社会保障・人口問題研究所編『家族・世帯の変容と生活保障機能』東京大学出版会，199-226頁．［5］

河合啓希・丸山士行（2000）「包括払制導入が医療費と診療密度に及ぼした影響に関する分析――老人慢性疾患外来ならびに乳幼児外来に関して」『医療経済研究』7，37-64頁．［5］［8］

川上憲人・小林廉毅・橋本英樹編（2006）『社会格差と健康――社会疫学からのアプローチ』東京大学出版会．［12］

川口大司（2008）「労働政策評価の計量経済学」『日本労働研究雑誌』569，16-28頁．［5］［8］

河口洋行（2008）『医療の効率性測定――その手法と問題点』勁草書房．［6］

河口洋行（2009）『医療の経済学』日本評論社．［8］

河口洋行・橋本英樹・松田晋哉（2010）「DPCデータを用いた効率性測定と病院機能評価に関する研究」『医療と社会』20（1），23-34頁．［6］

菅万理・鈴木亘（2005）「医療消費の集中と持続性に関する考察」『医療と社会』15（1），129-146頁．［13］

岸田研作（2001）「医師誘発需要仮説とアクセスコスト仮説――2次医療圏，市単位の

パネルデータによる分析」『季刊社会保障研究』37（3），246-258頁．[8]

熊谷成将・泉田信行（2007）「自己負担率引き上げの時系列的評価」『医療と社会』17（1），125-140頁．[5]

厚生労働省（2006a）「医師需給に係る医師の勤務状況調査」『医師の需給に関する検討会（第12回）資料』（http://www.mhlw.go.jp/shingi/2006/03/s0327-2c.html，2010年8月5日参照）．[7]

厚生労働省（2006b）『医師の需給に関する検討会報告書』（http://www.mhlw.go.jp/shingi/2006/07/s0728-9.html，2010年8月5日参照）．[7]

厚生労働省（2010a）「必要医師数実態調査」（http://www.mhlw.go.jp/bunya/iryou/other/iryou01.html，2010年10年18日参照）．[7]

厚生労働省（2010b）「資料1 長期的看護職員需給見通しの推計」『第七次看護職員需給見通しに関する検討会（第6回）』（http://www.mhlw.go.jp/stf/shingi/2r9852000000eydo.html，2010年8月5日参照）．[7]

厚生労働省（2011）『医療費統計の整備に関する検討会報告書』（http://www.mhlw.go.jp/stf/shingi/2r9852000002njto-att/2r9852000002njv5.pdf，2015年9月27日参照）．[14]

厚生労働省大臣官房統計情報部（2010）「平成19年度国民医療費」http://www.mhlw.go.jp/toukei/list/37-19.html．[14]

肥塚修子・満武巨裕（2010）「特集Ⅱ 諸外国の医療費比較台湾の総保健医療支出」『健保連海外医療保障』86，34-41頁．[14]

国立社会保障・人口問題研究所企画部（2009）「社会保障費用の国際比較統計——各国際機関における整備の状況」169，105-113頁．[14]

小原美紀・大竹文雄（2010）「親の失業が新生児の健康状態に与える影響」『日本労働研究雑誌』595，15-26頁．[3]

近藤克則（2005）『健康格差社会——何が心と健康を蝕むのか』医学書院．[12]

齋藤裕美・鈴木亘（2006）「混合診療の実証的考察——医療アクセスの公平性からの再検討」『医療経済研究』18（2），105-120頁．[5]

齋藤裕美・林行成・中泉真樹（2005）「保険の経済理論からみた「混合診療」」田近栄治・佐藤主光編『医療と介護の世代間格差——現状と改革』東洋経済新報社，第6章，117-144頁．[4]

齊藤誠・岩本康志・太田聡一・柴田明久（2010）『New Liberal Arts Selection　マクロ経済学』有斐閣．[14]

裁判所（2010）「医事関係訴訟に関する統計」『医事関係訴訟委員会資料』（http://www.courts.go.jp/saikosai/about/iinkai/izikankei/index.html，2010年8月5日参照）．[7]

佐藤満・大日康史（2003）「自由診療と医師誘発需要」大日康史編『健康経済学』東洋経済新報社，187-206頁．[8]

佐藤主光（2005）「保険者機能と管理競争——ガバナンス改革の観点からの分析と提言」田近栄治・佐藤主光編『医療と介護の世代間格差——現状と改革』，東洋経済新

報社，第 13 章，283-310 頁．[4]

佐藤主光（2009）「各国医療保障制度——保険者改革への含意」田近栄治・尾形裕也編著『次世代型医療制度改革』ミネルヴァ書房，第 3 章，81-136 頁．[4]

佐野洋史・岸田研作（2004）「医師の非金銭的インセンティブに関する実証研究」『季刊社会保障研究』40（2），193-203 頁．[7]

澤野孝一朗（2000）「高齢者医療における自己負担の役割——定額自己負担性と定率自己負担性」『医療と社会』10（2），115-138 頁．[5]

澤野孝一朗（2001）「家計消費における医療費自己負担——エンゲル曲線アプローチ」『日本経済研究』42，61-84 頁．[5]

澤野孝一朗（2004）「家計における医療費——自己負担率の引き上げ政策効果とその影響」『季刊家計経済研究』62，20-29 頁．[5]

澤野孝一朗・大竹文雄（2003）「予防行動における医療保険の役割——喫煙情報の経済学的価値」『医療経済研究』13，5-21 頁．[5]

澤野孝一朗・大竹文雄（2004）「医療サービスと予防行動に関するサーベイ——予防政策評価のための一試案」『医療経済研究』15，378-390 頁．[5]

菅原琢磨他（2005）「介護保険と老人保健の利用給付関係の検討——個票データを用いた栃木県大田原市における例」田近栄治・佐藤主光編『医療と介護の世代間格差——現状と改革』東洋経済新報社，第 8 章．[13]

周燕飛（2009）「介護施設における介護職員不足問題の経済分析」『医療と社会』19（2），151-165 頁．[7]

鈴木玲子（1998）「医療資源密度と受診・診療行動との関係」郡司篤晃編『老人医療費の研究』丸善プラネット，50-60 頁．[8]

鈴木亘（2005a）「平成 14 年診療報酬マイナス改定は機能したのか？——整形外科レセプトデータを利用した医師誘発需要の検証」田近栄治・佐藤主光編『医療・介護の世代間格差——現状と改革』東洋経済新報社，97-116 頁．[5][8]

鈴木亘（2005b）「老人医療の価格弾力性の計測と最適自己負担率——国保レセプトデータを用いた検証」田近栄治・佐藤主光編『医療と介護の世代間格差——現状と改革』東洋経済新報社，33-50 頁．[5]

鈴木亘（2008）「社会保障関係の統計における課題」『統計改革への提言』NIRA 研究報告書 2008.10.[14]

鈴木亘・大日康史（2000）「医療需要行動の Conjoint Analysis」『医療と社会』10（1），125-144 頁．[5]

鈴村興太郎（2009）「厚生経済学と社会的選択の理論の水源地」鈴村興太郎著『厚生経済学の基礎——合理的選択と社会的評価』岩波書店，第 19 章．[9]

妹尾芳彦（1985）「医療費抑制策の経済分析」社会保障研究所編『医療システム論』東京大学出版会，127-148 頁．[5]

高塚直能・西村周三（2006）「入院医療サービスの生産性評価に用いるアウトプット指標の妥当性評価——一床当たり年間退院患者数と病床利用率の比較」『病院管理』43（2），103-115 頁．[6]

参 考 文 献

高塚直能・西村周三（2008）「オーダリングシステムが病院の生産性，効率性に及ぼす影響の評価」『医療経済研究』20（1），15-33頁．[6]

高久玲音（2009）「夜勤労働の均等化差異——介護労働市場における実証分析」『季刊社会保障研究』45（3），193-203頁．[7]

田口健太（2005）「一般化費用関数を用いた自治体病院の非効率性分析」一橋大学大学院経済学研究科公共政策プログラム．[6]

田近栄治・菊池潤（2005）「介護保険による要介護状態の維持・改善効果——個票データを用いた分析」『季刊社会保障研究』41（3），248-262頁．[13]

田中滋（1999）「国内総医療支出（TDHE）に関する研究——共通尺度による日米独医療費国際比較」『医療経済研究』6，77-95頁．[14]

田中滋・西村万里子（1984）「人的資本理論に基づく医療需要の経済分析」『季刊社会保障研究』20（1），67-80頁．[5]

田村誠（2003）「なぜ多くの一般市民が医療格差導入に反対するのか——実証研究の結果をもとに」『社会保険旬報』2192，6-11頁．[9]

田村誠・川田智恵子・橋本廸生（1995）「稀少な保健・医療資源の配分の選好に関する実証研究」『医療経済研究』2，55-70頁．[9]

塚原康博（2002）「外来患者による大病院選択の規定要因——「国民生活基礎調査」の個票データを用いた実証分析」『医療経済研究』14，5-16頁．[5]

津谷喜一郎（2003）「EBMにおけるエビデンスの吟味」Circulation Forum, Opinion, http://www.lifescience.jp/ebm/opinion/200308/index.html．[5]

角田由佳（2007）『看護師の働き方を経済学から読み解く』医学書院．[7]

鴇田忠彦・細谷圭・林行成・熊本尚雄（2002）「レセプトデータによる医療費改定の分析」『経済研究』53（3），226-235頁．[5]

鴇田忠彦・山田武・山本克也・泉田信行・今野広紀（2000）「総覧点検データによる医療需供の決定要因の分析——国民健康保険4道県について」『経済研究』51（4），289-300頁．[5]

友野典男（2006）『行動経済学——経済は「感情」で動いている』光文社新書．[10]

中泉真樹（2002）「社会保険と保険者機能」*Project on Intergenerational Equity Discussion Paper*, 71，一橋大学経済研究所．[4]

中泉真樹（2003）「誘発需要のもとでの医療保険と診療報酬制度」『医療と社会』13（1），3-26頁．[4]

中泉真樹（2004）「情報の非対称性のもとでの医療技術の選択と最適医療保険」『医療と社会』14（3），111-125頁．[4]

中泉真樹・鴇田忠彦（2000）『ミクロ経済学理論と応用』東洋経済新報社．[9]

中西悟志（1998）「医療サービス生産の計量分析」漆博雄編『医療経済学』東京大学出版会，151-166頁．[6]

中西悟志（2000）「家計の医療サービス需要行動——動的需要関数の推計」『医療経済研究』7，65-75頁．[5]

中西悟志・角田由佳（1996）「看護労働市場の二重構造」『看護労働市場の経済分析』統

計研究会．［7］

中山徳良（2004）「自治体病院の技術効率性と補助金」『医療と社会』14（3），69-79頁．［6］

縄田和満・井伊雅子・石黒彩・川渕孝一（2006）「眼科水晶体手術における在院日数の離散型比例ハザードモデルによる分析」『医療経済研究』18（1），41-55頁．［5］

縄田和満・川渕孝一（2010）「尤度関数の近似を用いた新手法による在院日数の分析——DPCによる包括支払制度導入前後の白内障手術の在院日数分析への応用」『医療経済研究』21（3），291-303頁．［5］

南部鶴彦・島田直樹（2000）「医療機関の薬剤購入における価格弾力性の推定」『医療経済研究』7，77-100頁．［5］

南部鶴彦・菅原琢磨（2004）「介護サービス需要における自己負担率の効果——給付管理レセプトによる実証分析」『医療と社会』14（3），191-211頁．［13］

二木立（1994）『「世界一」の医療費抑制政策を見直す時期』勁草書房．［15］

西沢和彦（2015）「『総保健医療支出』推計の問題点」『フィナンシャル・レビュー』123，163-187頁．［14］

西田在賢（2001）『医療・福祉の経営学』薬事日報社．［15］

西村和雄（1990）『ミクロ経済学』東洋経済新報社．［6］

西村周三（1987）『医療の経済分析』東洋経済新報社．［5］［8］

西村周三（1991）「社会保障の新しい財源政策——医療費財源を中心に」『季刊社会保障研究』27（1），11-18頁．［5］

西村周三（1997）『医療と福祉の経済システム』筑摩書房．［5］

西村万里子（1996）「診療報酬改定のメカニズムに関する歴史的考察」社会保障研究所『医療保障と医療費』東京大学出版会，第2章，37-70頁．［9］

日本学術会議（2008）『要望　脱タバコ社会の実現に向けて』．［10］

日本学術会議第7部・予防医学研究連絡委員会（2000）「次世代の健康問題と予防医学の将来展望：予防医学研究連絡委員会報告　http://www.scj.go.jp/ja/info/kohyo/17htm/1763z.html#1-1．［5］

野口晴子（2002）「保険医療行政がEBMに対して果たすべき役割」『EBMジャーナル』3（4），79-85頁．［5］

野竿拓哉（2007）「地方公立病院におけるインセンティブ問題——DEAによる非効率性の計測及びその要因の計量分析とともに」『会計検査研究』35，117-128頁．［6］

橋本英樹（2005）「外科医の技術は診療報酬上正当に評価されているか　諸外国における外科の技術料評価——米国での試み」『日本外科学会誌』106（3），258-262頁．［9］

橋本英樹（2006）「所得分布と健康」川上憲人・小林廉毅・橋本英樹編『社会格差と健康——社会疫学からのアプローチ』東京大学出版会，37-60頁．［12］

濱秋純哉・野口晴子（2010）「高齢者の就業決定における健康要因の影響」『日本労働研究雑誌』601，5-24頁．［3］

浜田浩児（2003）『93SNAの基礎——国民経済計算の新体系』東洋経済新報社．［14］

速水康紀・坂巻弘之・井原辰雄・石井聡・小澤由幸・山崎学・池崎澄江（2003）
「OECD「A System of Health Accounts」準拠の医療費推計に関する研究」『医療経済研究』13，71-106 頁．［14］

早見均（1996）「看護労働の供給パターン――資格取得者の供給行動と既婚女子労働との比較」Keio Economic Observatory Occasional Paper，37．［7］

樋口美雄（1996）『労働経済学』東洋経済新報社．［7］

府川哲夫（1998a）「老人受診者の多様性」郡司篤晃編『老人医療費の研究』丸善プラネット，第 2 章．［13］

府川哲夫（1998b）「老人死亡者の医療費」郡司篤晃編『老人医療費の研究』丸善プラネット，第 8 章．［13］

府川哲夫・郡司篤晃（1994）「老人死亡者の医療費」『医療経済研究』1，107-118 頁．［13］

府川哲夫・児玉邦子・泉陽子（1994）「老人医療における死亡月の診療行為の特徴」『日本公衆衛生雑誌』41（7），597-606 頁．［13］

福田敬（2008）「医療費の構造分析と適正化に向けた政策的課題に関する研究」平成 19 年度厚生労働科学研究費補助金報告書．［14］

藤野志朗（1997）「医療部門デフレータの推計（昭和 34 年度〜平成 5 年度）」『医療と社会』7（1），91-107 頁．［5］

伏見清秀（2009）「厚生統計を医療政策にどう反映させるか」『病院』68（2），104-111 頁．［14］

朴勤植（2001）「自己負担増の影響――大学病院（特定機能病院）におけるケース・スタディを中心に」瀬岡吉彦・宮本守編『医療サービス市場化の論点』東洋経済新報社，第 2 章．［5］

前田信雄（1978）「給付率等の変更による医療費への波及に関する研究」『季刊社会保障研究』14（2），2-32 頁．［5］

前田信雄（1983）「高齢者の入院費用の高低に関する研究――地域差の分析」『季刊社会保障研究』19（1），56-69 頁．［5］

前田信雄（1987）「入院医療費の高騰と死亡前医療費」『老人の保健と医療』日本評論社．［13］

増原宏明（2004a）「老人保健制度と外来受診――組合健康保険レセプトデータによる count data 分析」『季刊社会保障研究』40（3），266-276 頁．［5］

増原宏明（2004b）「Finite Mixture モデルを用いた受診行動の比較分析」『医療と社会』14（3），35-49 頁．［5］［8］

増原宏明（2006）「就業期累積医療費と医療貯蓄勘定――レセプトデータを用いたシミュレーション例」『フィナンシャル・レビュー』80，94-116 頁．［13］

増原宏明・熊本尚雄・細谷圭（2005）「自己負担率の変化と患者の受診行動」田近栄治・佐藤主光編『医療と介護の世代間格差――現状と改革』東洋経済新報社，11-32 頁．［5］

増原宏明・今野広紀・比左章一・鴇田忠彦（2002）「医療保険と患者の受診行動――国

民健康保険と組合健康保険のレセプトによる分析」『季刊社会保障研究』38 (1),
4-13 頁. [5] [13]

増原宏明・村瀬邦彦 (2005)「1999 年 7 月老人保健適用者外来薬剤費一部負担撤廃の効
果」『季刊社会保障研究』40 (4), 362-372 頁. [5]

水島郁子 (2010)「勤務医に関する労働法上の諸問題」『日本労働研究雑誌』594, 42-52
頁. [7]

満武巨裕 (2010)「国際基準としての医療費──OECD の SHA 手法に基づく総保健医
療支出」『健保連海外医療保障』86, 11-23 頁. [14]

宮本守 (2009)『日本医療の経済分析』多賀出版. [8]

山内太 (2001)「子供の健康資本と親の時間配分行動」『季刊社会保障研究』37 (1),
73-84 頁. [3]

山内康弘 (2004)「訪問介護費と事業者密度」『医療と社会』14 (2), 103-118 頁. [8]

山田武 (1994)「高齢者歯科サービス市場の不均衡分析」『医療と社会』4, 114-138 頁.
[8]

山田武 (1997)「医療サービスの需要について── 一日あたりの一部負担を価格とする
場合」『医療と社会』7 (3), 99-112 頁. [5]

山田武 (2002)「国民健康保険支払い業務データを利用した医師誘発需要の検討」『季刊
社会保障研究』38 (2), 39-51 頁. [8]

山本克也 (2002)「患者の診療機関選択と診療費」『季刊社会保障研究』38 (1), 25-38
頁. [5]

山本修三 (2009)「『医師の不足』にどう対応するか」伊藤元重・総合研究開発機構編
『日本の医療は変えられる』東洋経済新報社. [7]

湯田道生 (2005)「介護事業者密度が介護サービス需要に与える影響」『季刊社会保障研
究』40 (4), 373-386 頁. [8]

湯田道生 (2007)「高齢者の外来医療需要における総価格弾力性の計測」『日本経済研
究』57, 23-52 頁. [8]

湯田道生 (2010)「健康状態と労働生産性」『日本労働研究雑誌』601, 5-24 頁. [3]

吉田あつし (2009)『日本の医療のなにが問題か』NTT 出版. [7] [8]

吉田あつし (2010)「医師のキャリア形成と医師不足」『日本労働研究雑誌』594, 28-41
頁. [7]

吉田あつし・伊藤正一 (2000)「健康保険制度の改正が受診行動に与えた影響」『医療経
済研究』7, 101-119 頁. [5]

吉田あつし・山村麻里子 (2003)「老人保健制度と医療サービスの需要および供給」筑
波大学社会工学系 DP1044. [5]

吉原健二・和田勝 (2008)『日本医療保険制度史 (増補改訂版)』東洋経済新報社. [13]

吉原直毅 (2003)「分配的正義の経済理論──責任と補償アプローチ」『経済学研究』53
(3), 373-401 頁. [9]

[欧文文献]

Acemoglu, D. and S. Pischke (1999) "Beyond Becker: Training in Imperfect Labour Markets," *The Economic Journal*, 109 (453): F112-F142. [7]

Adema, W. and M. Ladaique (2009) "How Expensive is the Welfare State?: Gross and Net Indicators in the OECD Social Expenditure Database (SOCX)," *OECD Social, Employment and Migration Working Papers*, 92. [14]

Akerlof, G. A. (1982) "Labor Contracts as Partial Gift Exchange," *Quarterly Journal of Economics*, 97: 543-569. [7]

Akerlof, G. A. and J. Yellen (1990) "The Fair Wage-Effort Hypothesis and Unemployment," *Quarterly Journal of Economics*, 105 (2): 255-283. [7]

Alesina, A. *et al.* (2004) "Inequality and Happiness: Are Europeans and Americans Different?" *Journal of Public Economics*, 88: 2009-2042. [12]

Angrist, J. D. and J. S. Pischke (2008) *Mostly Harmless Econometrics: An Empiricist's Companion*, Princeton University Press. [5]

Aoki, K., J. Bhattacharya, W. B. Vogt, A. Yoshikawa and T. Nakahara (1996) "Technical Inefficiency of Hospitals," in A. Yoshikawa, J. Bhattacharya and W. B. Vogt, eds., *Health Economics of Japan*, Tokyo, Tokyo University Press, pp. 145-165. [6]

Arrow, K. J. (1963) "Uncertainty and the Welfare Economics of Medical Care," *American Economics Review*, 53 (5): 940-973. [1] [3] [4]

Arrow, K. J. (1968) "The Economics of Moral Hazard: Further Comment," *American Economic Review*, 58 (3): 537-539. [4]

Ashenfelter, O. and D. Card (1985) "Using the Longitudinal Structure of Earnings to Estimate the Effect of Training Programs", *The Review of Economics and Statistics*, 67 (4): 648-660. [5]

Atkinson, A. (1970) "On the Measurement of Inequality," *Journal of Economic Theory*, 2: 244-263. [12]

Auster, R. D. and R. L. Oaxaca (1981) "Identification of Supplier Induced Demand in Health Care Sector," *Journal of Human Resources*, 16: 327-342. [8]

Baicker, K., S. L. Taubman, H. L. Allen *et al.* (2013) "Oregon Health Study Group The Oregon Experiment: Effects of Medicaid on Clinical Outcomes," *New England Journal of Medicine*, 368 (18): 1713-1722. [15]

Baker, L. C., S. K. Wheeler (1998) "Managed Care and Technology Diffusion: The Case of MRI," *Health Affairs*, 17 (5): 195-207. [11]

Baptista, R. (1999) "The Diffusion of Process Innovations: A Selective Review," *International Journal of the Economics of Business*, 6 (1): 107-129. [11]

Baumol, W. J. (1967) "Macroeconomics of Unbalanced Growth: The Anatomy of Urban Crisis," *American Economic Review*, 57 (3): 415-426. [7]

Baumol, W. J., S. A. Batey Blackman and E. Wolff (1985) "Unbalanced Growth Revisited: Asymptotic Stagnancy and New Evidence," *American Economic Review*, 75 (4):

806-817. [7]

Beauchamp, T. L. and J. F. Childress (2008) *Principals of Biomedical Ethics*, 6th edition, Oxford University Press. [1]

Becker, G. and C. Mulligan (1997) "The Endogenous Determination of Time Preference," *Quarterly Journal of Economics*, 112: 729-758. [10]

Becker, G. and K. A. Murphy (1988) "Theory of Rational Addiction," *Journal of Political Economy*, 96: 675-700. [1] [10]

Becker, G. S. (1975) *Human Capital: A Theoretical and Empirical Analysis, with Special Reference to Education*, 2nd edition, New York, Columbia University Press (佐野陽子訳 (1976)『人的資本──教育を中心とした理論的・経験的分析』東洋経済新報社). [7]

Bernheim, B. and A. Rangel (2004) "Addiction and Cue-Triggered Decision Processes," *American Economic Review*, 94: 1558-1590. [10]

Bhattachara, J. *et al.* (1996) "The Utilization of Outpatient Medical Service in Japan," *Journal of Human Resources*, 31 (2): 450-476. [5]

Blakely, T. A., K. Lochne and I. Kawachi (2002) "Metropolitan Area Income Inequality and Self-Rated Health: A Multi-Level Study," *Social Science and Medicine*, 54: 65-77. [12]

Boadway, R., M. Leite-Monteiro, M. Marchand and P. Pestieau (2003) "Social Insurance and Redistribution," in S. Cnossen and H. W. Sinn, eds., *Public Finance and Public Policy in the New Century*, Cambridge, MIT Press, pp.333-358. [4]

Boadway, R., M. Leite-Monteiro, M. Marchand and P. Pestieau (2006) "Social Insurance and Redistribution with Moral Hazard and Adverse Selection," *Scandinavian Journal of Economics*, 108 (2): 279-298. [4]

Bogetoft, P. and L. Otto (2011) *Benchmarking with DEA, SFA, and R*, New York, Springer. [6]

Bolin, K., L. Jacobson and B. Lindgren (2001) "The Family as the Health Producer ── When Spouses are Nash Bargainers," *Journal of Health Economics*, 20: 349-362. [3]

Bolin, K., L. Jacobson and B. Lindgren (2002) "The Family as the Health Producer ── When Spouses Act Strategically", *Journal of Health Economics*, 21: 475-495. [3]

Bolton, P. and M. Dewatripont (2005) *Contract Theory*, MIT Press. [4]

Brennan, T. A. (1991) *Just Doctoring: Medical Ethics in the Liberal State*, University of California Press. [1]

Buntin, M. B. and A. M. Zaslavsky (2004) "Too Much Ado about Two-Part Models and Transformation? Comparing Methods of Modeling Medicare Expenditures," *Journal of Health Economics*, 23: 525-542. [8]

Campbell, S., D. Reeves, E. Kontopantelis, E. Middleton *et al.* (2007) "Quality of Primary Care in England with the Introduction of Pay for Performance," *New England Journal of Medicine*, 357: 181-190. [15]

Carlsen, F., J. Grytten, and I. Skau (2009) "Physician Response to Fee Change: Using Inheritance as a Quasi-Natural Experiment," *Applied Economics*, http://dx.doi.org/10.1080/00036840902837092. [8]

Carlson, J. J., S. D. Sullivan, L. P. Garrison, P. J. Neumann and D. L. Veenstra (2010) "Linking Payment to Health Outcomes: A Taxonomy and Examination of Performance-Based Reimbursement Schemes between Healthcare Payers and Manufacturers," *Health Policy*, 96 (3): 179-190. [15]

Carlsson, F., D. Daruvala and O. Johansson-Stenman (2005) "Are People Inequality-Averse, or Just Risk-Averse?" *Economica*, 72: 375-396. [12]

Caudill, S. B., J. M. Ford and D. L. Kaserman (1995) "Certificate-of-Need Regulation and the Diffusion of Innovations: A Random Coefficient Model," *Journal of Applied Econometrics*, 10: 73-78. [11]

Chaloupka, F. (1991) "Rational Addiction Behavior and Cigarette Smoking," *Journal of Political Economy*, 99: 722-742. [10]

Chang, F. R. (1996) "Uncertainty and Investment in Health," *Journal of Health Economics*, 15 (2): 369-376. [3]

Chiappori, P.-A., B. Jullien, B. Salanié and F. Salanié (2006) "Asymmetric Information in Insurance: General Testable Implications," *RAND Journal of Economics*, 37 (4): 783-798. [4]

Clarkwest, A. (2008) "Neo-Materialist Theory and the Temporal Relationship between Income Inequality and Longevity Change," *Social Science and Medicine*, 66: 1871-1881. [12]

Cochrane, J. (1995) "Time-Consistent Health Insurance," *Journal of Political Economy*, 103 (3): 445-473. [4]

Coelli, T. J. (1996a) "A Guide to FRONTIER Version 4.1: A Computer Program for Stochastic Frontier Production and Cost Function Estimation," *CEPA Working Papers*, 7/96, Department of Econometrics, University of New England. [6]

Coelli, T. J. (1996b) "A Guide to DEAP Version 2.1: A Data Envelopment Analysis (Computer) Program," *CEPA Working Papers*, 8/96, Department of Econometrics, University of New England. [6]

Coelli, T. J., D. S. P. Rao, C. J. O'Donnell and G. E. Battese (2005) *An Introduction to Efficiency and Productivity Analysis*, 2nd edition, New York, Springer. [6]

Cohen, A. and P. Siegelman (2010) "Testing for Adverse Selection in Insurance Markets," *The Journal of Risk and Insurance*, 77 (1): 39-84. [4]

Cooper, W. W. *et al.* (2007) *Data Envelopment Analysis and Its Use: With DEA-Solver Software and References*, 2nd edition, New York, Springer. [6]

Cowing, T. G. and A. G. Holtmann (1983) "Multiproduct Short-Run Hospital Cost Functions: Empirical Evidence and Policy Implications from Cross-Section Data," *Southern Economic Journal*, 49: 637-653. [6]

Crocker, K. and A. Snow (1985a) "The Efficiency of Competitive Equilibrium in Insurance Markets with Asymmetric Information," *Journal of Public Economics*, 26: 207–219. [4]

Crocker, K. and A. Snow (1985b) "A Simple Tax Structure for Competitive Equilibrium and Redistribution in Insurance Markets with Asymmetric Information," *Southern Economic Journal*, 51: 1142–1150. [4]

Cromwell, J. and J. B. Mitchell (1986) "Physician-Induced Demand for Surgery," *Journal of Health Economics*, 5: 293–313. [8]

Cropper, M. L. (1977) "Health, Invest in Health, and Occupational Choice," *The Journal of Political Economy*, 85 (6): 1273–1294. [3]

Crossley, T. F. and S. Kennedy (2002) "The Reliability of Self-Assessed Health Status," *Journal of Health Economics*, 21: 643–658. [12]

Culyer, A. J. and A. Wagstaff (1993) "Equity and Equality in Health and Health Care," *Journal of Health Economics*, 12 (4): 431–457. [9]

Currie, J. (2009) "Healthy, Wealthy, and Wise: Socioeconomic Status, Poor Health in Childhood, and Human Capital Development," *Journal of Economic Literature*, 47 (1): 87–122. [3]

Currie, J. and B. C. Madrian (1999) "Health, Health Insurance and the Labor Market," in O. C. Aschenfelter amd D. Card, eds., *Handbook of Labor Economics*, 3C, North Holland. [3]

Cutler, D., M. A. Finkelstein and K. McGarry (2008) "Preference Heterogeneity in Insurance Markets: Explaining a Puzzle," *American Economic Review Papers and Proceedings*, 98 (2): 157–162. [4]

Cutler, D. M. and M. McClellan (2001) "Is Technological Change in Medicine Worth It?" *Health Affairs*, Sept/Oct, 20 (5): 11–29. [11]

Cutler, D. and R. Zeckhauser (1999) "Reinsurance for Catastrophes and Cataclysms," *The Financing of Catastrophe Risk*, University of Chicago Press. [13]

Cutler, D. M. and R. J. Zeckhauser (2000) "The Anatomy of Health Insurance," in A. J. Culyer and J. P. Newhouse, eds., *Handbook of Health Economics*, 1A, Amsterdam, Elsevier, pp. 563–643. [4]

Dafny, L. S. (2005) "How do Hospitals Respond to Price Changes?" *American Economic Review*, 95 (5): 1525–1547. [8]

Dahlby, B. (1981) "Adverse Selection and Pareto Improvements through Compulsory Insurance," *Public Choice*, 37: 547–558. [4]

Danzon, P. M. (2000) "Liability for Medical Malpractice," in A. J. Cluyer and J. P. Newhouse, eds., *Handbook of Health Economics*, Elsevier Science, pp. 1339–1404. [8]

Danzon, P. M., Y. R. Wang and L. Wang (2005) "The Impact of Price Regulation on the Launch Delay of New Drugs: Evidence from Twenty-Five Major Markets in the 1990s," *Health Economics*, 14 (3): 269–292. [11]

Dardanoni, V. and A. Wagstaff (1987) "Uncertainty, Inequalities in Health and the Demand for Health," *Journal of Health Economics,* 6: 283-290. [3]

Dardanoni, V. and A. Wagstaff (1990) "Uncertainty and the Demand for Medical Care," *Journal of Health Economics,* 9: 23-30. [3]

Davies, S. (1979) *The Diffusion of Process Innovations,* Cambridge, Cambridge University Press. [11]

Deb, P. and P. K. Trivedi (2002) "The Structure of Demand for Health Care: Latent Class versus Two-Part Models," *Journal of Health Economics,* 21: 601-625. [8]

Delattre, E. and B. Dormont (2003) "Fixed Fees and Physician-Induced Demand: A Panel Data Study on French Physicians," *Health Economics,* 12: 741-754. [8]

Dobkin, C. (2003) "Hospital Staffing and Inpatient Mortality," US Santa Cruz: Unpublished Working Paper. [5]

Doeringer, P. and M. Piore (1971) *Internal Labor Markets and Manpower Analysis,* Lexington, MA, D. C. Heath and Co. [7]

Dranove, D. (1988) "Demand Inducement and the Physician/Patient Relationship," *Economic Inquiry,* 26: 281-298. [8]

Dranove, D. and P. Wehner (1994) "Physician-Induced Demand for Childbirth," *Journal of Health Economics,* 13: 61-73. [8]

Drummond, M. F. *et al.* (2005) *Methods for the Economic Evaluation of Health Care Programmes,* 3rd edition, Oxford University Press. [9]

Dubay, L., R. Kaestner and T. Waidmann (1999) "The Impact of Malpractice Fears on Cesarean Section Rates," *Journal of Health Economics,* 18: 491-522. [8]

Dusheiko, M., H. Gravelle, S. Martin, N. Rice and P. C. Smith (2011) "Does Better Disease Management in Primary Care Reduce Hospital Costs? Evidence from English Primary Care," *Journal of Health Economics,* 30 (5): 919-932. [15]

Dworkin, R. (1981) "What is Equality? Part 1: Equality of Welfare, " *Philosophy and Public Affairs,* 10 (3): 185-246. [9]

Dworkin, R. (2000) *Sovereign Virtue,* Cambridge, Mass, Harvard University Press (小林公・大江洋・高橋秀治・高橋文彦訳 (2002)『平等とは何か』木鐸社). [9]

Ehrlich, I. and H. Chuma (1990) "A Model of the Demand for Longevity and the Value of Life Extensions," *The Journal of Political Economy,* 98: 761-782. [3]

Eichner, M. *et al.* (1996) "Insurance or Self-insurance?: Variation, Persistence, and Individual Health Accounts," *NBER Working Papers,* 5640. [13]

Eijkenaar, F. *et al.* (2013) "Effects of Pay for Performance in Health Care: A Systematic Review of Systematic Reviews," *Health Policy,* 110: 115-130. [15]

Ellerbeck, E. F., S. F. Jencks, M. J. Radford, T. F. Kresowik, A. S. Craig, J. A. Gold, H. M. Krumholz and R. A. Vogel (1995) "Quality of Care for Medicare Patients with Acute Myocardial Infarction," *Journal of American Medical Association,* 273: 1509-1514. [5]

Ellis, R. (2008) Risk Adjustment in Health Care Markets: Concepts and Applications, in M. Lu and E. Jonsson, eds., *Financing Health Care: New Ideas for Changing Society*, Weinheim, Wiley-VCH, pp. 177-222. [4]

Emanuel, E. J. and L. L. Emanuel (1992) "Four Models of the Physician-Patient Relationship," *JAMA*, 267 (16): 2221-2226. [1]

Emmert, M., F. Eijkenaar, H. Kemter, A. S. Esslinger and O. Schöffski (2012) "Economic Evaluation of Pay-for-Performance in Health Care: A Systematic Review," *European Journal of Health Economics*, 13 (6): 755-767. [15]

Enthoven, A. G. (1988) *Theory and Practice of Managed Competition in Health Care Finance*, Amsterdam, North-Holland. [4]

Erbsland, M., W. Ried and V. Ulrich (1995) "Health, Health Care, and the Environment. Econometric Evidence from German Micro Data," *Health Econometric*, 4: 169-182. [3]

Escarce, J. J. (1992) "Explaining the Association between Surgeon Supply and Utilization," *Inquiry*, 29: 403-415. [8]

Escarce, J. J. (1996) "Externalities in Hospitals and Physician Adoption of a New Surgical Technology: An Exploratory Analysis," *Journal of Health Economics*, 15: 715-734. [11]

Evans, R. G. (1974) "Supplier-Induced Demand: Some Empirical Evidence and Implications," in M. Perlman, ed., *The Economics of Health and Medical Care*, Macmillan. [8]

Falk, A. and M. Kosfeld (2006) "The Hidden Costs of Control," *American Economic Review*, 96: 1611-1630. [10]

Felder. S., M. Meier and H. Schmitt (2000) "Health Care Expenditure in the Last Months of Life," *Journal of Health Economics*, 19 (5): 679-695. [13]

Feldstein, M. S. (1977) "Quality Change and the Demand for Hospital Care," *Econometrica*, 45 (7): 1689-1702. [5]

Feldstein, P. J. (2004) *Health Care Economics*, 6th edition, Delmar Thomson Learning. [13]

Feldstein, P. J. (2009) *Health Care Economics*, 7th edition, Delmar Learning. [11]

Flynn, T. N., J. J. Louviere, T. J. Peters and J. Coast (2007) "Best-Worst Scaling: What It Can Do for Health Care Research and How to Do It," *Journal of Health Economics*, 26: 171-189. [5]

Foley, D. (1967) "Resource Allocation and the Public Sector," *Yale Economic Essays*, 7: 45-98. [9]

Frey, B. S. (1993) "Shirking or Work Morale? The Impact of Regulating," *European Economic Review*, 37 (8): 1523-1532. [7]

Frey, B. S. (1997) *Not Just for the Money: An Economic Theory of Personal Motivation*, Edward Elgar Publishing, Brookfield, VT. [7]

Frey, B. S. and R. Jegen (2001) "Motivation Crowding Theory," *Journal of Economic Surveys*, 15: 589-561. [10]

Friedlaender, A. F. and R. H. Spady (1981) *Freight Transport Regulation*, Cambridge: MA, MIT Press. [6]

Freidson, E. (1970) *Professional Dominance: The Social Structure of Medical Care*, Transaction Publishers. [1]

Frick, K. (1998) "Consumer Capital Constraints and Guaranteed Renewable Insurance," *Journal of Risk and Uncertainty*, 16: 271-278. [4]

Fried, H. O., C. A. K. Lovell and S. S. Schmidt (2008) *The Measurement of Productive Efficiency and Productivity Change*, Cambridge, MA, Cambridge University Press. [6]

Fuchs, V. R., ed. (1972) *Essays in the Economics of Health and Medical Care*, New York, Columbia University Press. [11]

Fuchs, V. R. (1978) "The Supplier of Surgeons and the Demand for Operations," *Journal of Human Resources*, 13 (supplement): 35-56. [8]

Fuchs, V. R. (1982) "Time Preference and Health: An Exploratory Study," in Victor R. Fuchs, ed., *Economic Aspects of Health*, proceedings of a conference, Chicago, University of Chicago Press, pp. 93-120. [3]

Fuchs, V. R. (2004) "Reflections on the Socio-Economic Correlates of Health," *Journal of Health Economics*, 23: 653-661. [3]

Fujii, A. and M. Ohta (1999) "Stochastic Cost Frontier and Cost Inefficiency of Japanese Hospitals: A Panel Data Analysis," *Applied Economics Letters*, 6: 527-532. [6]

Fukawa, T. (2007) "Health and Long-Term Care Expenditure of the Elderly in Japan Using a Micro-Simulation Model," *The Japanese Journal of Social Security Policy*, 6 (2): 199-206. [13]

Gandjour, A. (2008) "Loss Aversion and Cost Effectiveness of Healthcare Programmes," *Pharmaco Economics*, 26: 895-899. [10]

Giuffrida, A. and H. Gravelle (2001) "Inducing or Restraining Demand: The Market for Night Visits in Primary Care," *Journal of Health Economics*, 20: 755-779. [8]

Glazer, J. and T. McGuire (2000) "Optimal Risk Adjustment in Markets with Adverse Selection: An Application to Managed Care," *American Economic Review*, 90: 1055-1071. [4]

Glazer, J. and T. McGuire (2002) "Setting Health Plan Premiums to Ensure Efficient Quality in Health Care: Minimum Variance Optimal Risk Adjustment," *Journal of Public Economics*, 84: 153-173. [4]

Gold, M. R. *et al.* (1996) *Cost-Effectiveness in Health and Medicine*, Oxford University Press (池上直己他監訳 (1999)『医療の経済評価』医学書院). [9]

Goldman, D., P. G. Shekelle, J. Bhattacharya, M. Hurd, G. F. Joyce, D. N. Lakdawalla, D. H. Matsui, S. J. Newberry, C. W. A. Panis and B. Shang (2004) *Health Status and*

Medical Treatment of the Future Elderly: Final Report, RAND Corporation. [13]

Goldstein, H. (2003) *Multilevel Statistical Models*, 3rd edition, Arnold. [12]

Gorman, W. M. (1955) "The Intransitivity of Certain Criteria Used in Welfare Economics," *Oxford Economic Papers*, 7: 25–35. [9]

Gravelle, H. (1998) "How Much of the Relation between Population Mortality and Unequal Distribution of Income Is a Statistical Artefact?" *British Medical Journal*, 316: 382–385. [12]

Grossman, M. (1972) "On the Concept of Health Capital and the Demand for Health," *Journal of Political Economy*, 80: 223–255. [3]

Grossman, M. (2000) "The Human Capital Model," in A. J. Culyer and J. P. Newhouse, eds., *Handbook of Health Economics*, 1A, Elsevier, pp. 347–408. [3]

Grossman, M. (2004) "The Demand for Health, 30 Years Later: A Very Personal Retrospective and Prospective Reflection," *Journal of Health Economics*, 23: 629–636. [3]

Grossman, M. and R. Kaestner (1997) "Effects of Education on Health," in J. R. Behrman and N. Stacey, eds., *Household Production and Consumption*, University of Michigan Press. [3]

Grossman, M. and T. J. Joyce (1990) "Unobservable Variables Pregnancy Resolutions, and Birth Weight Production Functions in New York City," *The Journal of Political Economy*, 98: 983–1007. [3]

Gruber, J. and B. Koszegi (2001) "Is Addiction "Raional" Theory and Evidence," *Quarterly Journal of Economics*, 116(4): 1261–1303. [10]

Gruber, J. and B. Koszegi (2004) "Tax Incidence When Individuals Are Time-Inconsistent: The Case of Cigarette Excise Taxes," *Journal of Public Economics*, 88 (9–10) : 1959–1987. [10]

Gruber, J. and M. Owing (1996) "Physician Financial Incentives and the Diffusion of Cesarean Section Delivery," *RAND Journal of Economics*, 27: 99–123. [8]

Grytten, J., F. Carlsen and I. Skau (2001) "The Income Effect and Supplier Induced Demand. Evidence from Primary Physician Services in Norway," *Applied Economics*, 33: 1455–1467. [8]

Grytten, J. and R. Sørensen (2001) "Type of Contract and Supplier-Induced Demand for Primary Physicians in Norway," *Journal of Health Economics*, 20: 379–393. [8]

Grytten, J. and R. Sørensen (2007) "Primary Physician Services-List Size and Primary Physicians' Service Production," *Journal of Health Economics*, 26: 721–741. [7] [8]

Grytten, J. and R. Sørensen (2008) "Busy Physician," *Journal of Health Economics*, 27: 510–518. [8]

Gupta, A. and A. Harding (2007) *Modeling Our Future: Population Ageing Health and Aged Care*, Elsevier. [13]

Harris, J. (1977) "The Internal Organization of Hospitals: Some Economic Implications," *Bell Journal of Economics,* 8: 467-482. [7]

Harsany, J. C. (1955) "Cardinal Welfare, Individualistic Ethics, and Interpersonal Comparisons of Utility," *Journal of Political Economy,* 63: 309-321. [12]

Hashimoto, H., H. Horiguchi and S. Matsuda (2010) "Micro Data Analysis of Medical and Long-Term Care Utilization among the Elderly in Japan," *International Journal of Environmental Research and Public Health,* 7: 3022-3037. [13]

Hellwig, M. (1987) "Some Recent Developments in the Theory of Competition in Market with Adverse Selection," *European Economic Review,* 31: 319-325. [4]

Herring, B. and M. V. Pauly (2006) "Incentive-Compatible Guaranteed Renewable Health Insurance Premiums," *Journal of Health Economics,* 25: 395-417. [4]

Heyes, A. G. (2005) "The Economics of Vocation," *Journal of Health Economics,* 24: 561-569. [7]

Hicks, J. K. (1939) "The Foundation of Welfare Economics," *Economic Journal,* 49: 696-712. [9]

Hollingsworth, B. (2008) "The Measurement of Efficiency and Productivity of Health Care Delivery," *Health Economics,* 17: 1107-1128. [6]

Hoover, D. R. (2002) "Medical Expenditures during the Last Year of Life: Findings from the 1992-1996 Medicare Current Beneficiary Survey," *Health Services Research,* 37 (6): 1625-1642. [13]

Hsiao W. C. (2007) "Why Is a Systemic View of Health Financing Necessary?" *Health Affairs,* 26: 950-961. [15]

Hurley, J. (2000) "An Overview of the Normative Economics of the Health Sector," in A. J. Culyer and J. P. Newhouse, eds., *Handbook of Health Economics,* 1A, Amsterdam, Elsevier Science, pp.55-118. [9]

Hurley, J. and R. Labbele (1995) "Relative Fees and the Utilization of Physicians' Services in Canada," *Health Economics,* 4: 419-438. [8]

Hwang, H.-S., R. Reed and H. Carlton (1992) "Compensating Wage Differentials and Unobserved Productivity," *Journal of Political Economy,* 100 (4): 835-857. [7]

Ichida, Y., K. Kondo, H. Hirai, T. Hanibuchi, G. Yoshikawa and C. Murata (2009) "Social Capital, Income Inequality and Self-Rated Health in Chita Peninsula, Japan: A Multilevel Analysis of Older People in 25 Communities," *Social Science and Medicine,* 69: 489-499. [12]

Ida, T. and R. Goto (2009) "Simulatenous Measurement of Time and Risk Preferences: Stated Preference Discrete Choice Modeling Analysis Depending on Smoking Behavior," *International Economic Review,* 50: 1169-1182. [10]

Idler, E. L. and Y. Benyamini (1997) "Self-Rated Health and Mortality: A Review of Twenty-Seven Community Studies," *Journal of Health and Social Behavior,* 38: 21-37. [12]

Ii, M. and Y. Ohkusa (2002) "Price Sensitivity of the Demand for Medical Service for

Minor Ailments: Econometric Estimates Using Information on Illness and Symptoms," *Japanese Economic Review*, 53 (2): 154-166. [5]

Iizuka, T. (2007) "Experts' Agency Problems: Evidence from the Prescription Drug Market in Japan," *RAND Journal of Economics*, 38 (3): 844-862. [8]

Ikeda, S., M.-I. Kang, and F. Ohtake (2010) "Hyperbolic Discounting, the Sign Effect, and the Body Mass Index," *Journal of Health Economics*, 29: 268-284. [10]

Ikegami, N. and J. C. Campbell (2004) "Japan's Health Care System: Containing Costs and Attempting Reform," *Health Affairs (Project Hope)*, 23 (3): 26-36. [15]

Iversen, T. (2004) "The Effects of a Patient Shortage on General Practitioners' Future Income and List of Patients," *Journal of Health Economics*, 23: 673-694. [8]

Jack, W. (2002) "Equilibrium in Competitive Insurance Markets with ex ante Adverse Selection and ex post Moral Hazard," *Journal of Public Economics*, 84: 251-278. [4]

Jacobson, L. (2000) "The Family as the Producer of Health — An Extended Grossman Model," *Journal of Health Economics*, 19: 611-637. [3]

Jha, P. and F. J. Chaloupka (2000) "The Economics of Global Tobacco Control," *British Medical Journal*, 321: 358-361. [10]

Johnson, P. M. and P. J. Kenny, "Dopamine D2 Receptors in Addiction-Like Reward Dysfunction and Compulsive Eating in Obese Rats," *Nat Neurosci*, advance online publication. [10]

Joossens, L. and M. Raw (2006) "The Tobacco Control Scale: A New Scale to Measure Country Activity," *Tobacco Control*, 15: 247-253. [10]

Julio, F., G. P. Eduardo, G. D. Octavio, A. L. Miguel and M. K. Felicia (2006) "Comprehensive Reform to Improve Health System Performance in Mexico," *The Lancet*, 368 (9546): 1524-1534. [5]

Kahn, C. N. 3rd, T. Ault, L. Potetz, T. Walke, J. H. Chambers and S. Burch (2015) "Assessing Medicare's Hospital Pay-for-Performance Programs and Whether They Are Achieving Their Goals," *Health Affairs (Millwood)*, 34 (8): 1281-1288. [15]

Kahneman, D. and A. Tversky (1979) "Prospect Theory," *Econometrica*, 47: 263-291. [10]

Kakwani, N. C. (1977) "Measurement of Tax Progressivity: An International Comparison" *Economic Journal*, 87: 71-80. [9]

Kaldor, N. (1939) "Welfare Propositions of Economics and Interpersonal Comparison of Utility," *Economic Journal*, 49: 549-552. [9]

Kan, M. and W. Suzuki (2006) "The Demand for Medical Care in Japan: Initial Findings from a Japanese Natural Experiments," *Applied Economics Letters*, 13 (5): 273-277. [5]

Kawachi, I. and B. P. Kennedy (1997) "The Relationship of Income Inequality to Mortality: Does the Choice of Indicator Matter?" *Social Science and Medicine*, 45: 121-127. [12]

Kawachi, I., B. P. Kennedy, K. Lochner *et al.* (1997) "Social Capital, Income Inequality, and Mortality," *American Journal of Public Health*, 87: 1491-1498. [12]

Kawachi, I., B. P. Kennedy and R. Glass (1998) "Social Capital and Self-Rated Health: A Contextual Analysis," *American Journal of Public Health,* 89: 1187-1193. [12]

Kawachi, I., B. P. Kennedy and R. G. Wilkinson, eds. (1999) *The Society and Population Health Reader Vol. 1: Income Inequality and Health,* The New Press. [12]

Kawachi, I. and B. P. Kennedy (2002) *The Health of Nations,* The New Press (西 信雄・高尾総司・中山健夫監訳 (2004)『不平等が健康を損なう』日本評論社). [12]

Kawachi, I. and L. Berkman (2000) "Social Cohesion, Social Capital, and Health," in L. Berkman and I. Kawachi, eds., *Social Epidemiology*, Oxford University Press. [12]

Kawachi, I., Y. Fujisawa and S. Takao (2007) "The Health of Japanese: What Can We Learn from America?"『保健医療科学』56 (2): 113-121. [12]

Kessler, D. and M. McClellan (1996) "Do Doctors Practice Defensive Medicine?" *Quarterly Journal of Economics*, 111: 353-390. [8]

Kessler, D. and M. McClellan (2002a) "Malpractice Law and Health Care Reform: Optimal Liability Policy in an Era of Managed Care," *Journal of Public Economics*, 84: 175-197. [8]

Kessler, D. P. and M. B. McClellan (2002b) "How Liability Law Affects Medical Productivity," *Journal of Health Economics,* 21: 931-955. [8]

Khwaja, A., D. Silverman and F. Sloan (2007) "Time Preference, Time Discounting, and Smoking Decisions," *Jounal of Health Economics,* 26: 927-949. [10]

Kirby, K. N. and N. M. Petry (2004) "Heroin and Cocaine Abusers Have Higher Discount Rates for Delayed Rewards than Alcoholics or Non-Drug-Using Controls," *Addiction*, 99: 461-471. [10]

Kondo, N., I. Kawachi, H. Hirai *et al.* (2009a) "Relative Deprivation and Incident Functional Disability among Older Japanese Women and Men: Prospective Cohort Study," *Journal of Epidemiology and Community Health*, 63: 461-467. [12]

Kondo, N., G. Sembajwe, I. Kawachi *et al.* (2009b) "Income Inequality, Mortality, and Self Rated Health: Meta-Analysis of Multilevel Studies with 60 Million Subjects," *British Medical Journal*, 339: b4471. [12]

Kroll, Y. and L. Davidovitz (2003) "Inequality Aversion versus Risk Aversion," *Economica*, 70: 19-29. [12]

Kreps, D. M. (1997) "Intrinsic Motivation and Extrinsic Incentives," *American Economic Review*, 87 (2): 359-364. [7]

Kumbhakar, S. C. and C. A. K. Lovell (2000) *Stochastic Frontier Analysis*, Cambridge, MA, Cambridge University Press. [6]

Labelle, R., G. Stoddart and T. Rice (1994) "A Re-Examination of the Meaning and Importance of Supplier-Induced Demand," *Journal of Health Economics,* 13: 347-368. [8]

Laffont, J-J. and D. Martimort (2002) *The Theory of Incentives: The Principal-Agent Model*, Princeton University Press. [4]

Laibson, D. (1997) "Golden Eggs and Hyperbolic Discounting," *Quarterly Journal of Economics*, 112: 443-477. [10]

Langdown, C., S. Peckham (2014) "The Use of Financial Incentives to Help Improve Health Outcomes: Is the Quality and Outcomes Framework Fit for Purpose? A Systematic Review," *Journal of Public Health (Oxford)*, 36 (2): 251-258. [15]

Lange, O. (1938) "On the Economic Theory of Socialism," ed. by B. E. Lippincott, Minneapolis: The University of Minnesota Press, pp.57-143 (土屋清訳 (1951)『計画経済理論』中央公論社, 15-118 頁). [9]

Larrea, C. and I. Kawachi (2005) "Dose Economic Inequality Affect Child Malnutrition? The Case of Ecuador," *Social Science and Medicine*, 60: 165-178. [12]

Le Grand, J. (2003) *Motivation, Agency, and Public Policy: of Knights and Knaves, Pawns and Queens,* New York, Oxford University Press (郡司篤晃監訳 (2008)『公共政策と人間——社会保障制度の準市場改革』聖学院大学出版会). [7]

Lichtenstein, S., P. Slovic, B. Fischhoff, M. Layman and B. Combs (1978) "Judged Frequency of Lethal Events," *Journal of Experimental Psychology. Human Perception and Performance*, 4: 551-578. [10]

Li, H. and Y. Zhu (2006) "Income, Income Inequality, and Health: Evidence from China," *Journal of Comparative Economics*, 34: 668-693. [12]

Liljas, B. (1998) "The Demand for Health with Uncertainty and Insurance," *Journal of Health Economics*, 17: 153-170. [3]

Liu, K., J. M. Wiener and M. R. Niefeld (2006) "End of Life Medicare and Medicaid Expenditures for Dually Eligible Beneficiaries," *Health Care Financing Review*, 27 (4): 95-110. [13]

Localio, A. R., A. G. Lawthers, J. M. Bengtson, L. E. Hebert, S. L. Weaver, T. A. Brennan and J. R. Landis (1993) "Relationship between Malpractice Claims and Cesarean Delivery," *Journal of the American Medical Association*, 269: 366-373. [8]

Lubitz, J. and G. E. Riley (1993) "Trends in Medical Payments in the Last Year of Life," *New England Journal of Medicine*, 328: 1092-1096. [13]

Lubitz, J., J. Beebe and C. Baker (1995) "Longevity and Medicare Expenditure," *New England Journal of Medicine*, 332: 999-1003. [13]

Lubitz, J. and R. Prihoda (1984) "Use and Costs of Medicare Services in the Last Two Years of Life," *Health Care Financing Review*, 5: 117-131. [13]

Lundberg, S. and R. A. Pollak (1993) "Separate Spheres Bargaining and the Marriage Market," *Journal of Political Economy*, 101 (6): 988-1010. [3]

Lundberg, S. and R. A. Pollak (2007) "The American Family and Family Economics," *Journal of Economic Perspectives*, 21 (2): 3-26. [3]

Lynch, J. G., D. Smith, G. Kaplan and J. House (2000) "Income Inequality and Mortality: Importance to Health of Individual Income, Psychological Environment, or Material Conditions," *British Medical Journal*, 320: 1200-1204. [12]

Manning, W. G. (1998) "The Logged Dependent Variable, Heteroscedasticity, and the Retransformation Problem," *Journal of Health Economics*, 17: 283-295. [8]

Manning, W. G. and J. Mullahy (2001) "Estimating Log Models: To Transform or Not to Transform?" *Journal of Health Economics*, 20: 461-494. [8]

Manning, W. G., J. P. Newhouse, N. Duan, E. B. Keeler and A. Leibowitz (1987) "Health Insurance and the Demand for Medical Care: Evidence from a Randomized Experiment," *American Economic Review*, 77: 251-277. [8]

Mansfield, E. (1961) "Technical Change and the Rate of Imitation," *Econometrica*, 29: 741-766. [11]

McClellan, M. B. and J. P. Newhouse (1997) "The Marginal Cost and Benefit of Medical Technology," *Journal of Econometrics*, 77 (1): 34-64. [5]

McClellan, M. B. and H. Noguchi (1997) "Validity and Interpretation of Treatment Effect Estimates Using Observational Data: Treatment of Heart Attacks in the Elderly," Stanford Mimeo, prepared for the 1997 International Conference on Health Policy Research Sponsored by the Health Policy Statistics Section of the American Statistical Association, Crystal City, VA. [5]

McClellan, M. B. and H. Noguchi (1998) "Technological Change in Heart-Disease Treatment: Does High Tech Mean Low Value?" *The American Economic Review*, 88 (2): 90-96. [5]

McClellan, M. B. and D. Staiger (2000a) "Comparing the Quality of Health Care Providers," in A. Garber, ed., *Frontier in Health Policy Research 3*, The MIT Press, pp.113-136. [5]

McClellan, M.B. and D. Staiger (2000b) "Comparing Hospital Quality at For-Profit and Not-for-Profit Hospitals," in D. Cutler, ed., *The Changing Hospital Industry*, University of Chicago Press, pp.93-112. [5]

McClure, S. M., D. I. Laibson, G. Loewenstein and J. D. Cohen (2004) "Separate Neural Systems Value Immediate and Delayed Monetary Rewards," *Science*, 306: 503-507. [10]

McGuire, T. G. (2000) "Physician Agency," in A. J. Culyer and J. P. Newhouse, eds., *Handbook of Health Economics*, 1A, Amsterdam, Elsevier, pp.461-536. [4] [8]

McGuire, T. G. and M. V. Pauly (1991) "Physician response to fee changes with multiple payers," *Journal of Health Economics*, 10: 385-410. [8]

McKeown, T. (1965) *Medicine in Modern Society*, London, Allen and Unwin. [11]

McWilliams, J. M. (2009) "Health Consequences of Uninsurance among Adults in the United States: Recent Evidence and Implications," *Milbank Quarterly*, 87 (2): 443-494. [15]

Meng, X. L. (1997) "The EM Algorithm and Medical Studies: A Historical Link," *Sta-*

tistical Methods in Medical Research, 6 (1): 3-23. [5]

Michaud, P. C., D. Goldman, D. Lakdawalla, A. Gailey and Y. Zheng (2009) "International Differences in Longevity and Health and their Economic Consequences," *NBER Working Paper*, 15235. [13]

Milewa, T. (2006) "Health Technology Adoption and the Politics of Governance," *Social Science and Medicine*, 63: 3102-2112. [11]

Milgrom, P. and J. Roberts (1992) *Economics, Organization and Management*, Prentice Hall (奥野正寛他訳 (1997)『組織の経済学』NTT 出版). [7] [9]

Mincer, J. A. (1974) *Schooling, Experience, and Earnings*, Columbia University Press. [7]

Miyazaki, H. (1977) "The Rat Race and Internal Labor Markets," *Bell Journal of Economics*, 8: 394-418. [4]

Monica, Å.Y., J. Fritzell, O. Lundberg, F. Diederichsen and B. Burstrom (2003) "Exploring Relative Deprivation: Is Social Comparison a Mechanism in the Relation between Income and Health?" *Social Science and Medicine*, 57: 1463-1473. [12]

Mullahy, J. (1998) "Much Ado about Two: Reconsidering Retransformation and the Two-Part Model in Health Econometrics," *Journal of Health Economics*, 17: 247-281. [8]

Nakanishi, S., J. Bhattacharya, W. B. Vogt, A. Yoshikawa and T. Nakahara (1996) "A Utility-Maximizing Model of Input Demand," in A. Yoshikawa, J. Bhattacharya and W. B. Vogt eds., *Health Economics of Japan*, Tokyo, Tokyo University Press, pp.129-144. [6]

Nakaya, T. and D. Dorling (2005) "Geographical Inequalities of Mortality by Income in Two Developed Island Countries: A Cross-National Comparison of Britain and Japan," *Social Science and Medicine*, 60: 2865-2875. [12]

Nassiri, A. and L. Rochaix (2006) "Revisiting Physicians' Financial Incentives in Quebec: A Panel System Approach," *Health Economics*, 15: 49-64. [8]

Nemoto, J., Y. Nakanishi and S. Madono (1993) "Scale Economies and Over-Capitalization in Japanese Electric Utilities," *International Economic Review*, 34: 431-440. [6]

Neudeck, W. and K. Podczeck (1996) "Adverse Selection and Regulation in Health Insurance Markets," *Journal of Health Economics*, 15: 387-408. [4]

Newhouse, J. (1970) "Toward a Theory of Nonprofit Institutions: An Economic Model of a Hospital," *American Economic Review*, 60: 64-74. [7]

Newhouse, J. P. (1994) "Frontier Estimation: How Useful a Tool for Health Economics?" *Journal of Health Economics*, 13: 317-322. [6]

Newhouse, J. P. (1996) "Reimbursing Health Plans and Health Providers: Efficiency in Production Versus Selection," *Journal of Economic Literature*, 34: 1236-1263. [4]

Newhouse, J. P. and the Insurance Experiment Group (1993) *Free for All? Lessons from the RAND Health Insurance Experiment*, Cambridge, MA, Harvard University

Press. [5] [15]

Newhouse, J. P., C. E. Phelps and S. Marquis (1980) "On Having Your Cake and Eating it Too: Econometric Problems in Estimating the Demand for Health Services," *Journal of Econometrics*, 13: 365-390. [5]

Nguyen, N. X. and F. W. Derrick (1997) "Physician Behavioral Response to a Medicare Price Reduction," *Health Service Research*, 32: 283-298. [8]

Noguchi, H. and S. Shimizutani (2009) "Supplier Density and At-Home Care Use in Japan: Evidence from a Micro-Level Survey on Long-Term Care Receivers," *Japan and the World Economy*, 21 (4): 365-372. [8]

Noguchi, H., S. Shimizutani and Y. Masuda (2008) "Regional Variation in Medical Expenditure and Hospitalization Days for Heart Attack Patients in Japan: Evidence from Tokai Acute Myocardial Study (TAMIS)," *International Journal of Health Care Finance and Economics*, 8 (2): 123-144. [5]

Normand, S. T., M. E. Glickman, G. V. Sharma and B. J. McNeil (1996) "Using Admission Characteristics to Predict Short-Term Mortality from Myocardial Infarction in Elderly Patients: Results from the Cooperative Cardiovascular Project," *Journal of the American Medical Association*, 275: 1322-1328. [5]

Norton, E. (2000) "Long-Term Care," *Handbook of Health Economics,* Elsevier. [13]

OECD "A System of Health Accounts," http://www.oecd.org/health/sha. [14]

OECD "Health Data 2010," http://www.oecd.org/health/healthdata. [14]

OECD "StatExtracts," http://stats.oecd.org/index.aspx. [14]

OECD (1987) "Financing and Delivering Health Care: A Comparative Analysis of OECD Countries," Paris, OECD (福田素生・岡本悦司訳「保健医療の財政と供給 OECD 諸国についての比較分析 1〜19」『社会保険旬報』1990. 1. 1〜1990. 11. 1). [15]

OECD Health Division (2008) "Conceptual Framework and Definition of Long-Term Care Expenditure" (http://www.oecd.org/dataoecd/24/58/40760216.pdf). [13]

Oh, E. H., Y. Imanaka and E. Evans (2005) "Determinants of the Diffusion of Computed Tomography and Magnetic Resonance Imaging," *International Journal of Technology Assessment in Health Care*, 21 (1): 73-80. [11]

Orphanides, A. and D. Zervos (1995) "Rational Addiction with Learning and Regret," *Journal of Political Economy*, 103: 739-758. [10]

Oshio, T. and M. Kobayashi (2009) "Income Inequality, Area-Level Poverty, Perceived Aversion to Inequality, and Self-Rated Health in Japan," *Social Science and Medicine*, 69: 317-326. [12]

Ozasa, K., K. Katanoda, A. Tamakoshi, H. Sato, K. Tajima, T. Suzuki, S. Tsugane and T. Sobue (2008) "Reduced Life Expectancy due to Smoking in Large-Scale Cohort Studies in Japan," *Journal of Epidemiology*, 18: 111-118. [10]

Paolucci, F., E. Schut, K. Beck and S. Gress (2007) "Supplementary Health Insurance as a Tool for Risk-Selection in Mandatory Basic Health Insurance Markets," *Health*

Economics, Policy and Law, 2: 173-192. [15]

Papageorgiou, C., A. Savvides and M. Zachariadis (2007) "International Medical Technology Diffusion," *Journal of International Economics*, 72: 409-427. [11]

Pauly, M. V. (1968) "The Economics of Moral Hazard," *American Economic Review*, 58 (3): 531-537. [4] [13]

Pauly, M. V. (1974) "Overinsurance and Public Provision of Insurance: The Roles of Moral Hazard and Adverse Selection," *Quarterly Journal of Economics*, 88: 44-62. [4]

Pauly, M. V. (1986) "Taxation, Health Insurance and Market Failure," *Journal of Economic Literature*, 24: 629-675. [4]

Pauly, M. V. (2000) "Insurance Reimbursement," in A. J. Culyer and J. P. Newhouse, eds., *Handbook of Health Economics*, 1A, Amsterdam, Elsevier, pp.537-560. [4]

Pauly, M. V., H. Kunreuther and R. Hirsh (1995) "Guaranteed Renewability in Insurance, *Journal of Risk and Uncertainty*, 10: 143-156. [4]

Pauly, M. and M. Redisch (1973) "The Not-for-Profit Hospital as a Physician's Cooperative," *American Economic Review*, 63: 87-100. [7]

Pearson, S. D., E. C. Schneider, K. P. Kleinman, K. L. Coltin and J. A. Singer (2008) "The Impact of Pay-for-Performance on Health Care Quality in Massachusetts, 2001-2003," *Health Affairs* (*Millwood*), 27 (4): 1167-1176. [15]

Perneger, Th. V., P. M. Hudelson and P. A. Bovier (2004) "Health and Happiness in Young Swiss Adults," *Quality of Life Research*, 13: 171-178. [12]

Petretto, A. (1999) "Optimal Social Health Insurance with Supplementary Private Insurance," *Journal of Health Economics*, 18: 727-745. [4]

Pettit, J. W. and J. P. Kline (2001) "Are Happy People Healthier? The Specific Role of Positive Affect in Predicting Self-Reported Health Symptoms," *Journal of Research in Personality*, 35: 521-536. [12]

Phelps, C. E. (1986) "Induced Demand: Can We ever Know its Extent?" *Journal of Health Economics*, 5: 355-365. [8]

Phelps, C. E. and J. P. Newhouse (1974) "Demand for Reimbursement Insurance," in R. Rosett, ed., *The Role of Health Insurance, in the Health Sciences Sector*, New York, National Bureau of Economic Research. [5]

Picone, G., M. U. Echeverria and R. M. Wilson (1998) "The Effect of Uncertainty on the Demand for Medical Care, Health Capital and Wealth," *Journal of Health Economics*, 17: 171-186. [3]

Pilote, L., O. Saynina, F. Lavoie and M. B. McClellan (2003) "Cardiac Procedure Use and Outcomes in Elderly Patients with Acute Myocardial Infarction in the United States and Quebec, Canada: 1988 to 1994," *Medical Care*, 41 (7): 813-822. [11]

Pohlmeier, W. and V. Ulrich (1995) "An Econometric Model of the Two-Part Decision-Making Process in the Demand for Health Care," *Journal of Human Resources*, 30:

339-361. [8]

Poterba, J. (1989) "Lifetime Incidence and the Distributional Burden of Excise Taxes," *American Economic Review*, 79 (2): 325-330. [10]

Propper, C. and J. V. Reenen (2010) "Can Pay Regulation Kill? Panel Data Evidence on the Effect of Labor Markets on Hospital Performance," *Journal of Political Economy*, 118 (2): 222-273. [7]

Putnam, R. D. (1993) *Making Democracy Work*, Princeton University Press. [12]

Rabe-Hesketh, S. and A. Skrondal (2005) *Multilevel and Longitudinal Modeling Using Stata*, 2nd edition, Stata Press. [12]

Rice, T. H. (1983) "The Impact of Changing Medicare Reimbursement Rates on Physician-Induced Demand," *Medical Care*, 21: 803-815. [8]

Ried, M. (1998) "Comparative Dynamic Analysis of the Full Grossman Model," *Journal of Health Economics*, 17: 383-426. [3]

Robbins, L. (1932) *An Essay on the Nature and Significance of Economics Science*, London, Macmillan (中山伊知郎監訳 (1957)『経済学の本質と意義』東洋経済新報社). [1] [9]

Roemer, M. I. (1961) "Bed Supply and Hospital Utilization: A Natural Experiment," *Hospitals*, 35 (21): 36-42. [8]

Rogers, E. M. (1995) *Diffusion of Innovations*, 4th edition, NY, The Free Press. [11]

Romeo, A. A., J. L. Wagner and R. H. Lee (1984) "Prospective Reimbursement and the Diffusion of New Technologies in Hospitals," *Journal of Health Economics*, 3: 1-24. [11]

Rosen, S. (1974) "Hedonic Prices and Implicit Markets: Product Differentiation in Pure Competition," *Journal of Political Economy*, 82 (1): 34-55. [7]

Rosen, S. (1987) "The Theory of Equalizing Differences," in O. Ashenfelter and R. Layard, eds., *Handbook of Labor Economics*, 1, North-Holland, pp. 641-692. [7]

Rossiter, L. F. and G. R. Wilensky (1983) "A Reexamination of the Use of Physician Services: The Role of Physician-Initiated Demand," *Inquiry*, 20: 162-172. [8]

Rossiter, L. F. and G. R. Wilensky (1984) "Identification of Physician-Induced Demand," *Journal of Human Resources*, 19: 231-244. [8]

Rothschild, M. and J. E. Stiglitz (1976) "Equilibrium in Competitive Insurance Markets: An Essay on the Economics of Imperfect Information," *Quarterly Journal of Economics*, 90: 629-650. [4]

Ryan, A. M. (2009) "Effects of the Premier Hospital Quality Incentive Demonstration on Medicare Patient Mortality and Cost," *Health Services Research*, 44 (3): 821-842. [15]

Salanié, B. (1997) *The Economics of Contract*, Cambridge, MIT Press. [4]

Samuelson, P. A. (1950) "Evaluation of Real National Income," *The Oxford Economic Papers*, 2: 1-29. [9]

参 考 文 献　　　321

Schumpeter, J. A. (1934) *The Theory of Economic Development*, Cambridge, MA, Harvard University Press. [11]

Scitovsky, A. A. (1984) "The High Cost of Dying: What Do the Data Show?" *Milbank Memorial Quarterly*, 62 (4): 591–608. [13]

Scitovsky, A. A. (1988) "Medical Care in the Last Twelve Months of Life: The Relation between Age, Functional Status and Medical Care Expenditure," *The Milbank Quarterly*, 66 (4): 640–660. [13]

Scitovsky, A. A. (1994) "The High Cost of Dying: Revisited," *The Milbank Quarterly*, 72 (4): 561–591. [13]

Scitovsky, T. (1941) "A Note on Welfare Propositions in Economics," *Review of Economic Studies*, 9: 77–88. [9]

Selden, T. M. (1993) "Uncertainty and Health Care Spending by the Poor: The Human Capital Model Revisited," *Journal of Health Economics,* 12: 109–115. [3]

Shapiro, C. and Stiglitz, J. (1984) "Equilibrium Unemployment as a Worker Discipline Device," *American Economic Review*, June 1984. [7]

Shavell, S. (1979) "On the Moral Hazard and Insurance," *Quarterly Journal of Economics*, 93: 541–562. [4]

Shibuya, K., H. Hashimoto and E. Yano (2002) "Individual Income, Income Distribution, and Self Rated Health in Japan: Cross Sectional Analysis of Nationally Representative Sample," *British Medical Journal*, 324: 16–19. [12]

Shields, M. (2004) "Addressing Nurse Shortages: What Can Policy Makers Learn from the Econometric Evidence on Nurse Labour Supply?" *The Economic Journal*, 114: F464–F498. [7]

Skinner, J., D. Staiger and E. Fisher (2006) "Is Technological Change in Medicine Always Worth It? The Case of Acute Myocardial Infarction," *Health Affairs*, 25 (2): 34–37. [11]

Slade, E. P. and G. F. Anderson (2001) "The Relationship between per Capita Income and Diffusion of Medical Technologies," *Health Policy*, 58: 1–14. [11]

Sloan, F. A. (2000) "Not-for-Profit Ownership and Hospital Behavior," in Chapter 12 of Culyer and Newhouse, eds., *Handbook of Health Economics,* 1A, 1B, Amsterdam, Elsevier. [7]

Smith, G. D. (1996) "Income Inequality and Mortality: Why Are They Related? Income Inequality Goes Hand-in-Hand with Underinvestment in Human Resources," *British Medical Journal*, 312: 987–988. [12]

Spence, M. (1978) "Product Differentiation and Performance in Insurance Markets," *Journal of Public Economics*, 10: 427–447. [4]

Stewart, M., J. B. Brown, W. W. Weston, I. R. McWhinney, C.L. McWilliam and T. Freeman (2003) *Patient-Centered Medicine: Transforming the Clinical Method*, 2nd edition, Radcliffe Medical Press. [1]

Stiglitz, J. E. (1974) "Alternative Theories of Wage Determination and Unemployment in L. D. C.'s: The Labor Turnover Model," *Quarterly Journal of Economics*, 88: 194-227. [7]

Stjärne, M. K., J. Fritzell, A. De Leon and J. Hallqvist (2006) "Neighborhood Socioeconomic Context, Individual Income and Myocardial Infarction," *Epidemiology*, 17: 14-23. [12]

Subramanian, S. V., D. Kim and I. Kawachi (2002) "Social Trust and Self-Rated Health in US Communities: A Multilevel Analysis," *Journal of Urban Health*, 79: 21-34. [12]

Subramanian, S.V., D. Kim and I. Kawachi (2005) "Covariation in the Socioeconomic Determinants of Self Rated Health and Happiness: A Multivariate Multilevel Analysis of Individuals and Communities in the USA," *Journal of Epidemiology and Community Health*, 59: 664-669. [12]

Subramanian, S. V., I. Degaldo, L. Jadue, J. Vega and I. Kawachi (2003) "Income Inequality and Health: Multilevel Analysis of Chilean Communities," *Journal of Epidemiology and Community Health*, 57: 844-848. [12]

Subramanian, S. V. and I. Kawachi (2004) "Income Inequality and Health: What Have We Learned So Far?" *Epidemiologic Reviews*, 26: 78-91. [12]

Tamiya, N., K. Yamaoka and E. Yano (2002) "Use of Home Health Services Covered by New Public Long-Term Care Insurance in Japan: Impact of the Presence and Kinship of Family Caregivers," *International Journal for Quality in Health Care*, 14 (4): 295-303. [13]

Tanabe, J., L. Thompson, E. Claus, M. Dalwani, K. Hutchison and M. T. Banich (2007) "Prefrontal Cortex Activity is Reduced in Gambling and Nongambling Substance Users during Decision-Making," *Human Brain Mapping*, 28: 1276-1286. [10]

Temkin-Greener, H., M. R. Meiners, E. A. Petty and J. S. Szydlowski (1992) "The Use and Cost of Health Services prior to Death: A Comparison of the Medicare-Only and the Medicare-Medicaid Elderly Populations," *The Milbank Quarterly*, 70 (4): 679-701. [13]

Teplensky, J. D., M.V. Pauly, R. Kimberly, A. L. Hillman and J. S. Schwartz (1995) "Hospital Adoption of Medical Technology: An Empirical Test of Alternative Models," *Health Services Research*, 30 (3): 437-465. [11]

Uzawa, H. (1968) "Time Preference, the Consumption Function, and Optimum Asset Holdings," in J. N. Wolfe, ed., *Capital and Growth: Papers in Honour of Sir John Hicks*, Aldine. [10]

Van de Ven, W. P. M. M. and R. Ellis (2000) "Risk Adjustment in Competitive Health Plan Markets," in *Handbook of Health Economics,* Amsterdam, Elsevier, pp.755-845. [4]

Van Herck P., D. De Smedt, L. Annemans, R. Remmen, M. B. Rosenthal and W. Sermeus（2010）"Systematic Review: Effects, Design Choices, and Context of Pay-for-Performance in Health Care," *BMC Health Services Research*, 10: 247.［15］

Varian, H. R.（1974）"Equity, Envy and Efficiency," *Journal of Economic Theory*, 9: 63-91.［9］

Veenstra, G.（2002）"Social Capital and Health（Plus Wealth, Income Inequality and Regional Health Governance）," *Social Science and Medicine*, 54: 849-868.［12］

Vickrey, W.（1945）"Measuring Marginal Utility by Reactions to Risk," *Econometrica*, 13: 215-236.［12］

Volpp, K. G., A. B. Troxel, M. V. Pauly, H. A. Glick, A. Puig, D. A. Asch, R. Galvin, J. Zhu, F. Wan, J. DeGuzman, E. Corbett, J. Weiner and J. Audrain-McGovern（2009）"A Randomized, Controlled Trial of Financial Incentives for Smoking Cessation," *New England Journal of Medicine*, 360: 699-709.［10］

von Mises, L.（1920）"Economic Calculation in the Socialist Commonwealth"（原典 "Die Wirtschaftsrechnung im sozialistischen Gemeinwesen" Archiv für sozialwissenschaften, 47, 1920; 日本語訳 Hyek, F. A., ed.（1935）, *Collectivist Economic Planning*, London: George Routledge and Sons. 迫間眞治朗訳『集産主義計画経済の理論』実業之日本社，1950 年，「3, 社会主義共同体に於ける経済計算」pp.100-143 収載）.［9］

Wagstaff, A.（1986）"The Demand for Health: Some New Empirical Evidence," *Journal of Health Economics*, 5: 195-233.［3］

Wagstaff, A.（1993）"The Demand for Health: An Empirical Reformulation of the Grossman Model," *Health Economics*, 2: 189-198.［3］

Wagstaff, A., E. van Doorslaer and H. van der Burg *et al.*（1999）"Equity in the Finance of Health Care: Some Further International Comparisons," *Journal of Health Economics*, 18（3）: 263-290.［15］

Wagstaff, A. E. and E. van Doorslaers（2000）"Equity in Health Care Finance and Delivery," in A. J. Culyer and J. P. Newhouse, eds., *Handbook of Health Economics*, 1B, North-Holland.［9］

Wagstaff, A. E., E. van Doorslaers and S. Calonge（1992）"Equity in the Finance of Health Care: Some International Comparison," *Journal of Health Economics*, 11: 361-387.［9］

Wagstaff, A. E., E. van Doorslaers and H. van der Burg, *et al.*（1999）"Equity in the Finance of Health Care: Some Further International Comparison," *Journal of Health Economics*, 18: 263-290.［9］

Waldman, R. J.（1992）"Income Distribution and Infant Mortality," *Quarterly Journal of Economics*, 107: 1283-1302.［12］

WHO "Guide to Producing National Health Accounts: with Special Applications for Low-Income and Middle-Income Countries," http://www.who.int/nha/docs/English_PG.pdf.［14］

Wilkinson, R. G.（1992）"Income Distribution and Life Expectancy," *British Medical*

Journal, 304: 165-168. [12]

Wilkinson, R. G. and E. K. Pickett (2006) "Income Inequality and Health: A Review and Explanation of the Evidence," *Social Science and Medicine*, 62: 1768-1784. [12]

Wilson, C. (1977) "A Model of Insurance Markets with Incomplete Information," *Journal of Economic Theory*, 12: 167-207. [4]

Wilson, C. B. (2006) "Adoption of New Surgical Technology," *British Medical Journal*, 332: 112-114. [11]

Winston, G. C. (1980) "A Theory of Compulsive Consumption," *Journal of Economic Behavior and Organization*, 1: 295-324. [10]

Wolfe, J. R. (1985) "A Model of Declining Health and Retirement," *The Journal of Political Economy*, 93 (6): 1258-1267. [3]

Weiss, A. (1980) "Job Queues and Layoffs in Labor Markets with Flexible Wages," *Journal of Political Economy*, 88: 526-538. [7]

Wooldlidge, J. M. (2001) *Econometric Analysis of Cross Section and Panel Data*, The MIT Press. [5]

World Bank (2003) Tobacco Control at a Glance. [10]

World Health Organization (2000) "World Health Report 2000 — Statistical Annex." http://www.who.int/whr/2000/en/whr00_annex_en.pdf. [5]

Xie, B., D. M. Dilts and M. Shor (2006) "The Physician-Patient Relationship: The Impact of Patient-Obtained Medical Information," *Health Economics*, 15: 813-833. [8]

Yip, W. C. (1998) "Physician Response to Medicare Fee Reductions: Changes in the Volume of Coronary Bypass Graft (CABG) Surgeries in the Medicare and Private Sectors," *Journal of Health Economics*, 17: 675-699. [8]

Yip, W. C., W. C. Hsiao, W. Chen, S. Hu, J. Ma and A. Maynard (2012) "Early Appraisal of China's Huge and Complex Health-Care Reforms," *Lancet*, 379 (9818): 833-842. [15]

Yoshida, A. and A. Kawamura (2009) "Who Has Benefited from the Health Services System for the Elderly in Japan?" *Japan and the World Economy*, 21: 256-269. [8]

Yoshida, A. and S. Takagi (2002) "Effect of the Reform of the Social Medical Insurance System in Japan," *The Japanese Economic Review*, 53 (4): 444-465. [5]

Yuda, M. (2013) "Medical Fee Reforms, Changes in Medical Supply Densities, and Supplier-Induced Demand: Empirical Evidence from Japan," *Hitotsubashi Journal of Economics*, 54 (1): 79-93. [5] [8]

Zweifel, P., F. Breyer and M. Kifmann (2009) *Health Economics*, Berlin, Springer. [4]

Zweifel, P. and W. G. Manning (2000) "Moral Hazard and Consumer Incentives in Health Care," in A. J. Culyer and J. P. Newhouse, eds., *Handbook of Health Economics*, 1A, Amsterdam, Elsevier, pp.409-459. [4]

索　　引

［ア行］

アクセスの平等（equality of access）　168
アディクション　187
アトキンソン型の社会的厚生関数　231
閾効果仮説　229
異時点間　33
一次予防　183
一件包括支払　282
一般医（GP）　284
医療・介護リスク　234
医療過誤　147, 159-160
医療技術　202
医療経済研究機構　267
医療経済実態調査　270
医療施設調査・病院報告　270
医療需要　81
医療情報の標準化　97-98
医療制度　275, 277
医療貯蓄勘定　243
医療費適正化　96
医療費抑制効果　84, 96
因果関係　55
　　逆の――　217
飲酒　56
インセンティブ（「誘因」も参照）　161
引退　57
well-being に対する主観的評価　227
エージェント（agent）　12
凹効果　220
汚染効果　220

［カ行］

介護支援専門員（ケアマネージャー）　248
回顧的記録　88
介護保険　238, 241, 247
介護保険制度　161

外的動機　198
回避　63, 66
外部性（externality）　15, 175, 213
価格政策　84-85
価格弾力性　82-85
価格変化の効果　27
かかりつけ医制度　281, 290
学習曲線　204
確率的フロンティア法（Stochastic Frontier
　　Analysis：SFA）　115, 119
kakwani 指数　169
家計生産関数　44, 81
家計調査　264
過少診療　293
仮説的補償原理　166
仮想市場法　88
可変的生産要素　105
可変費用　106
カルドア補償原理　179
観察可能　88
「観察」データ　87-88
観察不可能　88
患者自己負担　292
患者調査　264
間接税　258
完全カバーの保険　64, 70
完全競争市場　67
完全情報　64
完全情報下の最適保険　69, 71
完備性　20
管理競争　62
機会主義的な行動　79
機会費用　3, 138, 236
企業特殊訓練　141
危険愛好者（risk-lover）　37
危険回避　67
危険回避者（risk-averter）　39

危険回避度　82
危険中立的（risk neutral）　39
技術進歩（technological innovation）　201
技術的要請（techonology imperative）　201
技術伝播理論　208
希少性　3
期待効用　64
期待効用仮説　64
期待利潤　67, 73
喫煙　56, 183-184
規模の経済性　101, 107, 109, 175
　規模に関して収穫一定　102
　規模に関して収穫逓減　102
　規模に関して収穫逓増　102
逆選択　61, 72, 175, 286
教育の収益率　137
強化効果　187
競合的（rival）　14
共済組合　280
競争的（competitive）　15
競争的労働市場　133, 136
居宅サービス　239
均衡
　競争——　73
　市場——　164
　Rothchild and Stiglitz（RS）——　74
グロスマンモデル　47
ケアプラン　247
経済開発協力機構（OECD）　253, 265
経済センサス　254, 270
ゲートキーパー　247, 284, 290
限界効用　64
限界効用の逓減　64
限界収入逓減　124
限界生産物価値　123, 125
限界代替率　24, 66
限界費用　50, 70
限界便益　50, 70
現金給付　236
健康資本　43, 69
健康投資　44
　——の教育水準弾力性　54

　——の限界費用弾力性　53
　——の賃金率弾力性　53
健康の平等（equality of health）　169
現在価値　77
減耗　47
効果修飾　221
公共財（public goods）　14, 175
更新保証（guaranteed renewability）　78
厚生経済学の第一定理　165
構成効果　219
厚生損失　76
厚生の平等　168
公的介入　75
行動経済学　19
行動変容　183
幸福度　227
公平性　231
　分配の——　75
衡平性　163
　垂直的——　172
　水平的——　172
公平な配分（fair allocation）　174
効用　64
効用関数　32, 64
　基数的な——　33
　序数的な——　33
効率性　72, 163, 231
　技術——　110, 112, 114, 119
　配分——　112, 117, 120
　費用——　113, 120
効率賃金仮説　143
合理的　5, 19, 186
合理的アディクションモデル　188
高齢者医療費　240, 246
国際通貨基金（International Monetary
　Fund：IMF）　271
国際労働機関（International Labour
　Organization：ILO）　271
国内総生産（Gross Domestic Product：
　GDP）　253
国民医療費　156, 253
国民皆保険制度　16, 82

国民経済計算（System of National Account：SNA） 253
国民所得 253
国民生活基礎調査 230, 264
国民保健計算 253
国民保健サービスモデル 277
個人情報の保護 97
個人内葛藤 191
固定資本減耗 254
固定的生産要素 105
固定費用 106
個票データ 88
混合給付 248

[サ行]

再交渉に耐える（renegotiation-proof） 78
財政構造調整 278
財政の健全化 84
最適な資源配分 70
最適保険 64
差の差の（Differences-in-Differences：DD）推定 95-96
サミュエルソン補償原理 180
産出指向型モデル 110-111, 114
参照価格制度 280
参照点 195
参入規制 101
三面等価 258
死 44
時間整合的 78
時間制約 126
時間選好 187
時間選好率 35, 189
時間非整合性 194
識別問題 157
自己選択 72
自己負担 68, 71
自己負担率 84, 87, 93
市場価格表示 260
市場財 44
市場の失敗 72, 175
自然実験 88, 94-95, 98

事前利用審査 290
実質所得 27
実質賃金率 127
質に応じた支払い（pay for performance） 293
疾病金庫 278
私的財（private goods） 14
私的収益率 139
私的保険モデル 277
ジニ係数 223
死のスパイラル 72
死亡前医療費 243
死亡前介護費 246
死亡率 237
資本 102
資本市場 291
社会医療診療行為別調査 264
社会疫学 217
社会関係資本 225
社会経済状態 56
社会支出（Social Expenditure：SOCX） 272
社会的厚生 85
社会的実験 88, 95
社会的収益率 139
社会保険 62
社会保険モデル 277
社会保護費統計（European System of integrated Social Protection Statistics：ESSPROS） 272
社会保障給付費（Social Security Inquiry：SSI） 271
シャドウ価格 117, 120
自由価格制 289
就業行動 57
集計データ 86
重症度 69
終末期医療 244
終末期ケア 244
主観的健康感 222
需要曲線 70
需要関数 28

需要の価格弾力性 31, 84, 236, 247
需要の所得弾力性 31, 236
需要抑制 85
準固定費用 137
準双曲割引 193
消費財 20, 43
消費者主権モデル 277
消費者の主体的均衡 24
情報と不確実性の経済理論 61
情報の非対称性 11, 61, 72, 147, 162, 175
食品医薬品局（Food and Drug Administration：FDA） 202
所得格差 217
所得効果 25, 128
所得の期待値 63
所得の限界効用 39
所得変動 66
審査支払機関 161
診断群分類（Diagnosis Procedure Combination：DPC） 87, 280, 282, 291
人的資本 138, 202
　一般的―― 139–140
　企業特殊的―― 139, 141
人頭払い 279, 285, 289, 293
新唯物論 224
診療報酬制度 83, 176
診療報酬点数 84, 152, 155–156, 162
診療報酬明細（レセプト） 87, 161, 235, 270
推移性 20
生活習慣 186
生活習慣病 183
成果報酬 285, 293
生産関数 46, 101–102
生産要素 102–103, 166
生産要素市場 291
正常財（上級財） 25
生態学的誤謬 219
政府支出の機能別分類（Classification of Functions of Government：COFOG） 272
政府補助金 260, 265
世界銀行（World Bank） 265

世界保健機構（WHO） 82, 265
セレクション・バイアス 87–88, 90–92, 94
選好 22
　近視眼的な―― 190
選好の多様性 77
全国消費実態調査 230
羨望（envy） 170
総額予算制 289
操作変数 92
操作変数法 153
総収入曲線 125
相対的剥奪仮説 225
総費用曲線 124
総保健医療支出 253

［タ行］

大数の法則 63
耐性 187
代替効果 27, 128
多重レベル分析 218, 221
短期費用関数 106
中央社会保険医療協議会（中医協） 176, 289
超過需要 137
長期最適保険 77
長期費用関数 106
長期保険 61, 77
直接費用 138
賃金率 125, 134–135
Two-Part モデル 96, 155, 162
定額払い 293
定額負担 286
出来高払 289
出来高払制 161
出来高報酬 285
伝染モデル（epidemic model） 206
伝播（diffusion） 201
等価変分 28
投入指向型モデル 110–111, 114
等量曲線 102, 104
独占的競争モデル 149
独立行政法人医薬品医療機器総合機構（Pharmaceuticals and Medical Devices

Agency：PMDA） 202
凸性 23
取引費用 67, 80
トレードオフ 19, 68, 71, 82, 85

［ナ行］

ナーシング・ホーム 244
内生性 87, 91, 162
内生的 44
内生的時間選好モデル 197
内的動機 198
内部収益率 139
内部労働市場 142
日本版総合的社会調査（JGSS） 230

［ハ行］

ハーヴィッツの情報効率性定理 180
排他的（excludable） 14
配分（資源） 165
派生需要 47, 123
パレート効率 165
範囲の経済性 101, 108–109
バンドワゴン効果 206
非営利性 124
非効率性 101
「非」効率賃金仮説 143
非市場財 44
ビスマルクモデル 277
ヒックス補償原理 179
等しいニードに対する等しい治療（equal
　treatment for equal need） 169
ビバリッジモデル 277
肥満 183
費用関数 101, 105
病床規制 161
貧困 217
フォン・ノイマン＝モルゲンシュテルン型効
　用関数 36
付加価値 259
不確実性 10, 36, 61
不完全競争市場 175
物的資本投資 137

負の外部性 187
不平等回避度 226, 232
普遍的疾病給付制度 281
プラン操作 72
フリーアクセス 16, 161, 247, 290
プリンシパル（principal） 12
プレコミットメント 194
プロスペクト理論 64, 195
フロンティア曲線 46
ヘドニック賃金関数 131
変量係数モデル 221
変量切片モデル 221
防衛的医療 159–160
包括支払 282
包括支払制度 279
包括的報酬 285
包絡分析法（Data Envelopment Analysis：
　DEA） 113, 119
保険 61
保険給付（保険金） 63
保険事故 62
保険者 161
保険数理上公平な条件 65
保険料 63
保険料保険 80
保険料リスクの問題 78
保証所得 126, 128
補償賃金 131
補償賃金仮説 129–130
補足制度 280

［マ行］

マイクロシミュレーション 242
McGuire モデル 149–151
脈絡効果 219
無作為抽出化臨床比較試験（Randomized
　Clinical Trial：RCT） 93
無差別曲線 22, 66
無羨望基準（No-envy criteria） 170
無羨望という意味での衡平 170
無知のヴェール 227
メディケア 291

免責制 292
モラルハザード 61, 67, 175, 292
　事前の—— 67
　事後の—— 68, 247

[ヤ行]

薬価基準制度 176
誘因 68
誘発需要 149, 151-153, 155-162
　医師—— 148, 175, 293
EUROSTAT（欧州委員会統計局） 265
要介護認定 247
要素費用表示 260
余暇 126
予算制約 126
予算制約式 21
余剰
　社会的—— 165
　消費者—— 28, 165
　生産者—— 165
予防行動 186

[ラ行]

RAND 研究所 93
利子率 33
リスク 10, 63, 66, 233
リスク回避 76, 226
リスク構造調整 278
リスク・セレクション 62, 175, 287
リスク選好 187, 195
リスクタイプ 63
リスクに対する態度 37
リスクプール 287
リスク分散 68, 71
　最適な—— 70
留保賃金率 129
Roemer 効果 153
劣等財（下級財） 25
労働供給 126
労働供給曲線 129, 135
労働供給の主体均衡 127
労働市場 291

労働需要曲線 123, 126, 135
労働条件 132
労働力不足 136
ローレンツ曲線 223
ロック・イン問題 80

[ワ行]

割引現在価値 48
割引率 82

[アルファベット]

attending physician 13
Certificate of Needs（CON） 212
Collaborative Cardiovascular Project
　（CCP） 88
Diagnosis Related Group/Prospective
　Payment System（DRG/PPS） 13, 293
GP Fund Holder 284
Health Insurance Experiment（HIE） 93
Health Maintenance Organization（HMO）
　76, 289
Healthcare Resource Groups（HRG） 286
hospital fee 13
National Health Service（NHS） 283
physician fee 13
Preferred Provider Organization（PPO） 76
price-taker 16
Primary Care Group 284
Primary Care Trust 284
Resource-Based Relative Value Scale
　（RBRVS） 13, 177, 289
System of Health Accounts（SHA） 253
Technological Change in Health Care
　（TECH） Project 215
Value based purchasing 293

執筆者紹介 （*編者／所属は 2024 年 3 月現在）

*橋本英樹（はしもと・ひでき）　東京大学大学院医学系研究科公共健康医学専攻教授／第 1 章・第 2 章・第 11 章・第 15 章

*泉田信行（いずみだ・のぶゆき）　国立社会保障・人口問題研究所部長／第 1 章・第 2 章・第 3 章

中泉真樹（なかいずみ・まき）　國學院大學経済学部教授／第 4 章

野口晴子（のぐち・はるこ）　早稲田大学政治経済学術院教授／第 5 章

中山徳良（なかやま・のりよし）　名古屋市立大学大学院経済学研究科教授／第 6 章

山田篤裕（やまだ・あつひろ）　慶應義塾大学経済学部教授／第 7 章

湯田道生（ゆだ・みちお）　東北大学大学院経済学研究科准教授／第 8 章

齋藤裕美（さいとう・ひろみ）　千葉大学大学院社会科学研究院教授／第 9 章

後藤　励（ごとう・れい）　慶應義塾大学大学院経営管理研究科教授／第 10 章

小塩隆士（おしお・たかし）　一橋大学経済研究所教授／第 12 章

菊池　潤（きくち・じゅん）　国立社会保障・人口問題研究所室長／第 13 章

井伊雅子（いい・まさこ）　一橋大学国際・公共政策大学院教授／第 14 章

池田俊也（いけだ・しゅんや）　国際医療福祉大学医学部教授／第 15 章

医療経済学講義　補訂版

2011 年 9 月 21 日	初　版第 1 刷
2016 年 1 月 20 日	補訂版第 1 刷
2024 年 5 月 10 日	補訂版第 5 刷

［検印廃止］

編　者　橋本英樹・泉 田信行
　　　　はしもとひでき　いずみ だ のぶゆき

発行所　一般財団法人　東京大学出版会

　　　　代表者　吉見俊哉

153-0041 東京都目黒区駒場 4-5-29
電話 03-6407-1069　Fax 03-6407-1991
振替 00160-6-59964

印刷所　株式会社三秀舎
製本所　誠製本株式会社

© 2016 The Health Care Science Institute
ISBN 978-4-13-042142-3 Printed in Japan

JCOPY〈出版者著作権管理機構 委託出版物〉
本書の無断複写は著作権法上での例外を除き禁じられています.
複写される場合は, そのつど事前に, 出版者著作権管理機構（電
話 03-5244-5088, FAX 03-5244-5089, e-mail:info@jcopy.or.jp）の
許諾を得てください.

川橋上本近藤英尚己編	社 会 と 健 康	A5・3800 円
川上憲人小林廉毅橋本英樹編	社 会 格 差 と 健 康	A5・3400 円
T・W・ヴァレンテ著森　亨・安田　雪訳	社 会 ネ ッ ト ワ ー ク と 健 康	A5・6600 円
島 崎 謙 治著	日 本 の 医 療 [増補改訂版]	A5・4800 円
小塩隆士田近栄治府川哲夫著	日 本 の 社 会 保 障 政 策	A5・3800 円
岩本康志・鈴木　亘両角良子・湯田道生著	健 康 政 策 の 経 済 分 析	A5・4500 円
大 橋 　 弘編	Ｅ Ｂ Ｐ Ｍ の 経 済 学	A5・4800 円
井 伊 雅 子編	ア ジ ア の 医 療 保 障 制 度	A5・5000 円
国立社会保障・人口問題研究所編	社 会 保 障 財 源 の 制 度 分 析	A5・4800 円
国立社会保障・人口問題研究所編	社 会 保 障 財 源 の 効 果 分 析	A5・4800 円
宮島　洋西村周三京極髙宣編	社 会 保 障 と 経 済（全 3 巻）	A5各4200円
松田晋哉伏見清秀編	診 療 情 報 に よ る 医 療 評 価	A5・4200 円

ここに表示された価格は本体価格です．御購入の
際には消費税が加算されますので御了承下さい．